中·小·微企业管理实务系列

| 中·小·微企业 |
财务会计管理实务

么秀杰 ◎ 编著

FINANCIAL ACCOUNTING

中国铁道出版社
CHINA RAILWAY PUBLISHING HOUSE

内 容 简 介

本书是中•小•微企业实现财务会计管理工作标准化、模板化、高效化的必备实务手册。

本书从中•小•微企业财务管理组织结构、财务会计管理关键业务、财务会计管理工具实务出发，对中•小•微企业财务预算管理、资金管理、财务收支管理、资产管理、筹资与投资管理、成本费用管理、财务稽核管理、税务管理、财务审计管理、财务分析决策管理共 10 个关键业务的流程、制度、方案、文书、表单一一进行实务设计，同时指出了各个关键业务的管理重点。

本书适用于中•小•微企业中的管理人员、财务会计人员，企业培训师与咨询师及高校相关专业师生阅读、使用。

图书在版编目（CIP）数据

中•小•微企业财务会计管理实务 / 么秀杰编著. —北京：
中国铁道出版社，2017.6
ISBN 978-7-113-22996-2

Ⅰ. ①中… Ⅱ. ①么… Ⅲ. ①中小企业－企业管理－
财务管理－研究 Ⅳ. ①F276.3

中国版本图书馆 CIP 数据核字（2017）第 083110 号

书　　　名：中•小•微企业财务会计管理实务			
作　　　者：么秀杰　编著			
策　　划：王　佩		读者热线电话：010-63560056	
责任编辑：杨新阳			
责任印制：赵星辰		封面设计：MXK DESIGN STUDIO	

出版发行：中国铁道出版社（北京市西城区右安门西街 8 号　邮政编码：100054）
印　　刷：三河市宏盛印务有限公司
版　　次：2017 年 6 月第 1 版　　2017 年 6 月第 1 次印刷
开　　本：787mm×1 092mm　1/16　印张：14　字数：281 千
书　　号：ISBN 978-7-113-22996-2
定　　价：49.00 元

中·小·微企业的管理从来就不缺少理论,缺少的是制度设计、流程设计、目标管理、财务会计和风险控制等关键事项的系统设计。

《中·小·微企业管理实务系列》是一套专门为中·小·微企业量身打造的实用型指导丛书。丛书围绕中·小·微企业管理的五大关键事项,旨在为中·小·微企业的管理工作提供科学的实践范例、实用的工具方法和规范的管理标准,以期引导中·小·微企业快速走上发展壮大之路。

本系列图书包括《中·小·微企业制度设计实务》《中·小·微企业流程设计实务》《中·小·微企业目标管理实务》《中·小·微企业财务会计管理实务》和《中·小·微企业风险控制实务》,整套系列图书具备以下特色。

这是一套"一竿子插到底"的管理实务经典。本系列图书帮助广大中·小·微企业摆脱用工成本上升、原材料价格上涨、订单量减少以及资金链紧张等困扰,走出"温水煮青蛙"的艰难处境。

这是一次"逢山开路、遇水搭桥"的实战演练。本系列图书引导成百上千的年轻人在"梦工厂"实现创业梦想。崇尚创业、鼓励冒险、宽容失败、创造条件,让年轻人的激情、热情、想象力、创新能力得到充分的释放和发挥。

这是一种"更加快捷、更加高效"的模式模板分享。操千曲而后晓声,观千剑而后识器。本系列图书不仅为中·小·微企业梳理了管理系统、构建了业务管理体系,还针对具体的业务事项给出了流程、标准、制度、方案、方法、工具等方面的模板和范例。为中·小·微企业管理者可能遇到的困惑提供了一套切实可行的解决方案。

综上所述,"中·小·微企业管理实务系列"图书本着促进中·小·微企业管理人员**"知识体系化、管理规范化、操作模板化、范例分享化"**的设计理念,向读者提供了全方位的中·小·微企业管理方法和执行工具,推进管理工作的高效执行,是中·小·微企业管理人员在工作中必不可少的工具书。

编　者
2017 年 3 月

FOREWORD 前　言

　　《中·小·微企业财务会计管理实务》是围绕企业财务管理组织，从十大关键业务设计，打造财务管理组织的标准化、模板化的管理实务体系。本书秉承"落实管理各个环节、方便快捷简单实用"的编写原则，为中·小·微企业实现财务会计实务性操作提供了参照范本。

　　本书具有以下三大特点。

1．业务体系设计系统，针对性强

　　本书内容设置全面、整合、深入，梳理了中·小·微企业包括财务预算管理、资金管理、财务收支管理、资产管理、筹资与投资管理、成本费用管理、财务稽核管理、税务管理、财务审计管理、财务分析决策管理共十大关键业务，几乎涵盖了财务会计管理的全部工作内容。

2．业务模块设计精细，操作性强

　　本书突破了同类图书简单罗列制度和工具的局限，集系统性、可操作性、工具性为一体，从业务管理重点、管理流程、控制措施和工具表单，层层分解，环环相扣。

3．业务执行设计务实，借鉴性强

　　本书提供了中·小·微企业财务会计管理的多种模板，涉及 10 个业务部门的管理流程、制度、方案、文书和表单，以及 18 个相关岗位人员的职责范例等，方便读者查阅、借鉴，或者"拿来即用"，或者"稍改即用"。

　　本书适用于中·小·微企业中的管理人员、财务会计人员，企业培训师与咨询师及高校相关专业师生阅读、使用。

　　在本书编写的过程中，孙立宏、刘伟、刘井学、程富建、孙宗坤负责资料的收集和整理，贾月负责图表的编排，王淑敏参与编写了本书的第 1 章，王德敏参与编写了本书的第 2 章，王兰会参与编写了本书的第 3 章，孟庆华参与编写了本书的第 4 章，宋君丽参与编写了本书的第 5 章，张心参与编写了本书的第 6 章，程淑丽、韩建国参与编写了本书的第 7 章，李艳参与编写了本书的第 8 章，张天骄参与编写了本书的第 9 章，毕春月参与编写了本书的第 10 章，王淑敏参与编写了本书的第 11 章，全书由么秀杰统撰定稿。

第 1 章 财务管理组织机构 1

  1.1 财务组织架构与岗位设置 1

    1.1.1 财务组织架构设置 1

    1.1.2 财务部门岗位设置 1

  1.2 企业财务各部门职权说明 3

    1.2.1 企业财务部门职能 3

    1.2.2 企业财务组织职责 3

    1.2.3 企业财务管理权力 5

  1.3 企业财务各岗位职责范例 6

    1.3.1 财务总监岗位职责 6

    1.3.2 财务部经理岗位职责 7

    1.3.3 会计部经理岗位职责 8

    1.3.4 审计部经理岗位职责 9

    1.3.5 财务主管岗位职责 9

    1.3.6 会计主管岗位职责 10

    1.3.7 审计主管岗位职责 11

    1.3.8 总账会计岗位职责 12

    1.3.9 核算会计岗位职责 13

    1.3.10 报表会计岗位职责 14

    1.3.11 税务会计岗位职责 14

    1.3.12 稽核会计岗位职责 15

    1.3.13 出纳员岗位职责 16

    1.3.14 审计专员岗位职责 17

    1.3.15 预算专员岗位职责 18

    1.3.16 投融资专员岗位职责 19

    1.3.17 财务分析专员岗位职责 20

    1.3.18 资金管理员岗位职责 20

第 2 章 财务预算会计实务 23

  2.1 财务预算管理维度 23

    2.1.1 销售预算管理重点 23

    2.1.2 采购预算管理重点 24

    2.1.3 薪酬预算管理重点 24

    2.1.4 项目预算管理重点 25

2.2 财务预算管理流程 26
    2.2.1 预算编制管理流程 26
    2.2.2 预算审批管理流程 27
    2.2.3 预算调整管理流程 28
    2.2.4 预算考核管理流程 29
2.3 财务预算控制措施 30
    2.3.1 全面预算管理制度 30
    2.3.2 预算审批管理制度 36
    2.3.3 预算执行管理细则 37
    2.3.4 预算考核实施办法 40
    2.3.5 预算执行分析报告 41
2.4 财务预算工具表单 44
    2.4.1 制造成本预算表 44
    2.4.2 管理费用预算表 44
    2.4.3 销售费用预算表 45
    2.4.4 采购费用预算表 46

第 3 章 资金管理会计实务 47
3.1 财务资金管理维度 47
    3.1.1 资金筹集管理重点 47
    3.1.2 资金拆借管理重点 47
    3.1.3 资金使用管理重点 48
    3.1.4 资金调度管理重点 48
3.2 财务资金管理流程 49
    3.2.1 资金筹集管理流程 49
    3.2.2 资金计划编制流程 50
    3.2.3 资金拆借管理流程 51
    3.2.4 采购资金审批流程 52
3.3 资金管理控制措施 53
    3.3.1 年度资金需求计划 53
    3.3.2 现金收支管理制度 54
    3.3.3 资金调度管理制度 56
    3.3.4 备用金管理控制制度 57
3.4 资金管理工具表单 59
    3.4.1 货币资金汇总表 59
    3.4.2 周转资金分析表 60
    3.4.3 资金来源比较表 60
    3.4.4 资金调度计划表 61

第 4 章　财务收支会计实务 63

　　4.1　财务收支管理维度 63

　　　　4.1.1　应收账款管理重点 63

　　　　4.1.2　应付账款管理重点 64

　　　　4.1.3　呆坏账的管理重点 64

　　　　4.1.4　应收票据管理重点 65

　　4.2　财务收支管理流程 66

　　　　4.2.1　坏账账务处理流程 66

　　　　4.2.2　应收票据管理流程 67

　　　　4.2.3　应收账款管理流程 68

　　　　4.2.4　应付账款管理流程 69

　　4.3　财务收支控制措施 70

　　　　4.3.1　销售账款管理制度 70

　　　　4.3.2　销售账款催收方案 71

　　　　4.3.3　购销合同管理制度 73

　　　　4.3.4　往来账款对账办法 74

　　4.4　财务收支工具表单 76

　　　　4.4.1　应收账款增减一览表 76

　　　　4.4.2　应收账款账龄分析表 76

　　　　4.4.3　应付账款分类汇总表 77

　　　　4.4.4　呆账核销状况汇总单 78

第 5 章　资产管理会计实务 79

　　5.1　财务资产管理维度 79

　　　　5.1.1　固定资产报废管理重点 79

　　　　5.1.2　固定资产折旧管理重点 80

　　　　5.1.3　存货清查工作管理重点 80

　　　　5.1.4　无形资产取得管理重点 81

　　5.2　财务资产管理流程 82

　　　　5.2.1　存货核算管理流程 82

　　　　5.2.2　固定资产盘点流程 83

　　　　5.2.3　固定资产折旧流程 84

　　　　5.2.4　无形资产转让流程 85

　　5.3　财务资产控制措施 86

　　　　5.3.1　存货核算管理制度 86

　　　　5.3.2　固定资产折旧办法 88

　　　　5.3.3　固定资产报废规范 90

　　　　5.3.4　无形资产出租方案 92

5.4 财务资产工具表单 93
　　5.4.1 存货分类明细表 93
　　5.4.2 固定资产增减表 94
　　5.4.3 固定资产登记表 94
　　5.4.4 无形资产明细账 95
　　5.4.5 无形资产清查表 95

第6章 筹资与投资会计实务 97

6.1 筹资与投资管理维度 97
　　6.1.1 筹资方式选择重点 97
　　6.1.2 筹资方案评审重点 99
　　6.1.3 投资可行性分析重点 100
　　6.1.4 投融资风险控制重点 104
　　6.1.5 投资项目收益分析重点 104

6.2 筹资与投资管理流程 106
　　6.2.1 筹集资金核算流程 106
　　6.2.2 筹资业务管理流程 107
　　6.2.3 投资活动业务流程 108
　　6.2.4 投资方案论证流程 109

6.3 筹资与投资控制措施 110
　　6.3.1 企业筹资管理制度 110
　　6.3.2 企业投资管理制度 112
　　6.3.3 企业筹资方案范例 114
　　6.3.4 筹资可行性研究报告 116

6.4 筹资与投资工具表单 117
　　6.4.1 筹资需求分析表 117
　　6.4.2 投资效益分析表 118
　　6.4.3 投资盈亏统计表 118
　　6.4.4 筹资成本利润分析表 118
　　6.4.5 融资结构弹性分析表 119

第7章 成本费用管理会计实务 121

7.1 成本费用管理维度 121
　　7.1.1 采购成本管理重点 121
　　7.1.2 生产成本管理重点 121
　　7.1.3 营销成本管理重点 122
　　7.1.4 管理费用控制重点 123

7.2 成本费用管理流程 124
　　7.2.1 成本预算编制流程 124

7.2.2 生产成本核算流程 125

7.2.3 管理费用报销流程 126

7.2.4 成本差异管理流程 127

7.3 成本费用控制措施 128

7.3.1 成本核算管理制度 128

7.3.2 制造费用归集办法 130

7.3.3 管理费用控制制度 132

7.3.4 人工费用控制方案 135

7.4 成本费用工具表单 137

7.4.1 生产成本核算表 137

7.4.2 材料成本明细表 137

7.4.3 人工成本统计表 137

7.4.4 成本费用控制表 138

第 8 章 财务稽核会计实务 141

8.1 财务稽核管理维度 141

8.1.1 会计制度稽核重点 141

8.1.2 会计凭证稽核重点 142

8.1.3 会计科目稽核重点 142

8.1.4 会计报表稽核重点 143

8.2 财务稽核管理流程 144

8.2.1 财务稽核管理流程 144

8.2.2 银行账户核对流程 145

8.2.3 固定资产清查流程 146

8.3 财务稽核控制措施 147

8.3.1 会计稽查管理制度 147

8.3.2 财务稽核盘点方案 148

8.3.3 内部稽核管理规范 150

8.3.4 会计内部牵制制度 152

8.4 财务稽核工具表单 153

8.4.1 财务状况控制表 153

8.4.2 资金调度控制表 154

8.4.3 资产盘点报告表 154

8.4.4 应收账款监控表 154

第 9 章 税务管理会计实务 155

9.1 税务管理维度 155

9.1.1 税务筹划管理重点 155

9.1.2 税金核算管理重点 155

9.1.3 纳税申报管理重点 156

9.1.4 税务会计目标管理重点 157

9.2 税务管理流程 158

9.2.1 税务筹划管理流程 158

9.2.2 税金核算管理流程 159

9.2.3 纳税申报管理流程 160

9.3 税务管理控制措施 161

9.3.1 企业税务管理制度 161

9.3.2 税务发票管理制度 163

9.3.3 所得税纳税筹划方案 164

9.3.4 营业税纳税筹划方案 166

9.4 税务管理工具表单 168

9.4.1 应缴税费估算表 168

9.4.2 税款缴纳记录表 168

9.4.3 应缴增值税明细表 169

9.4.4 营业税及附加预测表 169

第10章 财务审计会计实务 171

10.1 财务审计管理维度 171

10.1.1 内部审计管理重点 171

10.1.2 货币资金审计重点 172

10.1.3 筹资投资审计重点 173

10.1.4 成本利润审计重点 175

10.2 财务审计管理流程 176

10.2.1 内部审计管理流程 176

10.2.2 货币资金审计流程 177

10.2.3 长期投资审计流程 178

10.2.4 利润审计工作流程 179

10.3 财务审计控制措施 180

10.3.1 企业内部审计管理制度 180

10.3.2 应收款和负债审计细则 182

10.3.3 技改扩建项目审计办法 184

10.3.4 人员调动离任审计规范 186

10.4 财务审计工具表单 187

10.4.1 内部审计工作计划表 187

10.4.2 抽样审计实施计划表 188

10.4.3 审计工作执行方案表 188

10.4.4 审计工作底稿（样表） 188

10.4.5 审计工作总结（样表） 188

第 11 章　财务分析决策实务 191

　　11.1　财务分析决策维度 191

　　　　11.1.1　产品成本分析重点 191

　　　　11.1.2　销售费用分析重点 192

　　　　11.1.3　资产状况分析重点 192

　　　　11.1.4　资产负债分析重点 193

　　11.2　财务分析决策流程 194

　　　　11.2.1　财务分析管理流程 194

　　　　11.2.2　财务风险分析流程 195

　　　　11.2.3　财务报表分析流程 196

　　11.3　分析决策控制措施 197

　　　　11.3.1　财务分析管理制度 197

　　　　11.3.2　财务报告编制方案 200

　　　　11.3.3　偿债能力分析方案 205

　　　　11.3.4　盈利状况分析报告 207

　　11.4　分析决策工具表单 208

　　　　11.4.1　营业收入成本分析表 208

　　　　11.4.2　主要财务比率分析表 208

　　　　11.4.3　资产负债表纵向趋势表 209

　　　　11.4.4　现金流量表纵向趋势表 209

第 1 章

财务管理组织机构

1.1 财务组织架构与岗位设置

1.1.1 财务组织架构设置

企业财务组织架构的设置，关系着企业财务运作模式和财政权力的分配。是否设置专门的财务部门、设置多少财务部门、是否细分职能，都取决于企业的规模。

对于小、微企业，可以只设一名会计和出纳，不设置专门的财务部门。对于有数名财务人员的企业，可以设置一个财务部，全面负责企业的财务核算和管理工作。对于中型企业，则可以将会计核算、财务管理、审计稽核等职能细分，设置不同的部门。

财务部门是为企业经营所服务的，因此应视企业需要而设置。图 1-1 所示为某中型企业的财务组织架构，供读者参考。

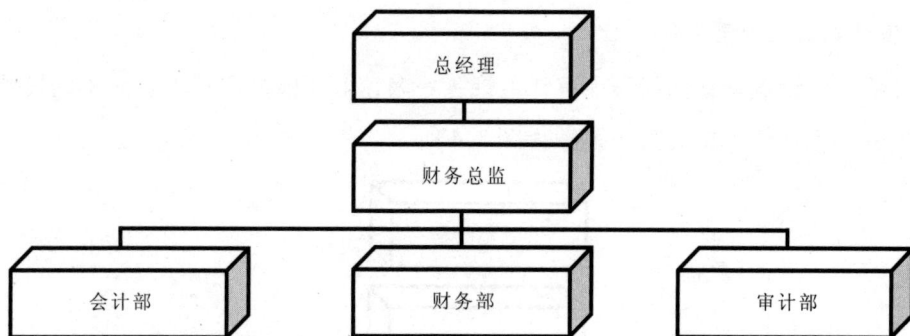

图 1-1　某中型企业财务组织架构设计示例

1.1.2 财务部门岗位设置

企业财务管理部门一般包括财务部、会计部和审计部。

1. 财务部岗位设置

财务部一般设置财务部经理、财务主管各一名，下面分设预算专员、投融资专员、财务分析专员、资金管理员各一名,财务部岗位的具体设置如图1-2所示。

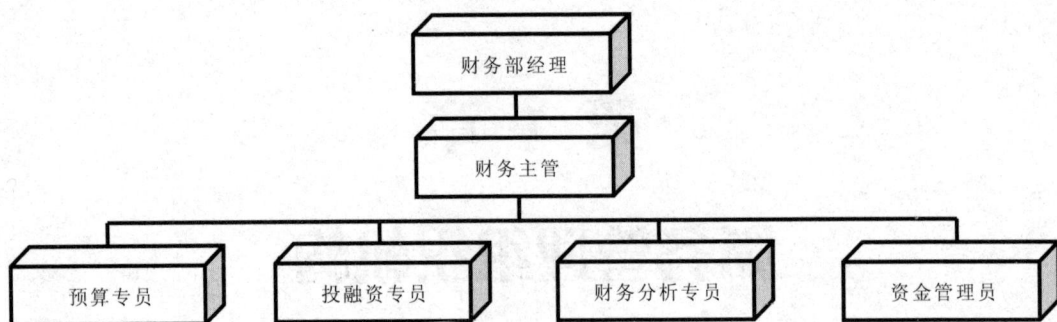

```
        ┌──────────────┐
        │  财务部经理   │
        └──────────────┘
               │
        ┌──────────────┐
        │   财务主管    │
        └──────────────┘
    ┌────────┬────────┼────────┬────────┐
┌────────┐ ┌────────┐ ┌────────┐ ┌────────┐
│ 预算专员 │ │投融资专员│ │财务分析专员│ │资金管理员│
└────────┘ └────────┘ └────────┘ └────────┘
```

图1-2　财务部岗位设置示例

2. 会计部岗位设置

会计部一般设置会计部经理、会计主管各一名,下面分设总账会计、核算会计、报表会计、税务会计、稽核会计、出纳员各一名,会计部岗位的具体设置如图1-3所示。

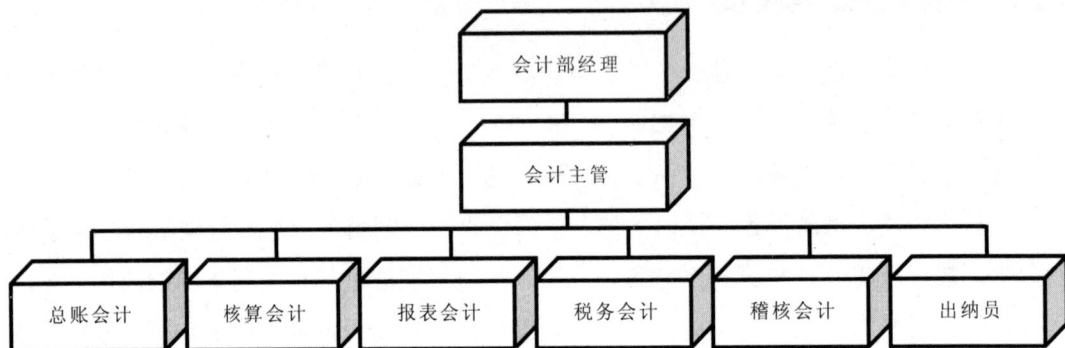

```
        ┌──────────────┐
        │  会计部经理   │
        └──────────────┘
               │
        ┌──────────────┐
        │   会计主管    │
        └──────────────┘
    ┌──────┬──────┬──────┼──────┬──────┐
┌──────┐┌──────┐┌──────┐┌──────┐┌──────┐┌──────┐
│总账会计││核算会计││报表会计││税务会计││稽核会计││出纳员│
└──────┘└──────┘└──────┘└──────┘└──────┘└──────┘
```

图1-3　会计部岗位设置示例

3. 审计部岗位设置

审计部一般设置审计部经理、审计主管各一名,下面根据审计内容的不同设置审计专员若干名,审计部岗位的具体设置如图1-4所示。

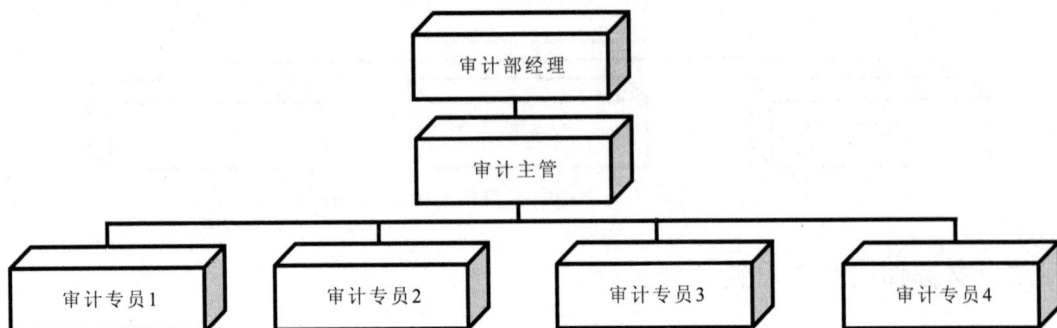

```
        ┌──────────────┐
        │  审计部经理   │
        └──────────────┘
               │
        ┌──────────────┐
        │   审计主管    │
        └──────────────┘
    ┌────────┬────────┼────────┬────────┐
┌────────┐ ┌────────┐ ┌────────┐ ┌────────┐
│ 审计专员1 │ │审计专员2│ │审计专员3│ │审计专员4│
└────────┘ └────────┘ └────────┘ └────────┘
```

图1-4　审计部岗位设置示例

1.2　企业财务各部门职权说明

1.2.1　企业财务部门职能

企业财务部门职能主要包括财务管理、会计核算与报表编制、财务运作等职能，具体说明如表 1-1 所示。

表 1-1　企业财务部门职能

职能概括	职能明细
财务管理职能	1．财务预算管理，即对企业经营预算、资本预算和财务预算进行管理
	2．财务报告编制和分析，即为企业管理者提供财务分析报告，以辅助经营决策
	3．企业资产管理，即通过对资产的合理配置来保证企业资源的有效利用
	4．企业成本费用的核算与监控管理，即对发生的经营管理费用、产品成本等进行核算，并对已经发生的费用按照用途进行归集与分配
	5．税务管理，即落实企业的财税待遇和投资项目的税务筹划，做好纳税申报等工作
会计核算与报表编制职能	1．会计核算，即依据《企业会计准则》归集、处理各类会计信息，并对会计主体已经发生的经济活动进行事后核算
	2．财务报表编制，即及时编制和提交财务报表，按时编制企业对外报送的财务报告
	3．财务审计，即对企业会计账目、内部控制制度、法律风险等方面进行稽核和监督
	4．会计信息管理，即对会计档案、会计记录及会计信息系统进行管理
财务运作职能	主要指对企业现金流、投融资、资本运营、财务风险等进行管理，并做好财务运行规划及其过程中的风险控制工作

1.2.2　企业财务组织职责

1．财务部职责

财务部从事财务管理及控制工作，其主要职责如图 1-5 所示。

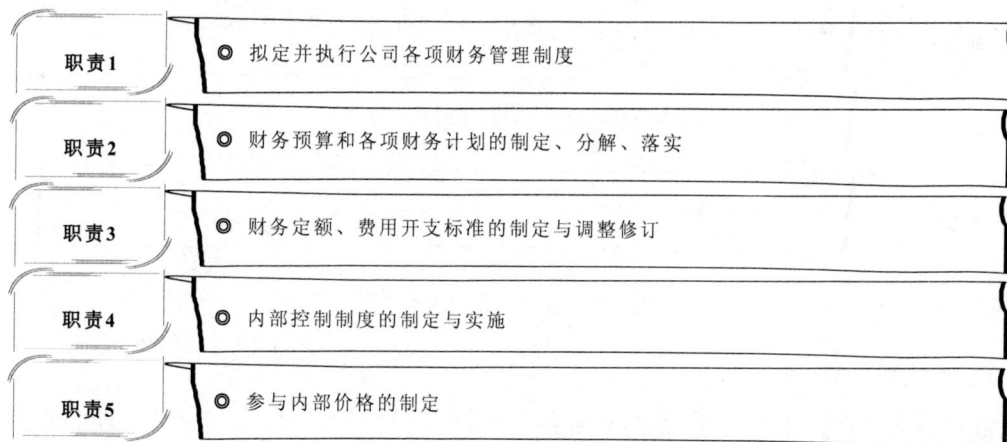

职责1	◎ 拟定并执行公司各项财务管理制度
职责2	◎ 财务预算和各项财务计划的制定、分解、落实
职责3	◎ 财务定额、费用开支标准的制定与调整修订
职责4	◎ 内部控制制度的制定与实施
职责5	◎ 参与内部价格的制定

图 1-5　财务部职责说明

职责6	◎ 融资
职责7	◎ 资金调配与调度
职责8	◎ 税收筹划
职责9	◎ 成本控制与管理
职责10	◎ 财务活动控制

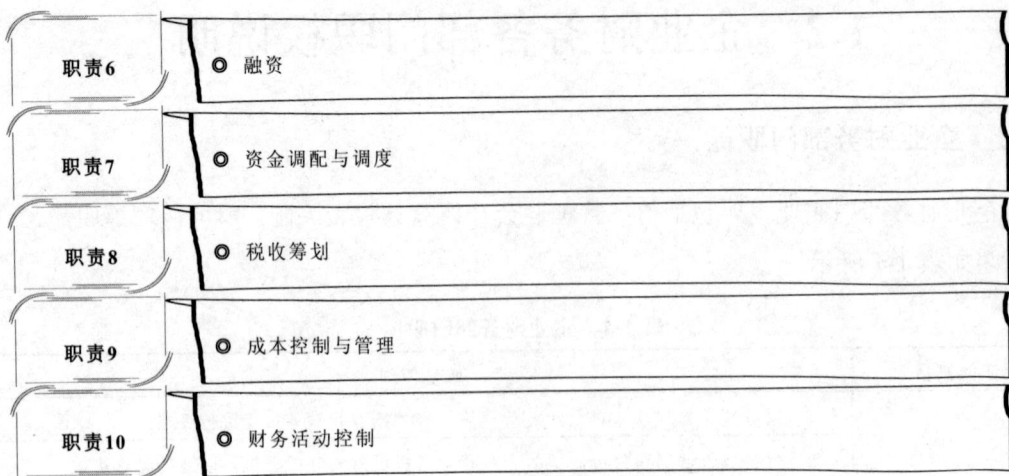

图1-5　财务部职责说明（续）

2. 会计部职责

会计部从事会计核算工作，是对企业经营各环节，包括财务核算与财务管理的监督。其工作职责如图1-6所示。

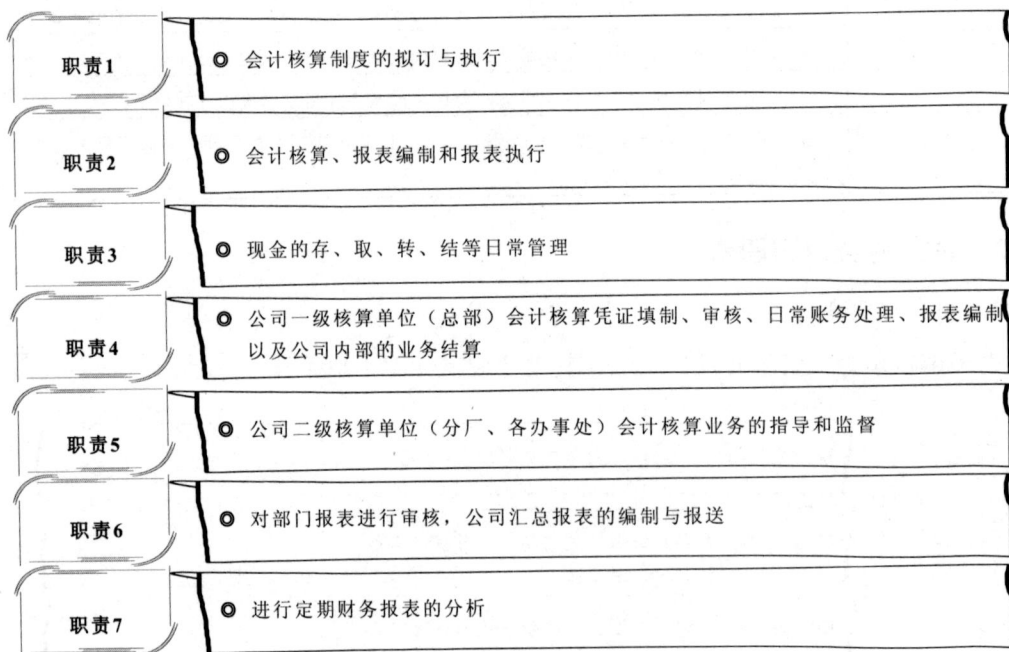

职责1	◎ 会计核算制度的拟订与执行
职责2	◎ 会计核算、报表编制和报表执行
职责3	◎ 现金的存、取、转、结等日常管理
职责4	◎ 公司一级核算单位（总部）会计核算凭证填制、审核、日常账务处理、报表编制以及公司内部的业务结算
职责5	◎ 公司二级核算单位（分厂、各办事处）会计核算业务的指导和监督
职责6	◎ 对部门报表进行审核，公司汇总报表的编制与报送
职责7	◎ 进行定期财务报表的分析

图1-6　会计部职责说明

3. 审计部职责

审计部从事审计监督工作，是对企业经营各环节，包括财务核算与财务管理的监督。其工作职责如图1-7所示。

职责1	◎ 企业审计制度的拟订和执行
职责2	◎ 实施内部审计工作
职责3	◎ 配合外部审计部门和审计机构的审计工作
职责4	◎ 对企业各部门和人员的经济问题进行财务检查，并提出检查报告和处理意见
职责5	◎ 对财务部日常业务进行监督
职责6	◎ 向企业各部门和人员宣传审计法规

图 1-7　审计部职责说明

1.2.3　企业财务管理权力

企业财务管理权力说明，如图 1-8 所示。

管理权力1	◎ 有权参与公司重大经营决策，为决策提供财务数据和信息
管理权力2	◎ 有权参与年度、季度、月度生产计划的制定，并提出意见和建议
管理权力3	◎ 有权参与年度、季度、月度销售计划的制定
管理权力4	◎ 有权参与年度、季度、月度采购计划的制定
管理权力5	◎ 公司预算汇总平衡的权力
管理权力6	◎ 对违反财务制度的单位和个人给予处罚的权力
管理权力7	◎ 对其他部门实施财务考核的权力
管理权力8	◎ 对部门内部员工考核的权力
管理权力9	◎ 部门内部员工聘任、解聘的建议权
管理权力10	◎ 部门内部工作开展的自主权
管理权力11	◎ 要求相关部门配合相关工作的权力
管理权力12	◎ 其他相关权力

图 1-8　企业财务管理权力

1.3 企业财务各岗位职责范例

1.3.1 财务总监岗位职责

单　位：_____　　岗位名称：<u>财务总监</u>　　岗位编号：_____　　编制日期：____年__月__日

所属部门：_____　　直属上级：<u>总经理</u>　　直属下级：<u>财务部经理</u>　　任职人员签字：_____

岗位概述		根据企业战略发展规划和年度经营计划，负责企业总体财务规划，领导、监督企业会计核算、资金管理等各项工作，加强企业经济管理，提高经济效益，维护股东权益
任职资格	学　历	大学本科及以上学历
	专　业	财务管理专业
	工作经验	具有八年以上大型集团企业财务总监工作经验
	能力素质	具有敏锐的洞察力与较强的分析、判断和决策能力
	业务了解范围	熟悉各项财务政策、法规；精通财务管理知识；具有出色的财务分析能力、较强的融资和资金管理能力
职责细化说明		
岗位职责	职责一	财务规章制度建设
	工作任务	1. 主持制定企业财务管理、会计核算、会计监督、预算管理、审计监察、内部控制等规章制度和工作程序，经批准后组织实施并监督检查落实情况
		2. 组织执行国家有关财经法律、法规、方针、政策和制度，保障企业合法经营
	职责二	融资管理
	工作任务	1. 根据总经理指示和企业经营要求，筹集企业运营所需资金，保证企业战略发展的资金需求，审批企业重大资金流向
		2. 依照企业对资金的需求，疏通融资渠道，维护与金融机构的良好关系，满足企业经营运作资金的需求
	职责三	财务工作管理
	工作任务	1. 组织领导企业的财务管理、成本管理、预算管理、会计核算、会计监督、审计监察、内部控制等方面工作，加强企业财务管理，提高企业经济效益
		2. 定期对企业财务管理工作进行考核、督促、检查，提高财务部门工作效率
	职责四	财务监控
	工作任务	1. 执行董事会有关财务方面的决议，对企业日常资金运作和财务运作进行监控
		2. 按照企业规定的权限对企业各部门的各项预算、费用计划进行审批
		3. 监督财务预算及财务计划的执行情况，控制各项费用的使用
	职责五	财务分析与预测
	工作任务	1. 定期对企业经营状况进行阶段性的财务分析与财务预测，并提出财务改进方案
		2. 向董事会提交财务分析及预测报告，为企业经营决策提出合理化建议和意见
	职责六	财务审计、督办管理
	工作任务	1. 组织制订年度审计工作计划
		2. 根据企业相关规定组织实施年度财务收支审计、经营成果审计等工作
		3. 具体负责企业高层领导的离职审计及重大财务违规审计，并向董事会及总经理提出处理意见

1.3.2 财务部经理岗位职责

单　　位：_____　　岗位名称：<u>财务部经理</u>　　岗位编号：_____　　编制日期：____年__月__日

所属部门：<u>财务部</u>　　直属上级：<u>财务总监</u>　　直属下级：<u>财务主管</u>　　任职人员签字：_____

岗位概述		全面主持企业财务部的各项工作，包括财务管理、资金管理等工作，组织协调、指导、监督财务部的日常管理工作，监督执行财务计划，完成企业目标
任职资格	学　　历	大学本科及以上学历
	专　　业	财务会计等相关专业
	工作经验	具有五年以上财务管理岗位工作经验
	能力素质	具有良好的领悟能力和数据分析能力；为人诚实正直、原则性强；具有良好的职业操守
	业务了解范围	熟悉国家财务法规、税法、金融政策，熟悉银行、税务等方面的工作，了解企业内部业务和工作流程

		职责细化说明
岗位职责	职责一	规章制度管理
	工作任务	1．协助财务总监组织制定企业各项财务管理制度、内部控制管理和考核办法
		2．各项制度经审批后组织实施、监督、确保财务安全，有效运作
		3．负责将规章制度交由企业管理部备案
	职责二	财务预算与计划管理
	工作任务	1．根据企业有关制度，组织有关部门编制财务预算并汇总，上报领导审批后执行
		2．监督各部门预算的执行情况，审核各部门的费用支出，根据企业的运营情况，实时提出成本控制方案并监督实施
		3．组织编制各项财务收支及资金计划，落实和检查计划执行情况，确保资金供应
		4．定期将计划的执行情况进行分析并上报财务总监、总经理
	职责三	成本控制
	工作任务	1．负责组织企业成本管理工作，进行成本预测、控制、核算、分析和考核，降低成本消耗，节约费用
		2．根据企业运营情况，适时提出成本控制方案并监督实施
	职责四	财务分析
	工作任务	1．定期或不定期组织财务分析，提交财务分析报告，为企业经营决策提供依据
		2．对新投资项目做好财务预测和风险分析
		3．参与企业重大财务问题决策，提出建议或意见
	职责五	财务稽核
	工作任务	1．根据内部控制制度，组织实施财务监督，确保企业各项业务在受控状态下运行
		2．组织设定财务工作考核标准，严格监督各项业务收支情况，并根据考核标准对各子公司的财务工作定期进行考评
		3．负责组织实施企业的财务审计工作

岗位职责	职责六	疏通融资通道
	工作任务	1. 根据董事会的指标，做好资金筹集、供应和使用管理工作
		2. 依据企业对日常资金的需求量，协助财务总监寻找融资渠道，疏通融资渠道
		3. 与银行建立正常的信贷、结算关系，满足企业经营运作中的资金需求
	职责七	财务部内部管理
	工作任务	1. 负责财务人员的队伍建设、选拔和配备
		2. 组织对部门员工进行财务知识培训
		3. 指导、监督员工工作并对其进行业绩考核

1.3.3　会计部经理岗位职责

单　　位：_____　岗位名称：__会计部经理__　岗位编号：_____　编制日期：____年__月__日

所属部门：__会计部__　直属上级：__财务总监__　直属下级：__核算会计等__　任职人员签字：_____

岗位概述		协助领导制定企业会计制度，监督各项制度的执行情况，汇总、编制会计报表，进行财务分析和税收的核算与控制
任职资格	学　　历	大学本科及以上学历
	专　　业	财务管理专业
	工作经验	具有五年以上财务管理岗位工作经验
	能力素质	具有良好的组织、协调、沟通能力和团队协作精神；能承受较大的工作压力
	业务了解范围	熟悉国家金融政策、企业财务制度和流程、会计电算化、精通财税法律法规
		职责细化说明
岗位职责	职责一	制定规章制度与财务计划
	工作任务	1. 协助财务总监建立和完善会计核算制度与会计管理体系
		2. 组织编制各项财务收支计划，落实并检查执行情况并上报财务总监
	职责二	财务预算与成本控制管理
	工作任务	1. 组织有关人员编制财务预算并将其汇总，上报领导审批通过后实行
		2. 监督各部门预算执行情况，审核各部门费用支出，根据企业运营情况，适时提出成本控制方案并监督实施
	职责三	会计核算管理
	工作任务	1. 负责组织企业的经济核算工作，组织编制和审计会计报表
		2. 组织会计人员做好会计核算工作，正确、及时、完整的记账、算账、报账并提供会计核算资料
	职责四	财务分析
	工作任务	1. 定期或不定期的组织财务分析，提交财务报告，为企业经营决策提供依据
		2. 参与企业重大财务问题的决策，提出建议或意见
	职责五	部门内部管理
	工作任务	1. 负责财务人员的队伍建设、选拔和配备并组织对部门员工进行财务知识培训
		2. 指导、监督员工工作并对其进行业绩考核

1.3.4 审计部经理岗位职责

单　　位：_____　岗位名称：审计部经理　岗位编号：_____　编制日期：____年__月__日

所属部门：审计部　直属上级：财务总监　直属下级：审计主管　任职人员签字：_____

岗位概述	依据国家法律法规和企业审计程序，组织审计部门对企业财务收支、经济效益和相关经济责任进行监督、评议和审计，以保证企业各项经济活动的正常运行	
任职资格	学　历	大学本科及以上学历
	专　业	财务、会计、审计等相关专业
	工作经验	具有五年以上审计管理岗位工作经验
	能力素质	具备较强的成本管理、风险控制和财务分析能力；具有良好的沟通、协调能力
	业务了解范围	具有丰富的审计、财务会计、税收、管理等知识
职责细化说明		
岗位职责	职责一	制定企业审计制度
	工作任务	1．拟定企业内部审计制度、审计程序及细则
		2．制定企业审计管理制度经领导审批后监督执行
	职责二	内部审计管理
	工作任务	1．按照企业年度工作计划制订年度审计计划、规划审计工作的实施进程
		2．根据制定的审计计划，组织审计人员开展经营成果审计、财务收支审计、合同审计、专项审计等工作
		3．组织对企业重大经营活动、重大项目、重大经济合同进行审计
	职责三	协助外审管理
	工作任务	1．根据国家有关规定，协助配合外部审计机构对公司开展审计工作
		2．组织相关审计人员协助外部审计机构的调查取证工作
	职责四	审计结果管理
	工作任务	1．组织编写审计报告，并对审计结果出具审计意见
		2．及时检查企业财务及相关部门对审计意见的执行情况
	职责五	部门内部管理
	工作任务	1．负责本部门人员的队伍建设、选拔、配备和培训工作
		2．负责下属人员的工作调配、业务指导及绩效考核工作

1.3.5 财务主管岗位职责

单　　位：_____　岗位名称：财务主管　岗位编号：_____　编制日期：____年__月__日

所属部门：财务部　直属上级：财务部经理　直属下级：财务分析员等　任职人员签字：_____

岗位概述	根据各种财务报表、数据信息，组织对企业整体财务状况、各项财务指标进行综合分析，并对各项财务指标的未来情况做出预测，向管理层提供财务建议和决策支持
任职资格 学　历	大学本科及以上学历
专　业	财务、会计、金融等相关专业
工作经验	三年以上财会管理工作经验
能力素质	具备较强的独立工作能力和应变能力；具有良好的职业道德及敬业精神
业务了解范围	了解企业融资、并购、重组等相关事宜，熟悉资金规划、内部控制或经营分析和财税法规

	职责细化说明	
岗位职责	职责一	制定制度和发展规划
	工作任务	1. 组织建立、健全企业财务分析制度、财务分析体系，规范财务分析流程并监督实施
		2. 组织对企业财务发展战略进行财务方面的可行性分析，预测企业财务收益和风险，为确立合理的财务目标提供依据
	职责二	提供相关报告
	工作任务	1. 根据经营决策，组织制定企业定期或不定期财务分析计划并监督执行
		2. 组织实施企业整体财务运行状况分析，做出书面报告，向管理层提交定期、不定期财务分析报告
	职责三	财务预算与分析
	工作任务	1. 参与企业投资和融资项目的财务预算、成本分析和敏感性分析，并配合制订投资和融资计划
		2. 分析企业收入、利润实现情况，提出增收合理化建议
		3. 分析评估企业各项业务和各部门业绩，预测财务收益和风险，提供财务建议和决策支持

1.3.6 会计主管岗位职责

单　位：_____　　岗位名称：__会计主管__　　岗位编号：_____　　编制日期：____年__月__日

所属部门：__会计部__　　直属上级：__财务部经理__　　直属下级：__核算会计等__　　任职人员签字：_____

岗位概述		根据企业财务制度，正确、及时地登记账目并完成各项核算工作，汇总、编制会计报表，为公司领导提供可靠的数据资料
任职资格	学　历	大学本科及以上学历
	专　业	财务管理、会计等相关专业
	工作经验	具有三年以上财务工作经验，有中级会计师以上职称
	能力素质	敬业、责任心强、严谨踏实；具有良好的纪律性和团队合作及开拓创新精神
	业务了解范围	熟悉国家财务法规、税法、金融政策，了解企业内部业务和工作流程
	职责细化说明	
岗位职责	职责一	核算体系建设
	工作任务	1. 协助财务总监和财务经理做好财务管理工作，按照《企业会计准则》规定设置会计科目，会计凭证和会计账簿
		2. 拟定企业有关会计核算的各项规章制度，设置与掌管总分类账簿
		3. 设计企业会计核算方式，建立会计凭证的传递程序
	职责二	会计核算管理
	工作任务	1. 严格、认真复核本部门所做会计凭证的完整性，审核会计凭证与所附原始凭证是否齐全、一致，审批手续是否齐全
		2. 进行有关业务的综合汇总工作，汇总会计凭证，发现问题及时更正，定期编制总账科目汇总表，并进行试算平衡
		3. 组织下属人员登记明细账和总账，核对各级明细账、日记账及总账，确保账账相符

岗位职责	职责三	编制财务报表
	工作任务	1. 负责编制"现金流量表""资产负债表""利润表"等会计报表
		2. 组织编制"经济效益月报表""统计报表",每月按时上报有关领导
	职责四	财务分析
	工作任务	1. 根据财务报表,定期或不定期协助财务经理做好企业财务分析工作,编写财务状况说明书,为企业制定经营政策提供依据
		2. 进行各种财务预测、市场容量预测、市场占有率预测和市场价格预测等,为企业的投资决策和生产经营提供可靠的依据
	职责五	会计档案管理
	工作任务	1. 执行会计档案管理有关法规,科学分类、造册登记,对保存在本部门的会计凭证、会计账簿、会计报表和其他会计资料统一管理
		2. 建立借阅、保密及保护档案安全和完整的制度,在移交档案部门时,需编制移交清册,认真办理移交手续

1.3.7 审计主管岗位职责

单　　位:_____　岗位名称:__审计主管__　岗位编号:_____　编制日期:____年__月__日

所属部门:__审计部__　直属上级:__审计部经理__　直属下级:__审计专员__　任职人员签字:_____

岗位概述	在审计部经理的领导下做好审计部的日常审计工作,及时提交审计报告,并对审计报告的真实性、准确性负责
任职资格	学　　历	大学本科及以上学历
	专　　业	审计、会计、财务相关专业
	工作经验	具有三年以上审计工作经验
	能力素质	具有良好的沟通能力、应变能力、观察分析能力及逻辑思维能力;诚实正直,具有良好的职业操守
	业务了解范围	熟悉财税法规、审计程序和企业财务管理流程

职责细化说明		
岗位职责	职责一	编制审计管理制度与规划
	工作任务	1. 拟定企业各项内部审计制度、审计程序及审计细则
		2. 按照企业年度工作计划规划年度审计工作及实施进程
	职责二	组织内部审计工作
	工作任务	1. 组织对企业各项财务收支、专项资金的使用和核算情况的审计工作
		2. 组织对企业经验成果的真实性、准确性、合法性等的审计工作
		3. 对经批准即将离任领导的工作状况和工作业绩进行客观、公正的全面审计
		4. 对有损企业利益或严重违反财经法规的行为,会同相关部门领导对其进行审计
		5. 组织对企业内部控制制度进行审计,以检查是否健全、严密和有效
	职责三	配合外部审计工作
	工作任务	1. 根据国家有关制度和企业相关规定,配合外部审计机构进行调查取证工作
		2. 保证外部审计机构对本企业审计工作的顺利开展

岗位职责	职责四	撰写审计工作报告
	工作任务	1. 每项审计工作结束后，及时撰写审计工作报告，交审计部经理审核修改后，上报相关领导。审计报告应指出问题所在并提出处理或改进意见
		2. 组织做好审计资料和文件的归档、保管、借阅等工作

1.3.8 总账会计岗位职责

单　　位：＿＿＿＿＿＿　　岗位名称：　总账会计　　岗位编号：＿＿＿＿＿＿　　编制日期：＿＿＿年＿＿月＿＿日

所属部门：　会计部　　直属上级：　会计主管　　直属下级：＿＿＿＿＿＿　　任职人员签字：＿＿＿＿＿＿

岗位概述		在会计主管的领导下，做好企业总账的核算、报表及会计资料的提供与管理等工作，保证账目的清晰、准确和资料、文件的齐全有序
任职资格	学　历	大学本科及以上学历
	专　业	财务会计、财务管理等相关专业
	工作经验	两年以上相关岗位工作经验
	能力素质	具有组织协调能力、公文报告编写能力和报表分析能力；敬业、责任心强、严谨踏实、工作仔细；有良好的纪律性、团队合作及开拓创新精神
	业务了解范围	通晓企业会计核算知识，了解企业内部业务和工作流程
职责细化说明		
岗位职责	职责一	会计核算体系建设
	工作任务	1. 协助领导做好公司的会计核算工作，按照《企业会计准则》的规定设置会计科目、会计凭证和会计账簿
		2. 初步制定企业有关会计核算的各项规章制度，设置与掌管总分类账簿
		3. 设计企业的会计核算形式及会计凭证的传递形式
	职责二	审核凭证据实登账
	工作任务	1. 审核记账凭证并据实登记各类明细账，根据审核无误的记账凭证汇总表登记总账
		2. 定期对总账与明细账进行结账，并进行总账与明细账的对账
		3. 月底结转各项期间费用及损益类凭证，并据以登账
	职责三	编制各类财务会计报表及相关统计报表
	工作任务	1. 编制各类财务会计报表，编写会计报表附注，呈报相关人员
		2. 为企业贷款及基础资料汇编工作提供财务数据，合并会计报表
		3. 为企业预算编制及管理提供财务数据，为统计人员提供相关财务数据
		4. 为内部审计人员提供各明细账情况表及相关审计资料
	职责四	财务分析
	工作任务	1. 收集资产产权登记年检数据，填制资产产权登记年检相关资料，并按时上报
		2. 参与建立企业内部控制体制，编制企业内部控制制度等工作

1.3.9 核算会计岗位职责

单　　位：_____　岗位名称：__核算会计__　岗位编号：_____　　编制日期：____年__月__日

所属部门：__会计部__　直属上级：__会计主管__　直属下级：_____　　任职人员签字：_____

岗位概述	在会计主管的领导下，按照公司财会制度和核算管理有关规定，负责公司各种业务的核算记账工作	
任职资格	学　　历	大学本科及以上学历
	专　　业	财务、会计等相关专业
	工作经验	一年以上相关工作经验
	能力素质	具有较强的会计核算能力；具备独立思考、分析并解决问题的能力；工作细致、责任感强；具备良好的沟通能力和团队合作精神
	业务了解范围	通晓企业会计制度，熟悉企业核算业务管理流程和企业财务系统
职责细化说明		
岗位职责	职责一	协助核算制度建设
	工作任务	1. 协助会计主管制定与会计核算相关的各项规章制度
		2. 随时检查企业内部各项财务制度的执行情况，对出现的问题及时制止和解决
	职责二	资产核算
	工作任务	1. 掌握资产管理制度和核算办法，对有关财产使用部门进行财产管理和核算
		2. 每月计提固定资产折旧，登记账簿，月末结出资产净值余额，编制固定资产折旧汇总表，做到账表相符、账账相符
		3. 正确编制固定资产目录，对固定资产进行分类核算和明细核算，并正确计算固定资产的记账价值，合理规划固定资产折旧
	职责三	工资核算
	工作任务	1. 负责核算企业工资基金的使用情况，每月对人事部门提供的工资核算原始资料进行审核
		2. 根据"工资汇总表"填制、发放工资，结转部门工资及代扣代缴的记账凭证
		3. 定期核对各部门实发奖金数，核对领取数和发出数是否一致，并妥善保管当年工资、奖金发放资料
	职责四	材料核算
	工作任务	1. 确定合理的材料存货定额，掌握材料的动态
		2. 认真审核材料收发的原始凭证，看其内容是否完整，手续是否完备，数字是否正确，审查原始凭证的合理性、真实性与合法性
		3. 对材料使用、保管及收发结存情况负责，并根据变动情况及时修订定额
	职责五	支出与利润核算
	工作任务	1. 熟悉会计科目及明细科目的核算内容和编号，正确使用会计科目核算货币资金支付业务
		2. 正确使用会计科目和编号，做到内容真实完整、金额准确无误，负责货币资金的收入和支出以及日记账簿的登记与结账
		3. 掌握有关利润核算方面的制度规定，如实反映企业利润的形成和分配情况
		4. 编制利润表、利润分配，进行利润的分配和考核，正确计算销售收入、成本、费用、税金、利润及其他各项收支，经常核对产成品的账面余额及实际库存数，核对销货往来明细账，做到账实相符、账账相符

1.3.10 报表会计岗位职责

单　位：_____	岗位名称：__报表会计__	岗位编号：_____	编制日期：___年__月__日
所属部门：__会计部__	直属上级：__会计主管__	直属下级：_____	任职人员签字：_____

岗位概述		负责企业各类会计报表的编制工作，分析各项经营指标的完成情况，为企业改进管理提供依据
任职资格	学　历	大学本科及以上学历
	专　业	会计学等相关专业
	工作经验	一年以上相关岗位工作经验
	能力素质	具有较强的学习能力、理解能力与执行力；具有高度的工作责任感和敬业精神
	业务了解范围	熟悉统计报表填报规则；熟悉国家财经法律法规和税收政策及相关账务处理方法
职责细化说明		
岗位职责	职责一	编制会计报表
	工作任务	1. 每月按时核算企业经营活动成果，编制会计报表，为高层领导提供经营决策依据
		2. 负责企业管理费用、销售费用、财务费用的明细核算，为各项费用控制工作提供关键点和方向
		3. 登记主营业务收入、主营业务成本、营业税金及附加明细账，并核对手工账，确保与电算化记账保持一致
	职责二	财务报表管理分析
	工作任务	1. 汇总并装订转账凭证、月度会计报表，同时负责企业会计档案管理与归档工作
		2. 定期分析企业各项经营指标的完成情况；管理费用、销售费用、财务费用的支出情况，税金的实现和上缴情况，为企业持续改进提供依据
	职责三	总账系统操作与维护
	工作任务	1. 将经过审核的原始凭证或记账凭证及时、准确地录入计算机；对于未经审核的会计凭证，不得录入计算机
		2. 为数据输出完毕，进行自检核对，核对无误后进行记账并列印有关报表

1.3.11 税务会计岗位职责

单　位：_____	岗位名称：__税务会计__	岗位编号：_____	编制日期：___年__月__日
所属部门：__会计部__	直属上级：__会计主管__	直属下级：_____	任职人员签字：_____

岗位概述		在会计主管的领导下，实施具体的税务工作计划，包括税务筹划、税金核算、纳税申报等工作，确保企业税务目标的实现
任职资格	学　历	大学本科及以上学历
	专　业	税务、财务等相关专业
	工作经验	一年以上税务管理工作经验
	能力素质	具有发现问题与解决问题的能力；有良好的职业道德，保守企业秘密；工作耐心细致，责任感强；具有良好的沟通能力和团队精神
	业务了解范围	熟悉国家税务相关法律法规及税务软件操作知识

	职责细化说明		
岗位职责	职责一	税务计划执行	
	工作任务	1．协助会计主管推进实施企业的税务计划，合理进行税务筹划	
		2．根据国家税收、财务政策，对企业存在的实际问题提出建议和可行性方案	
	职责二	纳税申报	
	工作任务	1．负责计提企业各种应交税金	
		2．编制企业各类税务表，审核下属单位报送的税务表	
		3．按时向税务部门申报纳税	
	职责三	发票管理	
	工作任务	1．负责收据、发票的购买、保管、使用和审验工作	
		2．负责开具和打印增值税发票，已开具打印好的发票及时传递到相关部门	
		3．核对增值税进项、销项，确保账账相符、账票相符，并按月填报"应交增值税明细表"	
	职责四	其他工作	
	工作任务	1．及时掌握国家、地方的财税政策，协助主管做好传达工作	
		2．负责准备税务检查的相关资料，配合税务部门的各项检查工作	
		3．负责税务各类资质证照的年检及变更事项方面工作	

1.3.12 稽核会计岗位职责

单　　位：_____　岗位名称：__稽核会计__　岗位编号：_____　编制日期：____年__月__日

所属部门：__会计部__　直属上级：__会计主管__　直属下级：_____　任职人员签字：_____

岗位概述		负责对企业原始凭证、记账凭证及报表的稽核，以及各项财务收支及稽核，并处理稽核中出现的问题，做好稽核记录	
任职资格	学　　历	大学本科及以上学历	
	专　　业	会计、财务管理等相关专业	
	工作经验	一年以上相关经验	
	能力素质	具有较强的独立思考、分析和解决问题的能力；具有较强团队合作精神，能负担较大的各项压力	
	业务了解范围	熟悉会计准则和会计制度；熟悉企业会计核算及财务管理知识	
	职责细化说明		
岗位职责	职责一	复核各类凭证	
	工作任务	1．做好原始凭证、记账凭证和报表的稽核工作	
		2．从合法性、真实性、手续是否完备等方面对原始凭证进行认真复核	
		3．复核记账凭证是否真实地反映原始凭证的内容，会计科目及金额、记账是否正确	
		4．复核账簿登记是否符合规定，内容是否与原始凭证、记账凭证相符	

岗位职责	职责二	账务稽核
	工作任务	1．对各项财务收支进行稽核，审核是否符合财务收支计划，对严重超计划的要审核其合理性
		2．从数字衔接性方面定期对财务报表进行稽核
	职责三	后续事项处理
	工作任务	1．对核算过程中发现的问题，及时汇报给主管并采取措施进行解决
		2．在已稽核的会计资料上盖章，并随时做好核算记录

1.3.13 出纳员岗位职责

单　　位：_____　　岗位名称：**出纳员**　　岗位编号：_____　　编制日期：____年__月__日

所属部门：**财务部**　　直属上级：**财务主管**　　直属下级：_____　　任职人员签字：_____

岗位概述		在财务主管的领导下严格执行财务审批制度，负责现金的收付、送存工作，做好库存现金的管理及账务核对工作
任职资格	学　历	大学专科及以上学历
	专　业	财务、会计等相关专业
	工作经验	一年以上出纳岗位从业经验
	能力素质	具有原则性和纪律性，客观、公正，依法办事；具有较强责任心和敬业精神；具备关注细节能力和自控能力
	业务了解范围	熟悉企业会计制度、会计准则及专业知识；熟练掌握财务及办公软件
职责细化说明		
岗位职责	职责一	现金收付结算
	工作任务	1．根据国家规定和企业现金管理制度，严格审核现金收付原始凭证，按规定办理收付业务，收付款后在收付款凭证上签章，并加盖"收讫"、"付讫"戳记
		2．执行库存现金限额规定，超过部分必须及时送存银行，不得坐支现金，不得以白条抵库或挪用现金
	职责二	登记现金日记账
	工作任务	1．根据复核无误的记账凭证及时按序登记现金日记账，做到日清月结
		2．及时结算出现金余额核实库存，做到账实相符
		3．每日清点库存现金，编制库存现金日报表，上报财务主管审核后交主管会计
		4．定期核对现金日记账与总账，确保账账相符
	职责三	与现金有关的保管工作
	工作任务	1．妥善保管库存现金和各种有价证券
		2．保管好保险柜密码和钥匙，不得随意转交他人
	职责四	印章、空白票据的管理
	工作任务	1．妥善保管交管的印章，严格按规定使用
		2．严格管理空白票据，专设登记簿登记，认真办理领用注销手续

1.3.14 审计专员岗位职责

单　　位：＿＿＿＿＿＿　　岗位名称：＿审计专员＿　　岗位编号：＿＿＿＿＿＿　　编制日期：＿＿＿年＿＿月＿＿日

所属部门：＿审计部＿　　直属上级：＿审计主管＿　　直属下级：＿＿＿＿＿＿　　任职人员签字：＿＿＿＿＿＿

岗位概述		在审计主管的领导下，负责完善企业审计规章制度及工作方案，并对企业内部人员及经营情况进行审计，提出合理化建议
任职资格	学　　历	大学本科及以上学历
	专　　业	财务管理、审计等相关专业
	工作经验	具有一年以上审计岗位工作经验
	能力素质	具备独立工作能力，能独立完成审计工作；有良好的原则性、沟通能力、团队合作精神与职业道德
	业务了解范围	掌握审计知识、经济法及税法知识；精通企业管理流程、架构和体系；能独立完成审计报告的撰写
职责细化说明		
岗位职责	职责一	制度与计划的执行
	工作任务	1．根据企业审计制度的要求开展工作
		2．服从审计主管的安排，认真按照审计工作计划的要求完成审计工作
	职责二	企业财务收支审计
	工作任务	1．对企业经营成果的真实性、准确性、合法性等进行审计，协助专员编写审计工作报告
		2．对企业各项财务收支、专项资金的使用和核算情况进行审计，协助专员编写审计工作报告
		3．对企业内部控制制度及其执行情况进行审计，并根据审计结果协助专员编写审计工作报告
	职责三	离任审计
	工作任务	1．按企业有关规定，客观、公正的对经批准即将离任的企业高层工作人员的财务状况、工作业绩等实施全面审计
		2．及时提交离任审计报告
	职责四	经营成果审计
	工作任务	1．根据企业年度审计计划对企业经营成果的真实性、准确性和合法性等进行审计
		2．及时向审计主管和审计部经理通报审计中发现的问题，审计工作结束后，及时向领导提交经营成果审计报告
	职责五	专案审计
	工作任务	1．按照企业要求，对有损企业利益或严重违反财经纪律的行为，重大的具有倾向性的财务收支和经济利益等进行调查，并协助审计主管编写审计工作报告
		2．提交审计报告，并提出相关建议与意见
	职责六	其他相关职责
	工作任务	1．根据国家有关制度和企业相关规定，配合外部审计机构进行必要的调查取证工作
		2．对企业的投资项目进行审计
		3．对与审计工作相关的资料、文档进行归档管理

1.3.15 预算专员岗位职责

单　　位：_____	岗位名称：<u>预算专员</u>	岗位编号：_____	编制日期：___年__月__日
所属部门：财务部	直属上级：<u>财务主管</u>	直属下级：_____	任职人员签字：_____

岗位概述		负责协助预算主管，编制企业各种预算报表和各项预算方案，同时对预算执行情况进行监督与分析，完成预算部门相关的日常实务性工作
任职资格	学　　历	大学本科及以上学历
	专　　业	财务管理、会计或相关专业
	工作经验	具有一年以上财务预算工作经验
	能力素质	具备编制企业财务预算能力和预算分析能力；为人正直、责任心强
	业务了解范围	熟悉国家财务法规、金融政策；了解企业内部业务、工作流程、预算管理体系
岗位职责	**职责细化说明**	
	职责一	预算制度和计划执行
	工作任务	1．根据企业发展战略和预算制度开展工作
		2．协助预算主管制定预算计划，并按照预算规划和预算方案按时完成预算工作
	职责二	收集预算资料
	工作任务	1．开展市场调查，收集相关的财务政策、法规，及时了解相关财务政策的变化情况，进行政策分析，做好预算的前期调研工作
		2．收集企业往年的年度预算指标、目标成本和目标利润、预算执行情况报告、预算变化因素分析等方面资料
	职责三	编制预算
	工作任务	1．根据企业短期发展目标、预算总体目标及前期分析结果编制全面预算，并协助各预算责任部门编制相关部门的预算
		2．初步审核各部门编制预算草案并进行试算平衡，加工汇编成企业的销售预算、采购预算、费用预算等，协助预算主管编制企业财务预算
		3．制定增收节支的措施和预算执行方案，经领导审批后与预算同时下达，以保证预算目标的实现
	职责四	控制预算执行
	工作任务	1．通过预算系统跟踪监督预算单位的日常支出和预算执行情况，根据实际预算执行情况，形成预算调整方案并上报预算主管
		2．定期进行反馈，按时、按质、按需要提供内部管理报表，协助预算主管对企业经营情况和预算执行情况进行分析并形成预算执行报告
		3．协助预算主管对各责任部门的工作业绩和经营成果进行考核评价
	职责五	预算资料归档整理
	工作任务	1．预算计划执行结束后，汇总整理相关资料
		2．按照企业的档案管理规定，将资料移交档案管理部门

1.3.16　投融资专员岗位职责

单　　位：_____　岗位名称：<u>投融资专员</u>　岗位编号：_____　编制日期：___年__月__日

所属部门：<u>财务部</u>　直属上级：<u>财务主管</u>　直属下级：_____　任职人员签字：_____

岗位概述		在财务主管的领导下，负责市场调查，制定投资方案，配合编制预算方案并完成相应的融资工作，做好内部融资安排，监督内部各项资金的使用情况，优化资金结构，提高资金使用效率
任职资格	学　　历	大学本科及以上学历
	专　　业	财会或金融等相关专业
	工作经验	具有一年以上投融资相关工作经验
	能力素质	具有较强执行力、能够全面、深入分析问题、条理清晰、逻辑性强
	业务了解范围	掌握投资市场的调查方法，能够拟定投资方案；具备相应的金融知识和技能；熟悉融资工作流程及融资风险控制
职责细化说明		
岗位职责	职责一	投融资市场调研
	工作任务	1. 积极开展行业研究及投融资项目的市场调研等前期工作，根据企业的投融资方向进行市场调研，收集相关市场信息资料
		2. 对市场信息资料进行汇总并认真分析研究，编制市场调查报告供领导参考
	职责二	参与制定投融资方案并贯彻执行
	工作任务	1. 对投融资项目实施评估，测算、分析，对投融资项目进行成本、收益、风险及敏感性分析，配合投融资主管制定投融资计划和投融资方案，为管理层投融资决策提供依据
		2. 负责收集金融市场与行业资产变化信息，分析市场和项目投融资风险，对企业中长期资金需求进行预测，及时做出分析报告，提出相应的应对措施
	职责三	投融资项目执行
	工作任务	1. 为投资项目准备推荐性文件，编制投资调研报告及框架协议相关内容，拟定项目实施计划和运行方案，供企业高层领导作决策参考
		2. 监控和分析投资项目的经营管理，并解释提出业务拓展和管理改进的建议
		3. 配合融资主管合理进行资金分析和调配，做好内部融资安排，监督内部各项资金运用，优化资金运用，确保资金安全，合理调度资金，提高资金的使用效率
		4. 执行投融资决策，实现企业资金的流动性，为资金平衡奠定基础
	职责四	项目后期工作
	工作任务	1. 协助投融资主管进行投融资项目后期的评估，拟定项目结果评估报告
		2. 对投资项目的资料、决议、方案、可行性报告等资料进行整理、归档并按相关制度认真管理

1.3.17 财务分析专员岗位职责

单　　位：＿＿＿＿＿　岗位名称：<u>财务分析专员</u>　岗位编号：＿＿＿＿＿　编制日期：＿＿＿年＿＿月＿＿日

所属部门：<u>财务部</u>　直属上级：<u>财务主管</u>　直属下级：＿＿＿＿＿　任职人员签字：＿＿＿＿＿

岗位概述		根据各种财务报表、数据信息，组织对企业整体财务状况、各项财务指标进行综合分析，并对各项财务指标的未来情况做出预测，向管理层提供财务建议和决策支持
任职资格	学　历	大学本科及以上学历
	专　业	财务、会计、统计等相关专业
	工作经验	一年以上财务工作经验
	能力素质	具备较强的独立工作能力和应变能力；具有较强的分析能力、数据处理能力；具有良好的沟通技能和团队合作精神
	业务了解范围	熟练掌握会计知识及实际应用技巧
职责细化说明		
岗位职责	职责一	收集财务信息提供相应的分析报告
	工作任务	1．收集公司及各职能部门的财务数据、业务数据，建立行业总体和同行业经营状况数据库，按时提供财务分析报表，以支持公司各项财务分析工作
		2．根据财务分析主管的工作安排，从盈利能力、偿债能力、营运效率等各方面对公司的财务数据和业务数据进行分析，提供相应的分析报告
		3．协助完成项目可行性分析中的财务分析工作，提供相关的财务意见和建议
	职责二	分析相关项目差异
	工作任务	1．定期汇总收入预算、费用支出预算等各项预算执行情况，分析导致实际收入与预算差异的原因，同时就存在的差异对预算体系和资金计划影响进行预测性分析
		2．对企业财务报表和各类财务指标进行初步分析，确定影响指标完成情况的因素并提出改进建议
		3．对企业财务预算指标执行情况进行跟踪并收集相关数据，为预算差异提供依据
	职责三	汇总整理归档资料
	工作任务	1．负责各业务部门经营业绩数据的汇总和整理并按时编制各种管理报表
		2．妥善保管各部门的财务、业务数据，为人力资源部门实施各部门经营考核提供数据支持
		3．对财务分析文件、资料进行及时归档和管理

1.3.18 资金管理员岗位职责

单　　位：＿＿＿＿＿　岗位名称：<u>资金管理员</u>　岗位编号：＿＿＿＿＿　编制日期：＿＿＿年＿＿月＿＿日

所属部门：<u>财务部</u>　直属上级：<u>财务主管</u>　直属下级：＿＿＿＿＿　任职人员签字：＿＿＿＿＿

岗位概述		在财务主管的领导下，负责企业资金流的日常管理，并跟踪、核实资金的实际使用情况，以提高资金的使用效率
任职资格	学　历	大学本科及以上学历
	专　业	财务、金融等相关专业

任职资格	工作经验	银行从业背景经验或一年以上资金管理经验
	能力素质	具有良好的团队协作精神、沟通能力和服务意识；具备良好的职业道德，无不良记录；工作认真、细致，能承受较大的工作压力
	业务了解范围	熟悉金融企业政策法规、财务预算管理、资金运作管理、企业内控等相关知识
职责细化说明		
岗位职责	职责一	协助建立资金管理体系
	工作任务	1．负责协助财务主管拟定企业资金管理制度、相关管理流程
		2．负责调查年度资金需求及使用情况，协助资金主管编制资金年度计划
	职责二	资金使用监控
	工作任务	1．负责公司现金流的日常监控与管理，参与资金统一调度，提高资金使用效率
		2．负责现金及银行存款的日常收支业务，完成月末与银行的对账、结账工作
		3．协助完成公司现金流报表体系的建立，定期汇报现金流变动情况并及时预警
		4．分析公司资金月度使用情况，编制月度资金使用分析报告
	职责三	相关资料归档整理
	工作任务	1．期末将资金账户的各种有关资料进行整理汇总，造册登记
		2．按照企业档案管理规定，及时向档案管理部门移交档案资料

第 2 章

财务预算会计实务

2.1 财务预算管理维度

2.1.1 销售预算管理重点

销售预算是企业生产经营全面预算的编制起点，是生产、材料采购、存货费用等方面预算的编制基础。通过销售预算可以使企业的销售机会、销售目标、销售定额清晰化和集中化；便于根据销售预算合理投入各项费用，有助于保持销售额、销售成本与计划结果之间的平衡。销售预算管理的重点主要包括五个方面的内容，具体如图 2-1 所示。

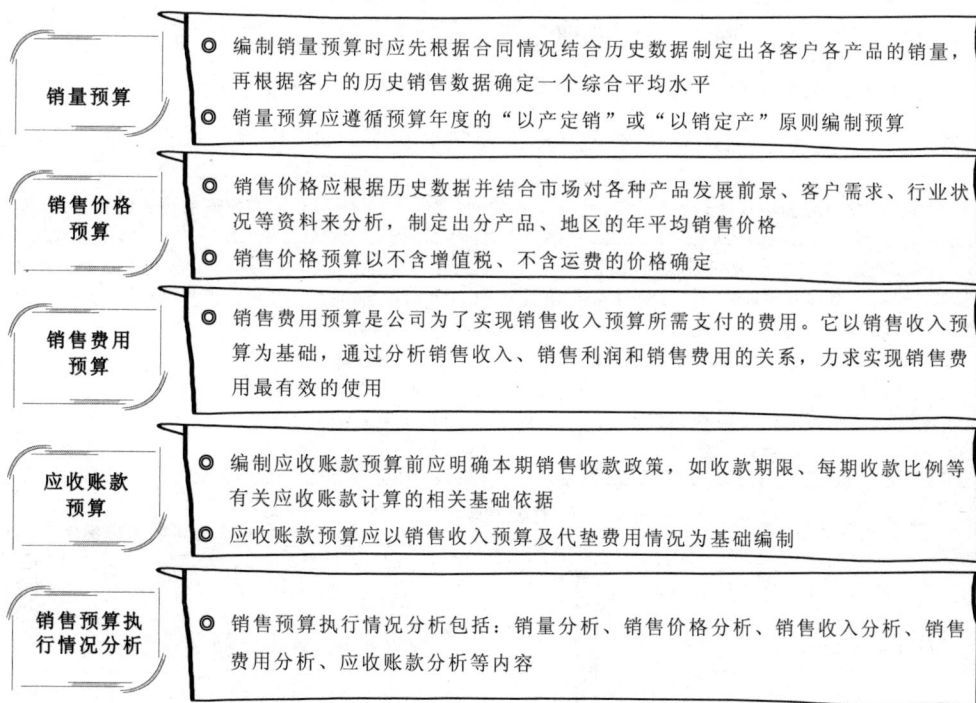

销量预算	◎ 编制销量预算时应先根据合同情况结合历史数据制定出各客户各产品的销量，再根据客户的历史销售数据确定一个综合平均水平 ◎ 销量预算应遵循预算年度的"以产定销"或"以销定产"原则编制预算
销售价格预算	◎ 销售价格应根据历史数据并结合市场对各种产品发展前景、客户需求、行业状况等资料来分析，制定出分产品、地区的年平均销售价格 ◎ 销售价格预算以不含增值税、不含运费的价格确定
销售费用预算	◎ 销售费用预算是公司为了实现销售收入预算所需支付的费用。它以销售收入预算为基础，通过分析销售收入、销售利润和销售费用的关系，力求实现销售费用最有效的使用
应收账款预算	◎ 编制应收账款预算前应明确本期销售收款政策，如收款期限、每期收款比例等有关应收账款计算的相关基础依据 ◎ 应收账款预算应以销售收入预算及代垫费用情况为基础编制
销售预算执行情况分析	◎ 销售预算执行情况分析包括：销量分析、销售价格分析、销售收入分析、销售费用分析、应收账款分析等内容

图 2-1 销售预算管理重点

2.1.2 采购预算管理重点

采购预算是指采购部门在一定计划期间（年度、季度或月度）编制的材料采购的用款计划。对采购预算进行合理控制可以保障企业战略计划的顺利执行，确保与企业目标相一致；有效协调企业各部门之间的合作经营，在企业各部门之间合理安排有限资源，保证资源分配的效率性。采购预算管理的重点主要包括四个方面的内容，具体如图2-2所示。

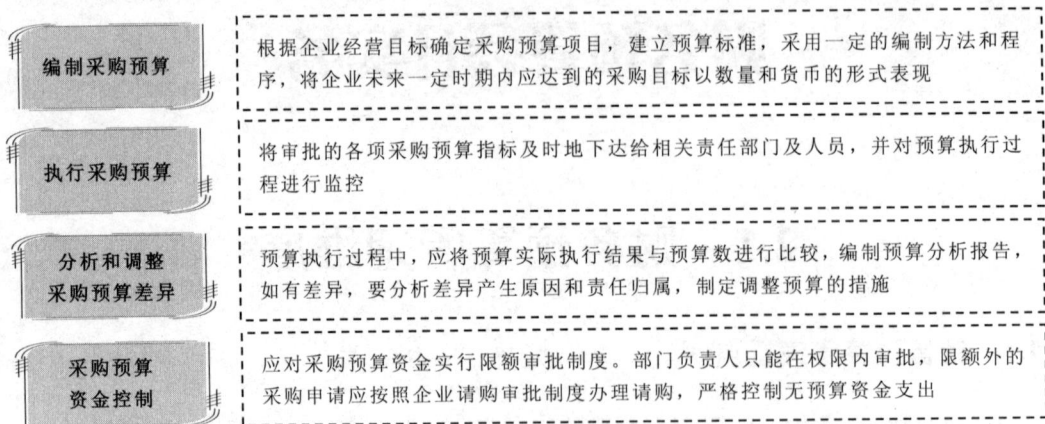

编制采购预算	根据企业经营目标确定采购预算项目，建立预算标准，采用一定的编制方法和程序，将企业未来一定时期内应达到的采购目标以数量和货币的形式表现
执行采购预算	将审批的各项采购预算指标及时地下达给相关责任部门及人员，并对预算执行过程进行监控
分析和调整采购预算差异	预算执行过程中，应将预算实际执行结果与预算数进行比较，编制预算分析报告，如有差异，要分析差异产生原因和责任归属，制定调整预算的措施
采购预算资金控制	应对采购预算资金实行限额审批制度。部门负责人只能在权限内审批，限额外的采购申请应按照企业请购审批制度办理请购，严格控制无预算资金支出

图2-2　采购预算管理重点

2.1.3 薪酬预算管理重点

薪酬预算是薪酬控制的重要环节，准确的预算可以保证企业在未来一段时间内的薪酬支付得到一定程度的协调和控制。薪酬预算要求管理者在进行薪酬决策时，综合考虑企业的财务状况、薪酬结构及企业所处的市场环境因素的影响，确保企业的薪酬成本不超出企业的承受能力。企业薪酬预算管理的重点主要包括四个方面的内容，具体如图2-3所示。

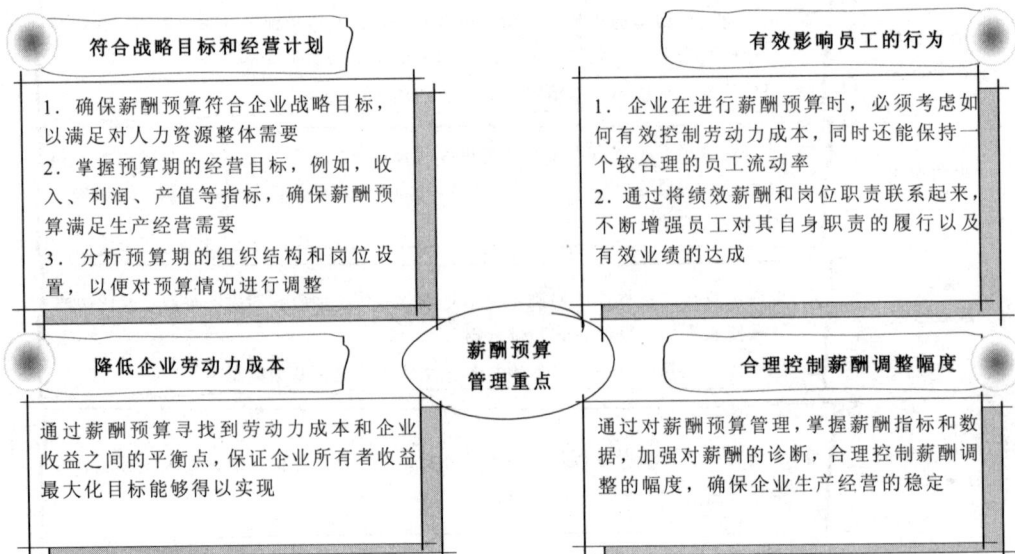

符合战略目标和经营计划

1. 确保薪酬预算符合企业战略目标，以满足对人力资源整体需要
2. 掌握预算期的经营目标，例如，收入、利润、产值等指标，确保薪酬预算满足生产经营需要
3. 分析预算期的组织结构和岗位设置，以便对预算情况进行调整

有效影响员工的行为

1. 企业在进行薪酬预算时，必须考虑如何有效控制劳动力成本，同时还能保持一个较合理的员工流动率
2. 通过将绩效薪酬和岗位职责联系起来，不断增强员工对其自身职责的履行以及有效业绩的达成

薪酬预算管理重点

降低企业劳动力成本

通过薪酬预算寻找到劳动力成本和企业收益之间的平衡点，保证企业所有者收益最大化目标能够得以实现

合理控制薪酬调整幅度

通过对薪酬预算管理，掌握薪酬指标和数据，加强对薪酬的诊断，合理控制薪酬调整的幅度，确保企业生产经营的稳定

图2-3　薪酬预算管理重点

2.1.4　项目预算管理重点

项目预算是业务部门预算的重要组成部分，项目预算管理重点主要包括八个方面的内容，具体如图 2-4 所示。

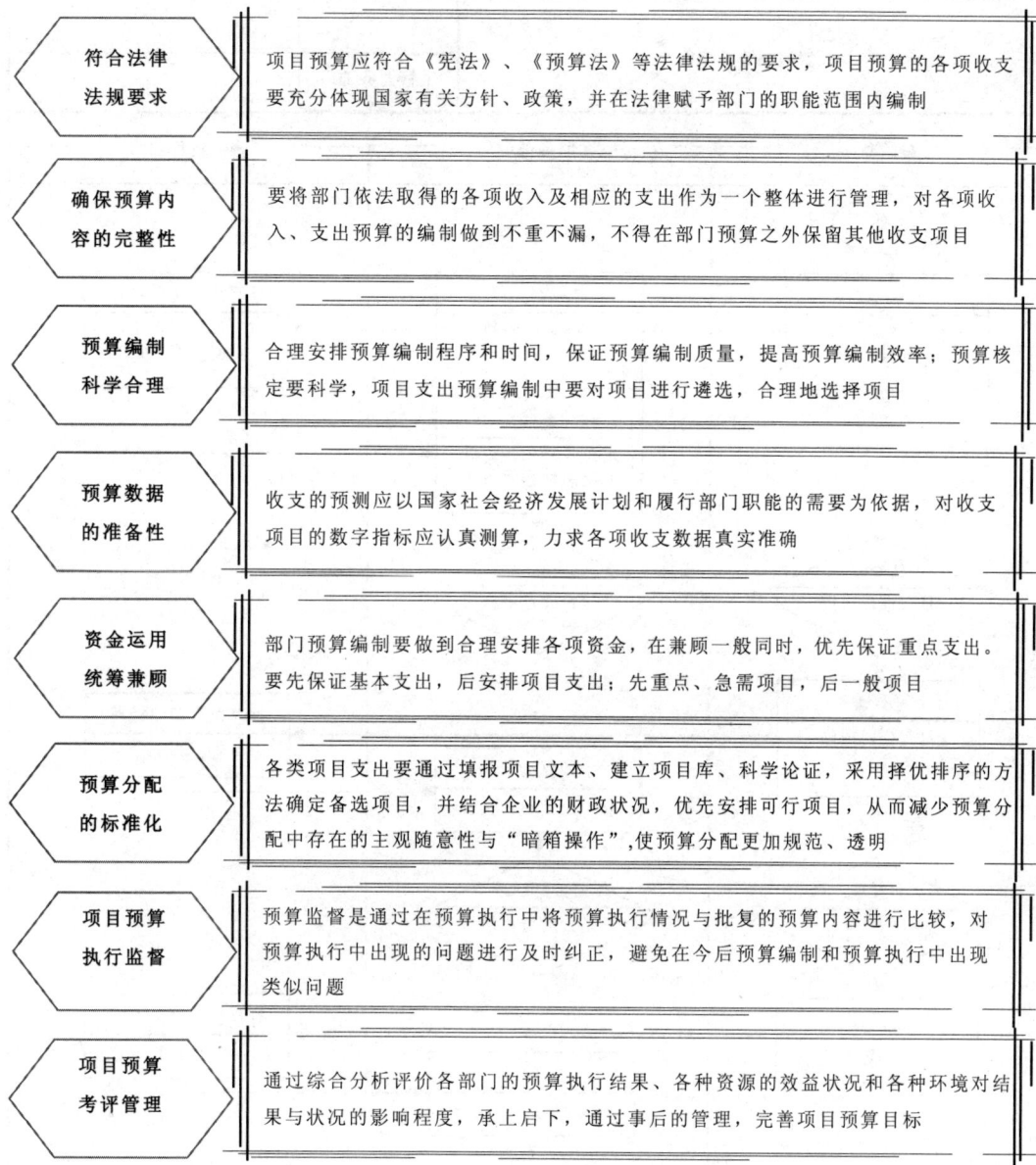

符合法律法规要求	项目预算应符合《宪法》、《预算法》等法律法规的要求，项目预算的各项收支要充分体现国家有关方针、政策，并在法律赋予部门的职能范围内编制
确保预算内容的完整性	要将部门依法取得的各项收入及相应的支出作为一个整体进行管理，对各项收入、支出预算的编制做到不重不漏，不得在部门预算之外保留其他收支项目
预算编制科学合理	合理安排预算编制程序和时间，保证预算编制质量，提高预算编制效率；预算核定要科学，项目支出预算编制中要对项目进行遴选，合理地选择项目
预算数据的准备性	收支的预测应以国家社会经济发展计划和履行部门职能的需要为依据，对收支项目的数字指标应认真测算，力求各项收支数据真实准确
资金运用统筹兼顾	部门预算编制要做到合理安排各项资金，在兼顾一般同时，优先保证重点支出。要先保证基本支出，后安排项目支出；先重点、急需项目，后一般项目
预算分配的标准化	各类项目支出要通过填报项目文本、建立项目库、科学论证，采用择优排序的方法确定备选项目，并结合企业的财政状况，优先安排可行项目，从而减少预算分配中存在的主观随意性与"暗箱操作"，使预算分配更加规范、透明
项目预算执行监督	预算监督是通过在预算执行中将预算执行情况与批复的预算内容进行比较，对预算执行中出现的问题进行及时纠正，避免在今后预算编制和预算执行中出现类似问题
项目预算考评管理	通过综合分析评价各部门的预算执行结果、各种资源的效益状况和各种环境对结果与状况的影响程度，承上启下，通过事后的管理，完善项目预算目标

图 2-4　项目预算管理重点

2.2 财务预算管理流程

2.2.1 预算编制管理流程

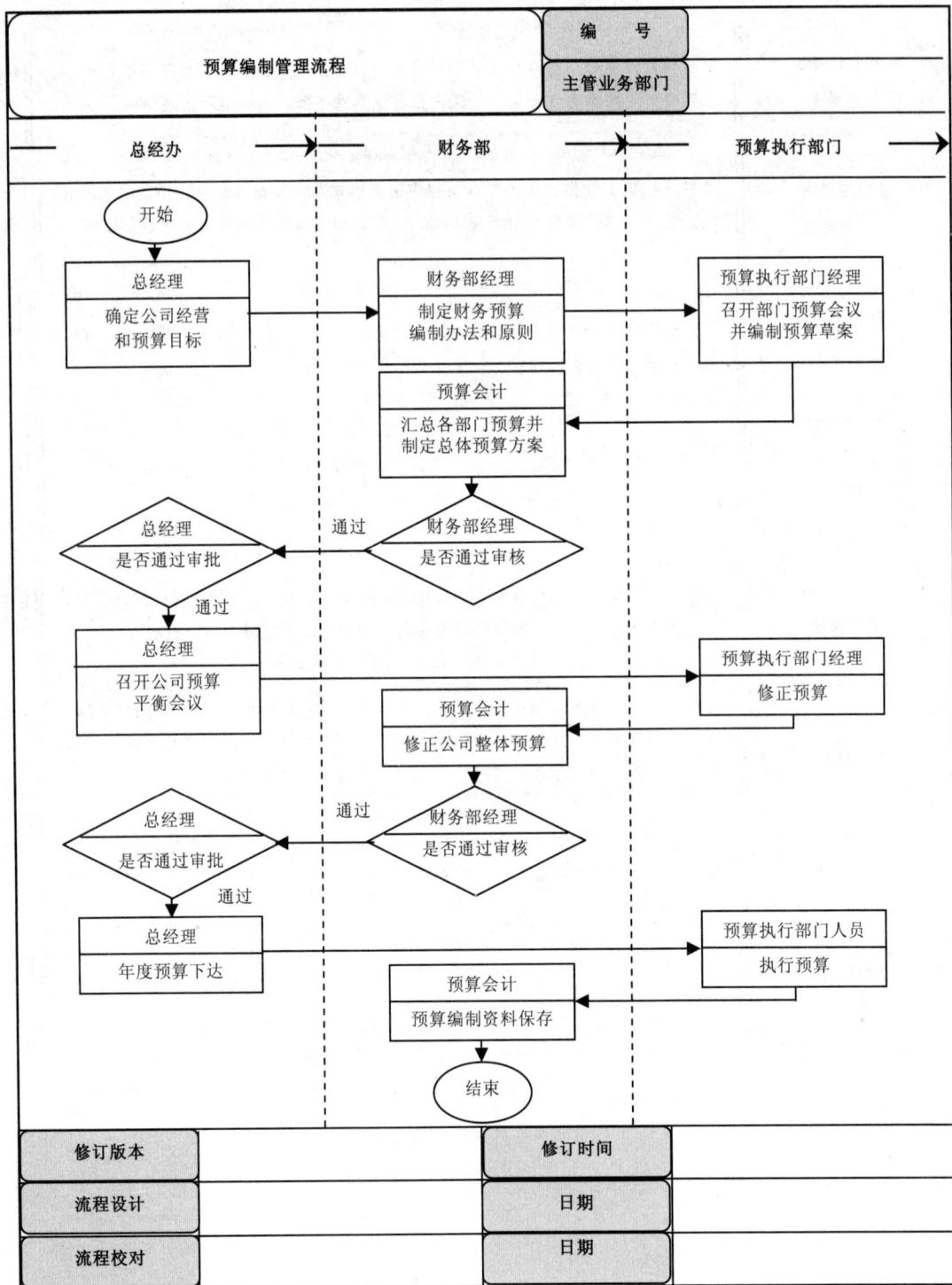

| 预算编制管理流程 | 编 号 | |
| | 主管业务部门 | |

总经办	财务部	预算执行部门

开始

总经理
确定公司经营和预算目标

财务部经理
制定财务预算编制办法和原则

预算执行部门经理
召开部门预算会议并编制预算草案

预算会计
汇总各部门预算并制定总体预算方案

总经理
是否通过审批 ←通过— **财务部经理** 是否通过审核

↓通过

总经理
召开公司预算平衡会议

预算执行部门经理
修正预算

预算会计
修正公司整体预算

总经理
是否通过审批 ←通过— **财务部经理** 是否通过审核

↓通过

总经理
年度预算下达

预算执行部门人员
执行预算

预算会计
预算编制资料保存

结束

修订版本		修订时间	
流程设计		日期	
流程校对		日期	

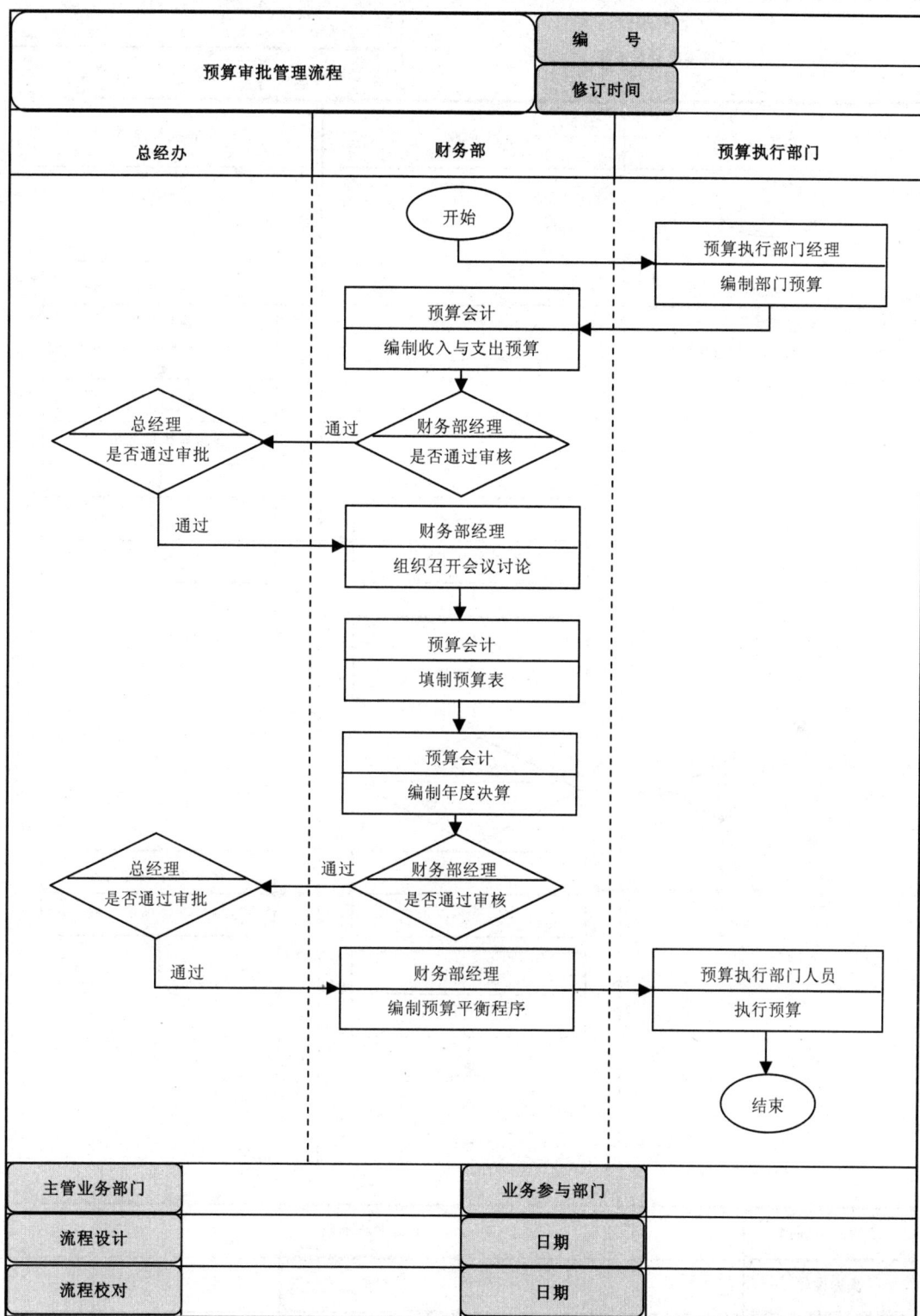

	编 号	
预算审批管理流程	修订时间	

总经办	财务部	预算执行部门

开始

预算执行部门经理
编制部门预算

预算会计
编制收入与支出预算

总经理
是否通过审批 ← 通过 ← 财务部经理
是否通过审核

通过

财务部经理
组织召开会议讨论

预算会计
填制预算表

预算会计
编制年度决算

总经理
是否通过审批 ← 通过 ← 财务部经理
是否通过审核

通过

财务部经理
编制预算平衡程序

预算执行部门人员
执行预算

结束

主管业务部门		业务参与部门	
流程设计		日期	
流程校对		日期	

2.2.3 预算调整管理流程

预算调整管理流程		编　　号	
		修订时间	

总经办	财务部	预算执行部门

开始

总经理
下达年度预算

预算执行部门人员
执行预算

预算执行部门人员
发现预算执行环境变化

预算会计
分析预算异常原因

预算执行部门经理
提出预算调整要求

预算会计
制定预算调整方案

通过

总经理
是否通过审批

财务部经理
是否通过审核

通过

财务部经理
下达调整方案

预算执行部门人员
执行预算调整方案

预算会计
预算调整资料保存

结束

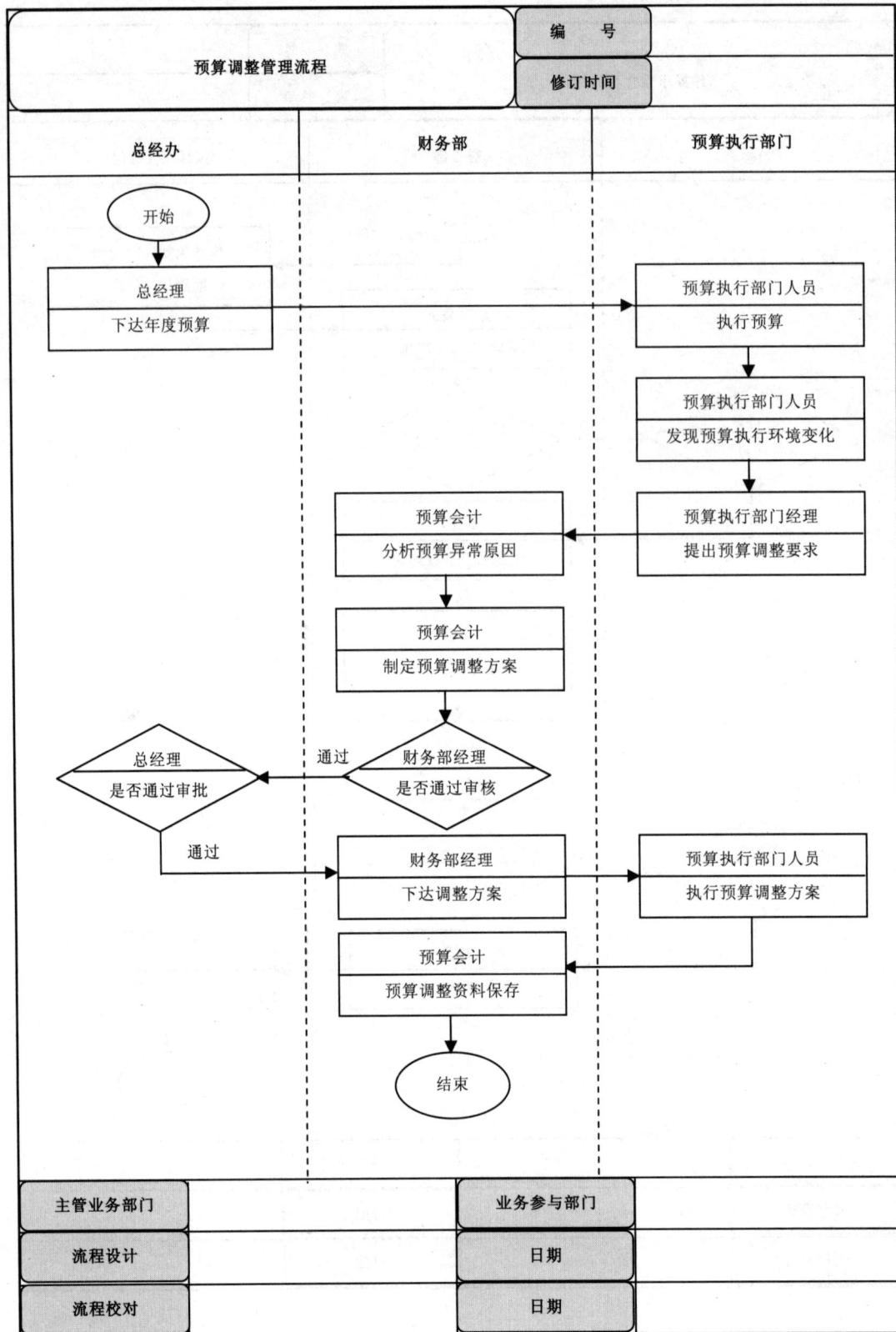

主管业务部门		业务参与部门	
流程设计		日期	
流程校对		日期	

2.2.4 预算考核管理流程

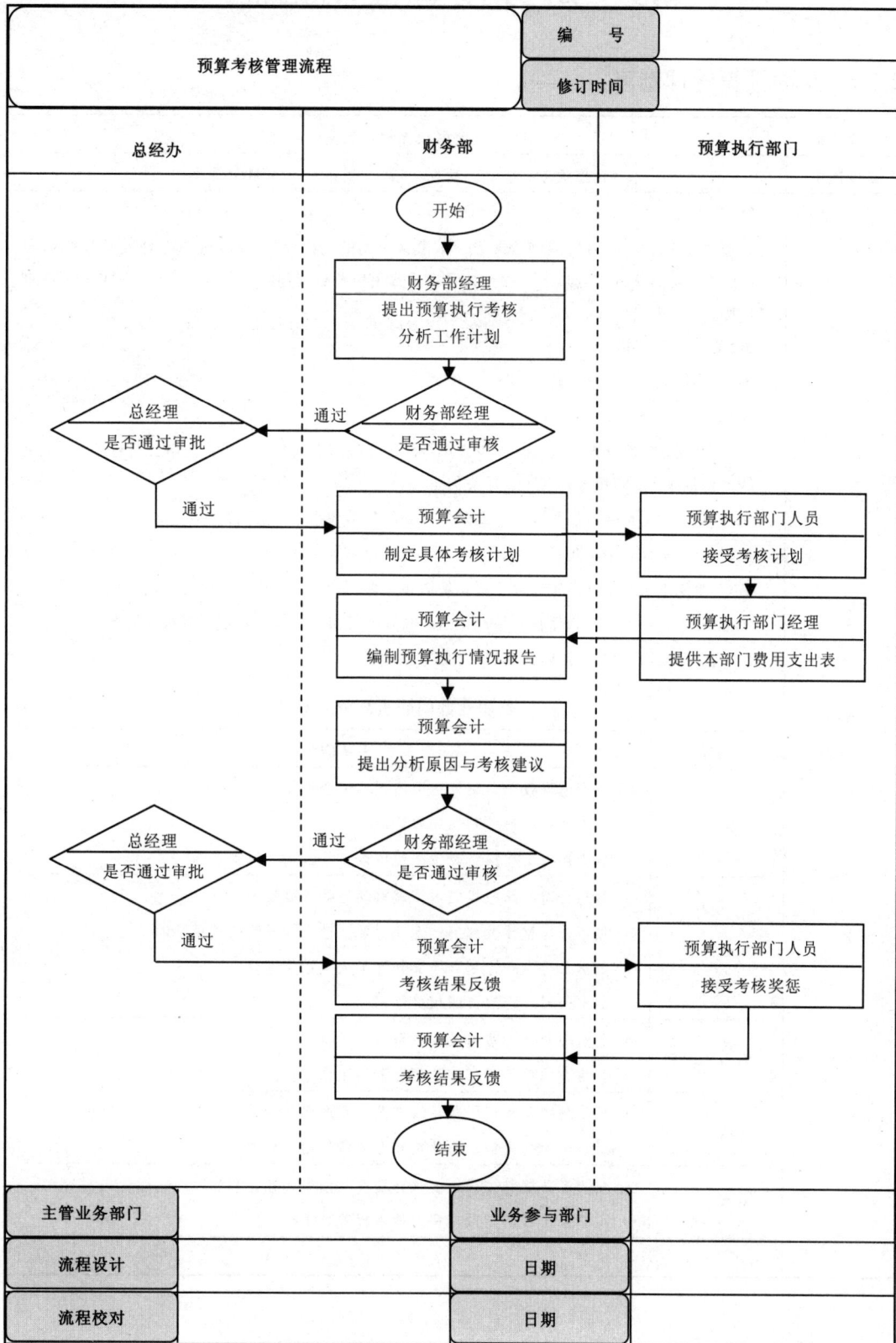

| 预算考核管理流程 | 编　号 | |
| | 修订时间 | |

总经办	财务部	预算执行部门

开始

财务部经理
提出预算执行考核
分析工作计划

总经理
是否通过审批　←通过── 财务部经理
是否通过审核

通过

| 预算会计
制定具体考核计划 | → | 预算执行部门人员
接受考核计划 |

| 预算会计
编制预算执行情况报告 | ← | 预算执行部门经理
提供本部门费用支出表 |

预算会计
提出分析原因与考核建议

总经理
是否通过审批　←通过── 财务部经理
是否通过审核

通过

| 预算会计
考核结果反馈 | → | 预算执行部门人员
接受考核奖惩 |

预算会计
考核结果反馈　←

结束

主管业务部门		业务参与部门	
流程设计		日期	
流程校对		日期	

2.3 财务预算控制措施

2.3.1 全面预算管理制度

制度名称	全面预算管理制度				
制度版本		受控状态	□ 受控　□ 非受控	制度编号	

<table>
<tr><td rowspan="30">总则
第1章</td><td>

第1条　目的

为合理分配公司人、财、物等战略资源，实现公司既定的战略目标，使其与绩效管理相配合，全面监控战略目标的实施进度，控制公司各项费用出及合理预测资金需求、利润和期末财务状况，特制定本制度。

第2条　适用范围

本制度适用于公司整体的预算管理工作。

第3条　职责分工

1. 公司成立预算管理委员会，作为公司全面预算管理的最高决策机构，由公司总经理、财务部经理和各部门经理组成，其主要职责如下。

（1）负责拟定预算目标、政策，制定预算管理的具体措施、实施办法。

（2）负责审议、平衡预算方案，并对预算草案提出解决意见。

（3）组织下达与贯彻落实预算，协调解决预算编制和执行过程中出现的问题。

（4）检查督促各部门预算执行情况，组织预算执行审计评价、考核预算执行情况等。

2. 我公司全面预算执行部门及其职责如下表所示。

各职能部门职责划分一览表

部门	主要职责
营销部	◇ 负责销售收入、销售费用的预算编制工作 ◇ 负责公司材料采购的预算管理 ◇ 负责参与工程投资及生产使用设备采购的预算管理等
生产部	◇ 参与公司产品原料成本、燃料动力的预算管理 ◇ 负责公司整体及部门技术使用费、技术开发费的预算管理 ◇ 负责公司生产计划、停（开）工损失预算管理 ◇ 负责公司工程投资的预算管理
人力资源部	◇ 负责公司人工费用及相关费用的预算管理 ◇ 负责公司总体各部门的预算考核工作
行政部	◇ 负责公司车辆使用费及修理费、财产保险费、租赁费等的预算管理 ◇ 负责公司会议费、通信费和办公费使用计划的编制
财务部	◇ 负责汇总编制公司年度预计资产负债表、预计利润表 ◇ 负责公司各部门预算费用的审核管理工作

</td></tr>
</table>

制度名称	全面预算管理制度				
制度版本		受控状态	□ 受控 □ 非受控	制度编号	

<table>
<tr><td rowspan="2">细则
第2章
全面预算
管理内容及
作用说明</td><td colspan="5">

第4条 全面预算管理内容

全面预算是关于本公司在一定的时期内（一般为一年或一个既定期间内）各项业务活动、财务表现等方面的总体预测，具体包括下表所示内容。

全面预算管理内容

</td></tr>
</table>

管理内容	具体说明
经营预算	如销售预算、生产预算、直接材料采购预算、直接人工预算、制造费用预算、管理费用预算等
财务预算	如现金预算、预计利润表、预计资产负债表和预计现金流量表等
资本预算	如投资预算、建设性预算等

第5条 全面预算管理作用

公司全面预算管理的作用包括五方面内容，具体如下图所示。

1	◎ 使公司决策科学化、民主化，不断提高经济效益
2	◎ 明确各部门既定目标，有利于调动员工的积极性
3	◎ 协调各方面的经济关系，对现有资源的利用状况进行整体性协调和控制
4	◎ 用财务数字的形式表现公司的经营目标，为控制经营活动提供依据和衡量标准
5	◎ 通过全面预算管理，能够正确评价各级别、各部门的绩效水平

全面预算管理作用

第3章
全面预算
编制

第6条 全面预算编制原则

全面预算编制应遵循以下四个方面的原则。

1. 应以公司的整体战略目标为导向，按照公司的财政年度进行预算管理。

2. 应以公司现有资源、管理和技术，并结合利润增长情况编制预算。

3. 全面预算的编制应经过预测、分析计算、研究、评价等方法。

4. 在编制公司预算时应以"效益最大化"为基本原则。

第7条 全面预算编制程序

全面预算的编制应采用"上下结合、分级编制、逐级汇总"的程序进行，具体说明如下。

1. 下达目标。

公司总经理根据预算期经济形势的初步预测，在决策基础上，提出预算期的预算目标，包括生产目标、销售目标、成本和费用目标、利润目标和现金流量目标等，并提出预算编制的政策、原则以及编制的要求和时间安排等。

中·小·微企业财务会计管理实务

制度名称	全面预算管理制度				
制度版本		受控状态	□ 受控　□ 非受控	制度编号	

2．编制上报。

各预算执行部门按照总经理下达的目标和政策、原则，结合自身的特点和预测的执行条件，根据规定的格式编制部门的预算方案。

3．审查平衡。

财务部在汇总各部门预算后，进行审查和综合平衡，汇编公司预算草案。对审核过程中发现的问题提出意见，交至预算管理委员会审议。

4．审议通过。

预算管理委员会对财务部提出的预算草案和审查平衡的意见，进行逐级检查讨论后和预算部门协调，作进一步修改，并提出意见与建议，报总经理审批。

5．批准执行。

在总经理审批通过后，在预算开始初期分解成各种指标，逐级下达，贯彻执行。

第8条 经营预算编制

经营预算编制内容说明如下表所示。

经营预算编制说明表

编制内容	说明
销售预算编制	1．销售预算是在销售预测的基础上，根据公司年度目标利润确定的预计销售量、销售单价和销售收入等参数编制的，用于规划预期销售活动的一种业务预算 2．在编制过程中，应根据年度内公司各季度市场预测的销售量和单价，确定预计销售收入，并根据各季度销售收入与收回前期的应收账款反映现金收入额，以便为编制现金收支预算提供资料
生产预算编制	1．生产预算是根据销售预算编制的，用于计划为满足预算期销售量以及期末存货所需的资源 2．计划期间除必须有足够产品以供销售外，还需考虑计划期期初和期末存货的预计水平，以免存货太多造成积压，或存货太少影响下期销售
直接材料采购预算编制	直接材料采购预算是以生产预算为基础，根据生产预算的每季度预计生产量、单位产品的材料消耗定额、计划期间的期初和期末存量、材料的计划单价以及采购材料的付款条件等编制的预算期直接材料采购计划
直接人工预算编制	1．直接人工预算是根据生产预算中的预计生产量、标准单位或金额所确定直接人工工时、小时工资率进行编制的 2．直接人工预算可以反映预算期内人工工时的消耗水平和人工成本。其内容主要有预计产量、单位产品工时、人工总工时、每小时人工成本和人工总成本
制造费用预算编制	1．制造费用预算是指生产成本中除去直接材料、直接人工以外的其他一切生产费用，通常分为变动制造费用预算和固定制造费用预算两部分 2．编制步骤是先分析上一年度有关报表，制定总体成本目标（通常是营业收入的百分比），再根据下一年度的销售预测和成本目标，制定各项运营成本，汇总具体市场举措所需的额外成本

（表格左侧栏）第3章 全面预算编制

制度名称	全面预算管理制度				
制度版本		受控状态	□ 受控　□ 非受控	制度编号	

编制内容	说明
管理费用预算编制	管理费用预算的编制可采取以下两种方法 1. 按照项目反映全年预计水平 2. 将管理费用划分为变动性和固定性两部分费用，对前者再按预算期的变动性管理费用分配率和预计销售业务量进行测算
现金预算编制	现金预算由现金收入、现金支出、现金多余或不足、资金的筹集和运用四个部分组成，具体说明如下 1. "现金收入"包括期初现金余额和预算期现金收入，现金收入的主要来源是销货收入。年初的"现金余额"是在编制预算时预计的；"销货现金收入"的数据来自销售预算；"可供使用现金"是期初现金余额与本期现金收入之和 2. "现金支出"包括预算的各项现金支出。其中"直接材料""直接人工""制造费用""销售与管理费用"的数据，分别来自前述有关预算；"所得税""购置设备""股利分配"等现金支出的数据分别来自另行编制的专门预算 3. "现金多余或不足"是现金收入合计与现金支出合计的差额。差额为正，说明收入大于支出，现金有多余，可用于偿还借款或用于短期投资；差额为负，说明支出大于收入，现金不足，需要向银行取得新的借款 4. 现金预算通过对公司的现金收入、支出情况的预计推算出预算期的现金结余情况。如果现金不足，则提前安排筹资；如果现金多余，则可以采取归还贷款或对有价证券进行投资，以增加收益。最后，编制现金预算表，根据预算情况组织生产经营活动

第9条　财务预算编制

财务预算包括预计利润表、预计资产负债表及预计现金流量表，具体说明如下表所示。

财务预算编制一览表

编制内容	具体说明
预计利润表	◇ 综合反映预算期内经营活动成果的一种财务预算 ◇ 根据销售、产品成本、费用等预算的有关资料编制
预计资产负债表	◇ 依据当前的实际资产负债表和全面预算中的其他预算提供的资料编制而成的，反映预算期末财务状况的总括性预算 ◇ 预计资产负债表为公司提供了会计期末预期财务状况的信息，有助于总经理预测未来期间的经营状况，并采取适当的改进措施
预计现金流量表	◇ 按照现金流量表主要项目内容和格式编制的反映预算期内一切现金收支及其结果的预算 ◇ 以业务预算、资本预算和筹资预算为基础，是其他预算有关现金的汇总 ◇ 此表可弥补现金预算的不足，有利于了解计划期内资金流转状况和企业经营能力，且能突出表现一些长期的资金筹集与使用的方案对计划期内公司的影响

第3章　全面预算编制

中·小·微企业财务会计管理实务

制度名称	全面预算管理制度				
制度版本		受控状态	□ 受控　□ 非受控	制度编号	

第3章 全面预算 编制	**第10条　资本预算** 本公司现暂不涉及资本项目投资业务，因此资本预算相关说明暂未编制，如以后涉及需及时修订添加。
第4章 全面预算 执行与控制	**第11条　全面预算执行** 公司全面预算一经批准下达，各预算执行部门必须认真组织实施，将预算指标层层分解，分别从横向和纵向两个维度落实到各部门、各环节和各岗位，实行分级归口管理，形成全方位的全面预算执行责任体系，将预算作为预算期内各部门协调各项经营活动的基本依据。 **第12条　全面预算控制** 1. 公司各部门应建立"全面预算反馈报告制度"，各预算执行部门必须按照预算管理委员会的要求定期报告全面预算执行情况。对于全面预算执行中发现的问题，预算管理委员会要责成有关预算执行部门及时查找原因，并提出改进部门经营管理的建议和改进措施。 2. 财务部负责根据预算管理委员会下达的预算目标进行监控，各执行部门每月要向财务部汇报各项预算的执行情况。 3. 每个会计年度结束后10个工作日内，各部门应报送上一年度的财务结算情况，并说明差异原因。财务部综合各部门执行情况，向预算管理委员会报送上一年度的全面预算分析报告，并提出整改建议。 4. 生产部、营销部及相关部门应严格执行销售预算、生产预算以及成本费用预算，努力达成各项利润指标。 5. 公司各部门应严格控制费用支出，各项费用应按照预算要求进行使用和控制。各项费用当月如有结余，应结转到下月使用。未经财务部审批的，严禁各项费用之间相互替代使用。
第5章 预算调整	**第13条　预算调整程序** 1. 年度预算经批复后，原则上不作调整。 2. 如确系未预见市场因素或环境因素导致经营发生重大变动需进行调整的，由相关部门提出书面申请，在每季度的预算执行情况会议上讨论确定是否予以调整。 3. 如调整影响到公司生产经营整体预算，调整申请需经预算管理委员会批复后方可调整。 **第14条　预算调整情况分析** 在发生如下表所示情况之一时，公司的全面预算允许调整。 **预算调整情况分析一览表**

预算调整情况	举例说明
本公司产品市场环境发生改变	◇ 主要原材料因受自然灾害影响导致供应中断或价格大幅度提升
本公司内部结构发生重大变化	◇ 出于内部战略考虑，将公司部门合并，以及由于产品结构调整需要将一些预算部门拆并的情况
国家金融或经济政策发生重大变化	◇ 人民币汇率、银行贷款利率发生重大调整 ◇ 国家开征新税或者修改相关税法等情况
发现预算编制上有严重错误	◇ 预算编制前的预测数据不实，假设条件不存在等。如为避免短缺而要求增加原料或燃料库存

制度名称	全面预算管理制度			
制度版本		受控状态	□ 受控 □ 非受控	制度编号

第15条 预算考核原则

预算考核工作是认可预算执行效果的过程，考核时应遵循下表所示的五项原则。

预算考核原则

预算考核原则	具体说明
目标一致性原则	即以预算目标为基准，按预算完成情况评价各预算部门的业绩
激励原则	预算目标是对各预算部门业绩评价的依据，考核必须与激励制度相配合
时效性原则	预算考核是动态考核，每期预算执行完毕后应立即进行
例外考核原则	对一些阻碍预算执行的重大因素，如行业变化、市场变化、自然灾害等一些不可抗力事件的发生，考核时应作为特殊情况处理
分级考核原则	预算考核要根据各部门结构或预算目标的分解层次进行

第16条 预算考核程序

公司全面预算的考核工作应按照以下步骤进行。

1. 在规定时间内各部门提出预算执行结果报告，分析预算完成情况和产生差异原因，并将最终结果提交人力资源部。

2. 人力资源部从公司内部和外部收集资料，内部资料，主要是指下达的预算指标、年度财务报表、内部工作总结和相关的统计资料等；外部资料，主要是行业信息、市场动态、政府政策法规的变化等。

3. 人力资源部根据各部门预算执行结果及收集到的资料信息，使用比例分析法、比较分析法、因素分析法、平衡分析法等，客观地分析差异，找出差异原因，写出书面考评意见。

4. 将考评意见上交到预算管理委员会审批，其考核意见将作为激励的依据。

第17条 建立预算完成情况奖励方案

人力资源部在建立预算完成情况奖励方案时应以量化考核指标为主，定性与定量相结合。在制定奖励方案时应注意以下四个方面的内容。

1. 预算考核应该是多指标的考核，不应将单一的预算指标作为考核依据。

2. 对于相对简单的预算责任部门，如生产管理部，多以"收入、成本、费用"为预算主体，可以以预算指标为主，结合安全、效率、质量等指标，作为考核指标。

3. 对于比较复杂的预算责任部门，如财务部、项目部可以设置一套以基本指标、辅助性指标、修正指标和否决指标组成的指标体系。

4. 人力资源部在对各种考核指标的选用上，应根据公司所在行业的特点来确定；各项指标权重，应根据公司发展阶段的不同而确定。

第18条 本制度由财务部拟定，经预算管理委员会批准后实施。

第19条 本制度的修订权、解释权归财务部所有。

第20条 本制度自正式颁布之日起开始执行。

左侧栏目：

第6章
全面预算
考核与激励

附则
第7章

编制部门		审批人员		审批日期	

2.3.2 预算审批管理制度

制度名称			预算审批管理制度			
制度版本		受控状态	□ 受控 □ 非受控		制度编号	
总则 第1章	**第1条　目的** 　　为规范公司预算审批程序，明确预算审批责任与权利，深化、细化全面预算管理，形成预算责任的"职能负责制"，加强成本控制，特制定本制度。 **第2条　适用范围** 　　本制度适用于公司预算审批管理工作，预算项目大体可分为运营类、管理类、人员类和投资类。 **第3条　职责分工** 　　依据预算管理范围及性质，将预算项目划归至各部门实行归口管理。					
细则 第2章 预算申请	**第4条　预算申请方式** 　　1．依据预算项目性质，用款申请方式可分为预算申请、合同申请、免于申请三种方式。 　　2．预算申请。凡用款申请方式规定为"预算"方式的项目，必须申报预算，并按规定的程序审批完毕后方可使用。 　　2．合同申请。凡用款申请方式规定为"合同"方式的项目，必须依据该项目预算的审批程序并参照《合同管理制度》申报合同，审批完毕后的合同方可使用。 　　3．免于申请。凡没有规定申请方式的项目，为不需申报预算和提供合同的项目，依据公司已下发的相关文件标准及行业标准等执行。 **第5条　其他说明** 　　凡没有规定用款申请方式的运营类项目（包括各项利息支出、手续费支出等），仅为在资金具体支付时不需申报预算，但必须以已经存在并生效的相关业务合同为前提，相关业务合同报批程序由各业务部门执行规定。					
第3章 预算审批 程序	**第6条　归口管理部门经理最终审批** 　　为了在加强成本控制的同时提高工作效率，对于小额日常费用预算内项目，执行"使用部门、归口管理部门"审批程序。该类预算项目由归口管理部门经理最终审批。 **第7条　归口管理部门分管副总负责最终审批** 　　规定额度内的预算项目，执行"使用部门→归口管理部门→归口管理部门分管副总"审批程序。该类预算项目由归口管理部门分管副总负责最终审批。 **第8条　公司常务副总经理负责最终审批** 　　对于超过规定额度预算项目的，执行"使用部门→归口管理部门→归口管理部门分管副总→公司常务副总经理"审批程序。该类预算项目由公司常务副总经理负责最终审批。 **第9条　公司总经理负责最终审批** 　　对于规定项目、超过规定额度预算项目，执行"使用部门、归口管理部门、归口管理部门分管副总、公司常务副总经理、公司总经理"审批程序。该类预算项目由公司总经理负责最终审批。					
附则 第4章	**第10条**　本制度由预算管理委员会负责制定、修订及解释工作。 **第11条**　本制度自＿＿＿年＿＿月＿＿日起实施。					
编制部门		审批人员			审批日期	

2.3.3 预算执行管理细则

制度名称	预算执行管理细则				
制度版本		受控状态	☐ 受控 ☐ 非受控	制度编号	

总则 **第1章**	**第1条 目的** 为确保公司各项预算执行到位，维护公司预算管理的严肃性，杜绝预算执行过程中的违法、违规行为，结合公司实际情况，特制定本细则。 **第2条 适用范围** 本细则适用于对公司年度预算执行情况的管理工作。 **第3条 职责分工** 1. 集团所属各分、子公司及各部门是预算的执行机构和责任主体。 2. 实际经营活动必须严格执行分解后的各项预算标准。 3. 预算执行的直接责任人是各责任主体的负责人和各分、子公司负责人。
细则 **第2章** **预算执行控制** **权限与责任划分**	**第4条 预算执行控制权限** 预算执行控制权限的划分，具体如下表所示。

预算执行控制权限划分一览表

预算执行事项	权限部门
预算内行为	1. 预算执行机构责任人对各项支出预算进行实质性审查，并在授权范围内独立决策 2. 财务部对预算执行机构的各项支出进行有效性审核，并将相关结果反馈给执行机构责任人
预算外行为	1. 总裁在授权范围内对预算外行为的合理性进行审定 2. 预算管理委员会在授权范围内对预算外行为的合理性进行审定 3. 董事会对未进行授权的重大预算外行为进行最终审批和决策

第5条 预算执行责任划分
具体责任划分，如下表所示。

预算执行主要责任分配表

部门	主要预算责任对象	责任形式
生产部	生产预算、直接材料预算、直接人工预算、制造费用预算、产品成本预算	
营销部	毛利预算、销售费用预算	
财务部	现金预算、财务费用预算	负责执行、落实并对执行结果负有直接责任
总裁办公室各相关部门	管理费用预算	
采购部	采购预算、资金周转预算、付款率预算、采购价格预算、期末库存预算	

制度名称	预算执行管理细则				
制度版本		受控状态	□ 受控　□ 非受控	制度编号	

第3章 **预算执行事项申** **请和批复**	**第6条　预算内事项的申请** 预算内事项的申请，需编制预算内事项申请书，具体内容如下。 1．预算内事项的活动和金额。 2．预算事项在预算书和工作计划报告书中的相应编号或类别名称。 3．预算事项预计进行的时间以及提出申请的责任部门或责任人、经办部门或经办人等。 **第7条　预算外事项的申请** 预算外事项申请，需编制预算外事项申请书，具体内容如下。 1．注明预算支出的原因，包括经营环境、原预算目标的合理性以及其他原因。 2．详细说明预算外支出的金额、预期回报等数据。 3．具有审核、审批权人员的签名。 **第8条　预算执行批复** 财务部、预算管理委员会、总裁、董事会在各自的权限范围内履行各类预算事项申请的核查和批准职责。
第4章 **预算执行** **过程控制**	**第9条　建立预算执行过程预警机制** 1．预算执行预警应以公司预算执行过程中的财务预算信息为基础。 2．公司要结合自身的经营发展周期，计算并确定符合其实际经营状况、较合理的预算执行情况预警指标体系的预警标准值和波动区间，以保证预算执行偏差预警的准确性。 3．预算执行情况预警指标体系运用过程中所需的数据资料要真实、规范。公司主要的预警指标包括四种，具体说明如下表。

预算执行情况预警指标一览表

主要指标	具体说明
现金状况 预警指标	◇ 公司要根据自身特点，建立符合自身特点的现金状况预警指标，具体包括基本现金流量指数、营业现金流量指数、营业现金流量纳税保障率、营业现金净流量偿债贡献率和自由营业现金流量比率
盈利状况 预警指标	◇ 公司所建立的盈利状况预警指标主要包括营业收入净利润率与毛利率、资产净利润率、成本费用利润率、营业收入现金率和资产现金率
偿债状况 预警指标	偿债状况预警指标包括短期偿债指标和长期偿债指标： ◇ 短期偿债指标主要包括流动比率、速动比率和应收账款周转率 ◇ 长期偿债指标主要包括资产负债率和本息偿付倍率

第10条　建立预算执行过程的台账

1．集团公司、下属分、子公司各部门均应建立预算执行统计台账，并由专人负责统计，及时登记，每日总结，并主动与财务对账，做到日清日结。

2．台账要按照预算的具体项目详细记录预算数量、金额、实际发现数、差异数、累计预算数、累计实际发生数、累计差异、差异说明等。

制度名称	预算执行管理细则				
制度版本		受控状态	☐ 受控　☐ 非受控	制度编号	

第5章 预算执行 结果控制	**第11条** 签订预算执行责任书 签订各级预算执行责任书，确保预算执行到位。 1. 责任书的体系设置。 （1）董事长与总裁签订集团的总体预算执行责任书。 （2）总裁与其直接下级预算单位的负责人签订各单位或部门的预算责任合同书。 （3）各基本预算单位的负责人与有关管理人员签订执行责任合同书。 2. 预算责任书的内容包括主要的预算指标，完成要求、奖惩措施，责任书附件包括经批准的预算文件、完成预算的具体措施等。 **第12条** 预算执行情况总结和反馈 1. 公司建立信息反馈系统，对各分、子公司、各部门执行预算的情况进行跟踪监控，不断调整执行偏差，确保预算目标的实现。 2. 在预算执行过程中各级预算单位应定期召开预算例会，对照预算指标及时总结预算执行情况。计算差异、分析原因、提出改进措施，同时确定下期的工作重点。预算例会按照召开的制度应当形成不同形式的预算反馈表。 3. 将本部门预算反馈表连同预算工作总结送财务部。 4. 财务部每月按照部门编制预算执行表，比较实际与预算目标的差异，并进行差异分析，填写分析结论。作为预算管理委员会检查和考评预算执行情况的依据。 **第13条** 编制预算执行情况报告 1. 集团公司各分、子公司和各部门定期编制预算执行情况报告。编制频率为年度、半年度和季度。 2. 预算执行情况报告须遵循以下要求。 （1）各分、子公司和各部门在进行预算执行情况分析时，应与上一年度同期进行对比。 （2）各分、子公司和各部门在进行季度预算执行情况分析时，应进行下季度预测，包括但不限于市场分析、销售收入预测、重大成本支出预测、季度利润预测、资本性支出完成预测等。 （3）各分、子公司和各部门在进行第二季度分析时，应对全年完成情况进行预测。 （4）第四季度需按月提交月度预算支出预测，分别在9、10、11月底报送本月完成情况及下月的预算支出预测。 3. 预算结余可以跨月度使用，但不能跨年度。 **第14条** 下属子公司预算执行控制 1. 下属子公司应严格控制费用支出，各项费用应按专项进行使用和控制，各项目费用当月有节余的，可以结转下月使用，未经财务部审批，严禁各项目费用之间相互替代使用。 2. 下属子公司在当月经营过程中如果发生了超预算金额在预算金额____%以内，由下属子公司总经理审批；超过____%的，需交集团财务部和预算委员会审批。
附则 第6章	**第15条** 本细则由预算管理委员会负责制定、修订及解释工作。 **第16条** 本细则自____年__月__日起实施。

编制部门		审批人员		审批日期	

2.3.4 预算考核实施办法

制度名称	预算考核实施办法				
制度版本		受控状态	☐ 受控　☐ 非受控	制度编号	

<table>
<tr>
<td rowspan="3">总则
第1章</td>
<td>
第1条　目的
为确保预算的顺利执行并对预算执行效果实施奖励，提升预算管理质量，特制定本办法。
第2条　适用范围
本办法适用于公司预算考核的具体实施工作。
第3条　职责分工
1．预算管理委员会是预算考核的组织机构，预算管理委员会以采集的综合信息为基础，对各责任部门的预算执行情况进行考评。
2．人力资源部是预算考评的具体执行部门，负责考评工作所需信息的收集、整理及汇总，并提出具体的操作方案。
3．财务部对相关预算信息的提供需予以协助。
第4条　预算考核原则
预算考核的基本原则如下表所示。
</td>
</tr>
</table>

预算考核原则

预算考核原则	说明
公开、公正原则	考核过程透明，允许有相应的监督，并且考核结果有完整的记录
激励原则	预算目标是对预算执行者业绩评价的主要依据，因此考核必须与激励制度相配合
例外原则	对一些阻碍预算执行的重大因素，如产业环境的变化、市场的变化、重大意外灾害等，考核时应作为特殊情况处理

细则 第2章 考核对象及考核时间说明	**第5条**　考核对象 1．对预算执行情况的考核评价，即对公司经营业绩进行评价。 2．对预算执行者的考核评价，即对预算执行部门负责人工作效果的评价。 **第6条**　考核时间 预算考核包括月度和季度分析考核、中期考评及预兑现结算。预算考核分月、季度、半年度和年度进行。
第3章 考核方式及考核内容说明	**第7条**　考核方式 1．公司预算考核采用定性和定量考核两种方式。具体说明如下。 （1）定性指标主要是对在预算编制和执行过程中表现优异的员工进行奖赏。 （2）定量指标是指根据选定的各预算责任指标的执行差异情况进行奖惩。 2．公司通过季度考核和年度考核对前一季度与年度各部门及人员的预算执行情况进行考核，及时发现和解决经营中潜在的问题，确保预算的顺利达成，必要时修正预算，以适应外部环境的变化。 **第8条**　考核内容 具体的考核内容如下。 1．月度、季度考核以日常统计报表及月度预算执行情况为依据，结合其他预算执行情况进行，其考核内容主要是各项预算责任指标的完成情况，如增加或减少收入、超额或节约支出等。

制度名称		预算考核实施办法			
制度版本		受控状态	□ 受控　□ 非受控	制度编号	
第3章 考核方式及考 核内容说明		2．中期考核以月度和季度预算执行情况分析表为依据，结合中期预测结果进行，并据此执行及实施中期预奖励方案。评估内容主要是预算的完成情况，基本上与月度、季度相同。奖惩方案按照增加收入/节约支出金额的一定比例确定奖励额度，以及按照减少收入/超额支出的一定比例确定责罚额度。 3．年度考核以审计后年报决策资料为依据，比较分析年度预算执行情况，并据此制定年度奖惩方案，结合中期预奖惩情况进行年度奖惩的最终结算。			
第4章 考核流程及 其结果应用		**第9条** 考核流程 1．上交报告。 预算执行单位、部门于每年4月、7月、10月初上报季度预算执行报告，1月初上报年度预算执行报告。报告需经本单位、本部门负责人签章确认生效后报送财务管理委员会。 2．预算管理委员会审核。 预算管理委员会对各单位、部门的预算执行报告进行审核，根据预算执行指标的完成情况给出考核评价和考核建议，并上报董事会审批。 3．董事会审批。 董事会对预算管理委员会提交的预算执行报告和考核评价进行审批，确认通过后执行奖惩措施。 **第10条** 考核结果应用 1．公司根据考核结果，对预算执行部门和责任人的奖励和惩罚。 2．考评和奖惩遵循及时性原则，每期预算工作完毕后应立即执行。 3．奖惩细节应依据各预算执行单位和责任人签订的责任合同书。 4．公司除对预算执行情况进行奖惩外，还与绩效与薪酬挂钩，以提高预算执行效果。			
附则 第5章		**第11条** 本办法由预算管理委员会解释。 **第12条** 本办法自颁布之日起执行。			
编制部门		审批人员		审批日期	

2.3.5　预算执行分析报告

预算执行分析报告
预算管理委员会： 根据公司本年度预算执行和生产计划完成情况，现将本年度预算执行情况汇报如下，请审查。 **一、经营指标完成情况** 公司总部于本年年初对各下属分公司下达了经营指标，根据公司财务部的统计：公司本年度实现销售收入为____万元，税前利润为____万元。 （一）经营指标说明 公司今年超额完成了经营指标，详述如下。 1．主要经营指标对比表。 经营指标对比表如下表所示。

经营指标对比表

各分公司名称	公司下达的指标		指标完成情况		
	销售收入	税前利润	完成数量	完成百分比	比同期增长绝对量
A分公司					
B分公司					
……					

2．利润完成情况分析。

（1）利润构成情况。

公司整体实现利润总额____万元，完成了年预算的____%，除营业外支出____万元外，其余全部为营业利润，而营业利润全部都是销售所得。

（2）利润增长情况。

公司实现利润总额比去年同期增长了____万元，增幅____%，公司销售规模的扩大，是利润大幅度增长的主要原因。

A分公司同期利润总额比去年增加了____万元，增幅为____%，营业收入的增加及营业成本的减少是利润增加的主要原因。

B分公司……

（二）超额完成指标的主要影响因素

1．销售收入增加因素分析。

（1）通过重组，优化了资源配置，激发了潜在的生产能力，尤其是增强了A分公司的____生产力，产量大幅度增加，这是销售收入增加的主要因素。

（2）强化了一体化服务，客户对产品的满意度增加，从而增加了产品的销量，从一定程度上也增加了销售收入。

（3）价格调整及新产品上市，使产品收入增加了____万元。

2．利润增加因素分析。

（1）通过优化重组减少了公司的经营成本，提高了公司的竞争力。

（2）改变了原有的交易方式，使得交易成本减少。

（3）各部门的优化调整，减少了管理成本。

（4）公司加强了物资管理，充分利用现有库存物资，减少了材料成本支出。

（5）新产品利润率比较高。

二、资本投资完成情况

（一）更新改造（设备）完成情况

更新改造（设备）完成情况如下表所示。

更新改造（设备）完成情况表

分公司名称＼资金来源	预算计划		实际完成	
	总公司投入	银行贷款	总公司投入	银行贷款
A分公司				
B分公司				
……				
合　计				

具体情况如下。

1．A分公司。

（1）××项目未启动（总公司还未做出批准决定），本年度计划投资＿＿＿＿万元，其中总公司投资＿＿＿＿万元，银行贷款＿＿＿＿万元。

（2）××项目未启动，本年度计划投资＿＿＿＿万元，总公司投资＿＿＿＿万元，实际上本年度只支付了少量前期费用。

（3）××项目推迟明年启动，本年度计划投资＿＿＿＿万元，总公司计划投资＿＿＿＿万元，银行贷款＿＿＿万元。

（4）××项目改造取消，本年度原计划投资＿＿＿＿万元，总公司投资＿＿＿＿万元，银行贷款＿＿＿＿万元。

2．B分公司。

……。

3．以上项目合计投资＿＿＿＿万元，总公司投资＿＿＿＿万元，银行贷款＿＿＿万元。剔除以上项目投资后，其他项目总投资额为＿＿＿万元，本年度公司部分完成投资＿＿＿＿万元，完成预算计划的＿＿＿％。

（二）基本建设完成情况

基本建设完成情况如下表所示。

基本建设完成情况表

单位：元

序号	项目	本年度计划投资	实际完成	完成程度	备注
1	危险品仓库建设				
2	设备堆场				
3	办公楼附属设施				
……					
合计					

说明：危险品仓库建设取消的主要原因是以租代建，降低费用。

（三）本年度资本性投资完成程度低的主要原因

1．公司重组，对于资本性投资支出重新进行了规划和调整，使部门项目取消或推迟。

2．××项目投资由于A分公司原因，推迟进行。

三、设备大修完成情况

1．总公司下达计划为＿＿＿＿万元，实际完成＿＿＿＿万元，完成程度为55%。

2．未完成预算计划的主要原因如下。

（1）部门项目取消。

（2）加大了自修的工作量，修理成本转化为其他成本。

四、科研计划完成情况

科研计划完成情况如下表所示。

科研计划完成情况表

项目	本年预算数	实际完成			
		总公司拨款数	银行贷款数	其他	合计
＿＿＿项目实验					
＿＿＿技术研究					
……					
合　计					

续表

五、超预算情况
××更新改造项目原计划投资____万元，经总公司批准调整为____万元，超过原计划____万元。
预算责任人：赵××
日期：____年__月__日

2.4 财务预算工具表单

2.4.1 制造成本预算表

预算年度：____度　　　　　　　　预算编制日期：____年__月__日　　　　　　　　单位：元

项　　目		第一季度	第二季度	第三季度	第四季度	全年合计
变动制造费用	间接费用					
	间接人工					
	修 理 费					
	水 电 费					
合　　计						
固定制造费用	修 理 费					
	折 旧 费					
	车间管理人员工资					
	保 险 费					
	财 产 费					
合　　计						
总　　计						
减：折旧						
现金支出费用						

2.4.2 管理费用预算表

编制日期：____年__月__日　　　　　　预算期间：____年__月～____年__月　　　　　　单位：万元

项目		上年度实际	本年度预算	差异情况说明
固定费用	薪资支出			
	间接人工费用			
	租金支出			
	办 公 费			
	邮 电 费			
	水电油料费			
	保 险 费			

项目	上年度实际		本年度预算	差异情况说明	
	税　金				
	折　旧				
	研发费				
	合　计				
	加班费				
	差旅费				
	运　费				
	维护费				
	广告费				
	交际费				
	样品费				
变动费用	包装费				
	燃料费				
	管理人员福利				
	杂项购置费				
	会议费				
	培训费				
	保健费				
	其他管理费用				
	合　计				
管理费用总计					

2.4.3　销售费用预算表

填表日期：＿＿年＿月＿日

项　　目	总额	1月	2月	3月	4月	5月	6月	7月	8月	9月	10月	11月	12月
工　资													
福利费													
工会经费													
办公费													
通信费													
水电费													
差旅费													
修理费													
销售佣金													
运输费													
广告费													

项　　目	总额	1月	2月	3月	4月	5月	6月	7月	8月	9月	10月	11月	12月
业务招待费													
仓　储　费													
租　赁　费													
包　装　费													
保　险　费													
其他费用													
合　　计													

核准人：　　　　　　　制表人：

2.4.4　采购费用预算表

填表人：　　　　　　　　　　　　　　　　　　　　　　　　　填表日期：____年__月__日

类别	预计期初资金占用	本期采购预计增加资金				预计耗用量	预计期末资金占用
		上旬	中旬	下旬	合计		
原材料							
包装物							
备损件							
燃料							
动力							
其他物料							
……							
合计							
采购部门意见： 签字（盖章）： 日期：____年__月__日							
财务总监意见： 签字（盖章）： 日期：____年__月__日							
总经理意见： 签字（盖章）： 日期：____年__月__日							

核准人：　　　　　　审核人：　　　　　　制表人：

第 3 章

资金管理会计实务

3.1 财务资金管理维度

3.1.1 资金筹集管理重点

资金筹集管理是指对企业生产经营活动通过一定的渠道、方式取得的资金的管理。企业资金筹集管理重点主要包括三方面内容，具体如图 3-1 所示。

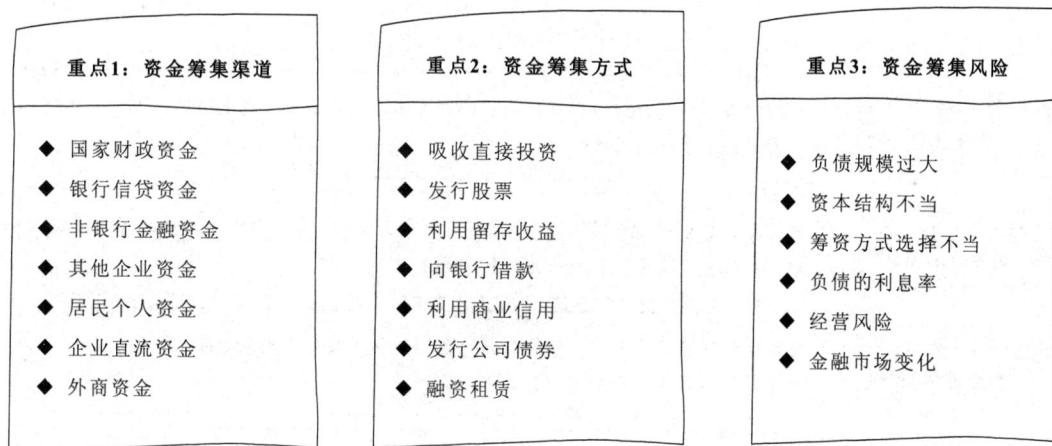

重点1：资金筹集渠道	重点2：资金筹集方式	重点3：资金筹集风险
◆ 国家财政资金 ◆ 银行信贷资金 ◆ 非银行金融资金 ◆ 其他企业资金 ◆ 居民个人资金 ◆ 企业直流资金 ◆ 外商资金	◆ 吸收直接投资 ◆ 发行股票 ◆ 利用留存收益 ◆ 向银行借款 ◆ 利用商业信用 ◆ 发行公司债券 ◆ 融资租赁	◆ 负债规模过大 ◆ 资本结构不当 ◆ 筹资方式选择不当 ◆ 负债的利息率 ◆ 经营风险 ◆ 金融市场变化

图 3-1 资金筹集管理重点

3.1.2 资金拆借管理重点

资金拆借作为企业间一种资金互助形式，是企业解决短期资金的一个有效途径。但我国相关法律并没有关于中小企业资金拆借的明确界定，成为中小企业融资创新的法律瓶颈。因此，各企业加强对资金拆借管理尤为重要。资金拆借管理重点主要包括四方面内容，具体如图 3-2 所示。

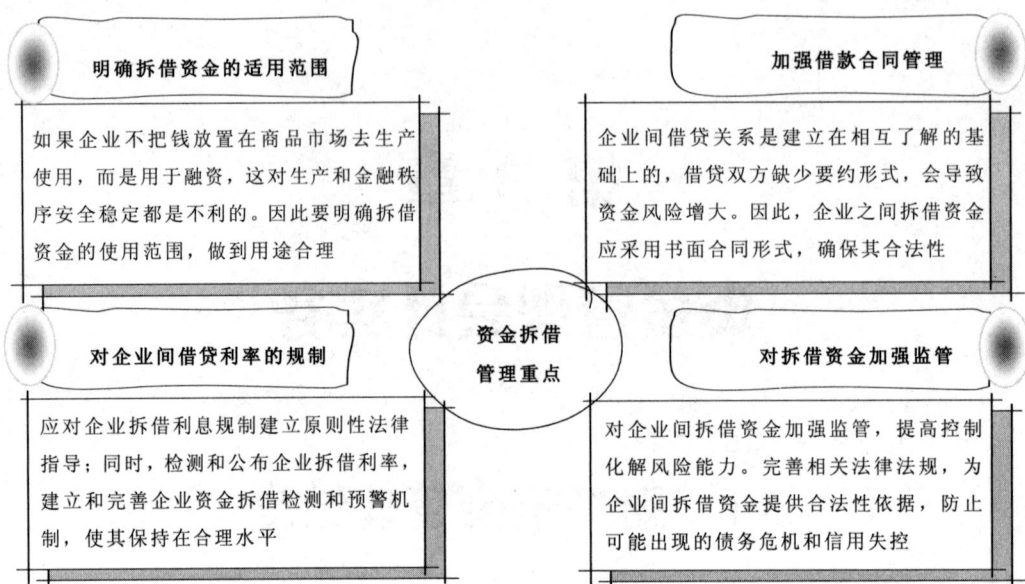

图 3-2　资金拆借管理重点

明确拆借资金的适用范围

如果企业不把钱放置在商品市场去生产使用，而是用于融资，这对生产和金融秩序安全稳定都是不利的。因此要明确拆借资金的使用范围，做到用途合理

加强借款合同管理

企业间借贷关系是建立在相互了解的基础上的，借贷双方缺少要约形式，会导致资金风险增大。因此，企业之间拆借资金应采用书面合同形式，确保其合法性

资金拆借管理重点

对企业间借贷利率的规制

应对企业拆借利息规制建立原则性法律指导；同时，检测和公布企业拆借利率，建立和完善企业资金拆借检测和预警机制，使其保持在合理水平

对拆借资金加强监管

对企业间拆借资金加强监管，提高控制化解风险能力。完善相关法律法规，为企业间拆借资金提供合法性依据，防止可能出现的债务危机和信用失控

3.1.3　资金使用管理重点

企业资金使用管理是指对资金的使用计划、使用过程控制、重点资金使用监督、资金使用情况考核四个方面的管理，具体说明如图 3-3 所示。

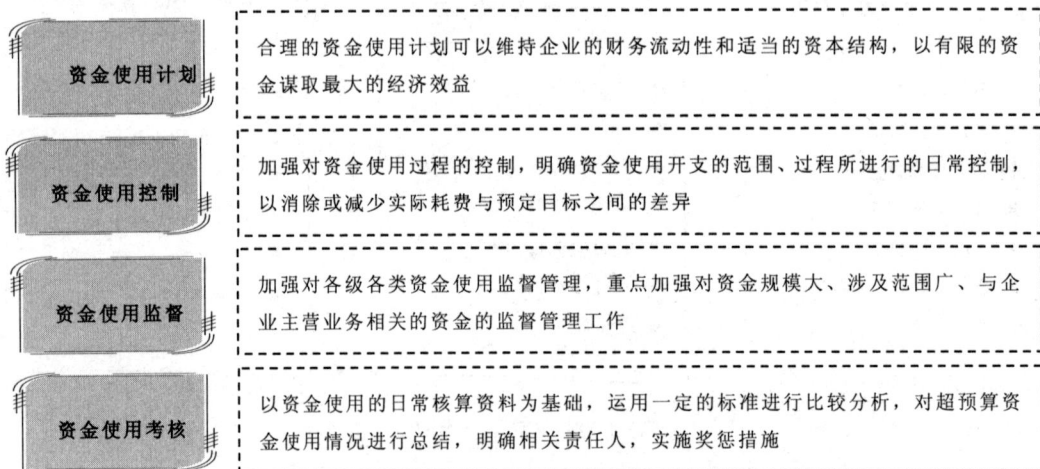

资金使用计划　合理的资金使用计划可以维持企业的财务流动性和适当的资本结构，以有限的资金谋取最大的经济效益

资金使用控制　加强对资金使用过程的控制，明确资金使用开支的范围、过程所进行的日常控制，以消除或减少实际耗费与预定目标之间的差异

资金使用监督　加强对各级各类资金使用监督管理，重点加强对资金规模大、涉及范围广、与企业主营业务相关的资金的监督管理工作

资金使用考核　以资金使用的日常核算资料为基础，运用一定的标准进行比较分析，对超预算资金使用情况进行总结，明确相关责任人，实施奖惩措施

图 3-3　资金使用管理重点

3.1.4　资金调度管理重点

企业资金调度不合理，营运不畅，会使企业陷入财务困境或资金冗余。因此加强对企业资金调度管理尤为重要。企业资金调度管理的重点包括三方面的内容，具体如图 3-4 所示。

均衡调度	◎ 根据企业当月财务收入完成情况、资金留库情况以及追加预算指标情况等，争取做到均衡调度，确保企业预算平衡运行
区别对待原则	◎ 对正常资金一个月调度一次，对关系到企业生产经营的紧急事项，如生产原材料的采购、员工工资的发放，按照"急需急办"的原则办理
资金调度时间控制	◎ 严格按规定时间调度资金，资金调度时间一旦明确，应严格执行。如因紧急情况，应综合统筹资金使用

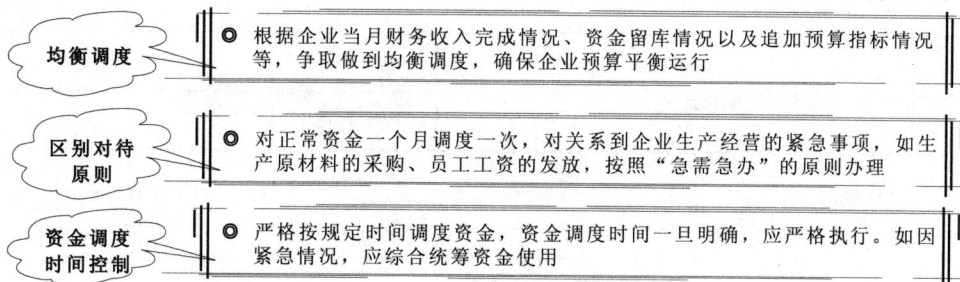

图 3-4　资金调度管理重点

3.2　财务资金管理流程

3.2.1　资金筹集管理流程

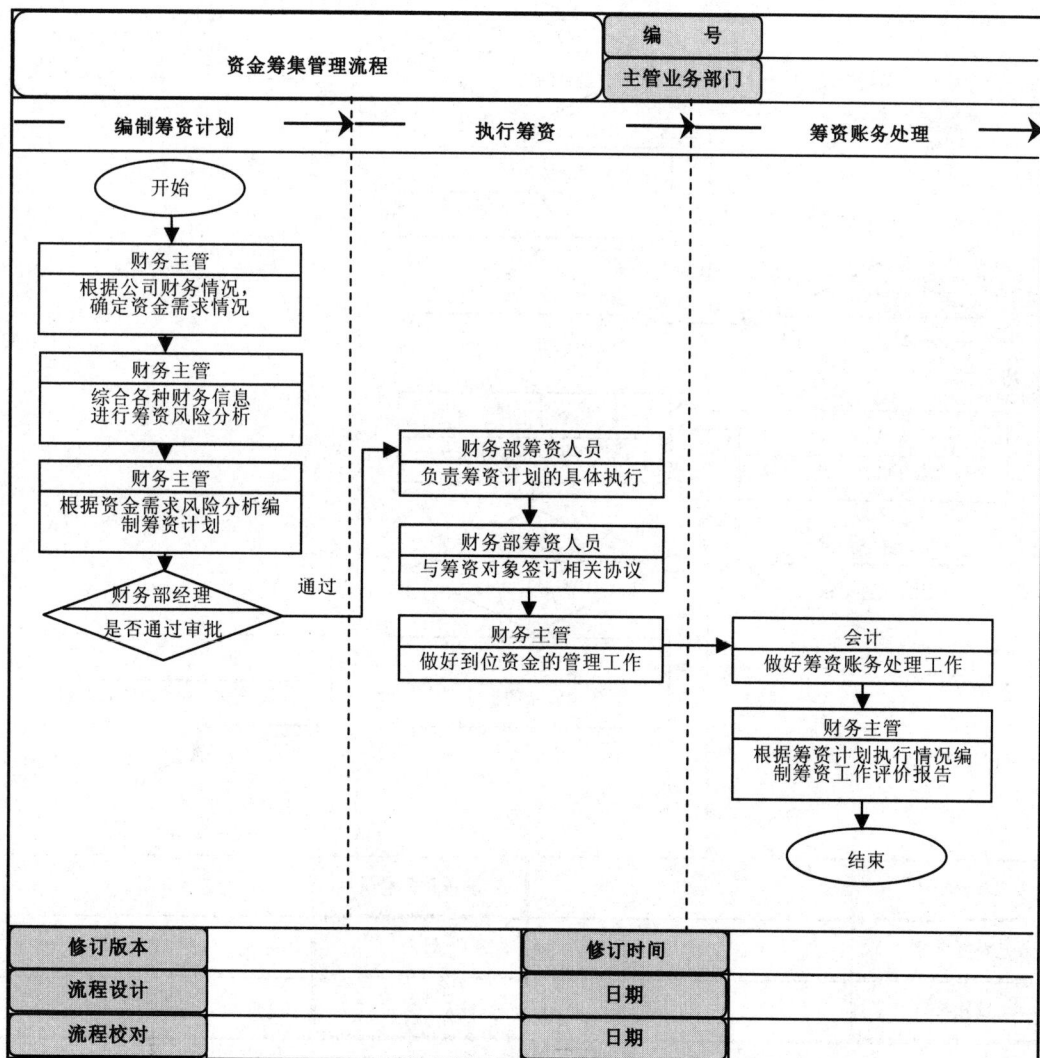

资金筹集管理流程　编　号　　主管业务部门

编制筹资计划　→　执行筹资　→　筹资账务处理

开始

财务主管
根据公司财务情况，确定资金需求情况

财务主管
综合各种财务信息进行筹资风险分析

财务主管
根据资金需求风险分析编制筹资计划

财务部经理
是否通过审批　通过

财务部筹资人员
负责筹资计划的具体执行

财务部筹资人员
与筹资对象签订相关协议

财务主管
做好到位资金的管理工作

会计
做好筹资账务处理工作

财务主管
根据筹资计划执行情况编制筹资工作评价报告

结束

修订版本		修订时间	
流程设计		日期	
流程校对		日期	

3.2.2 资金计划编制流程

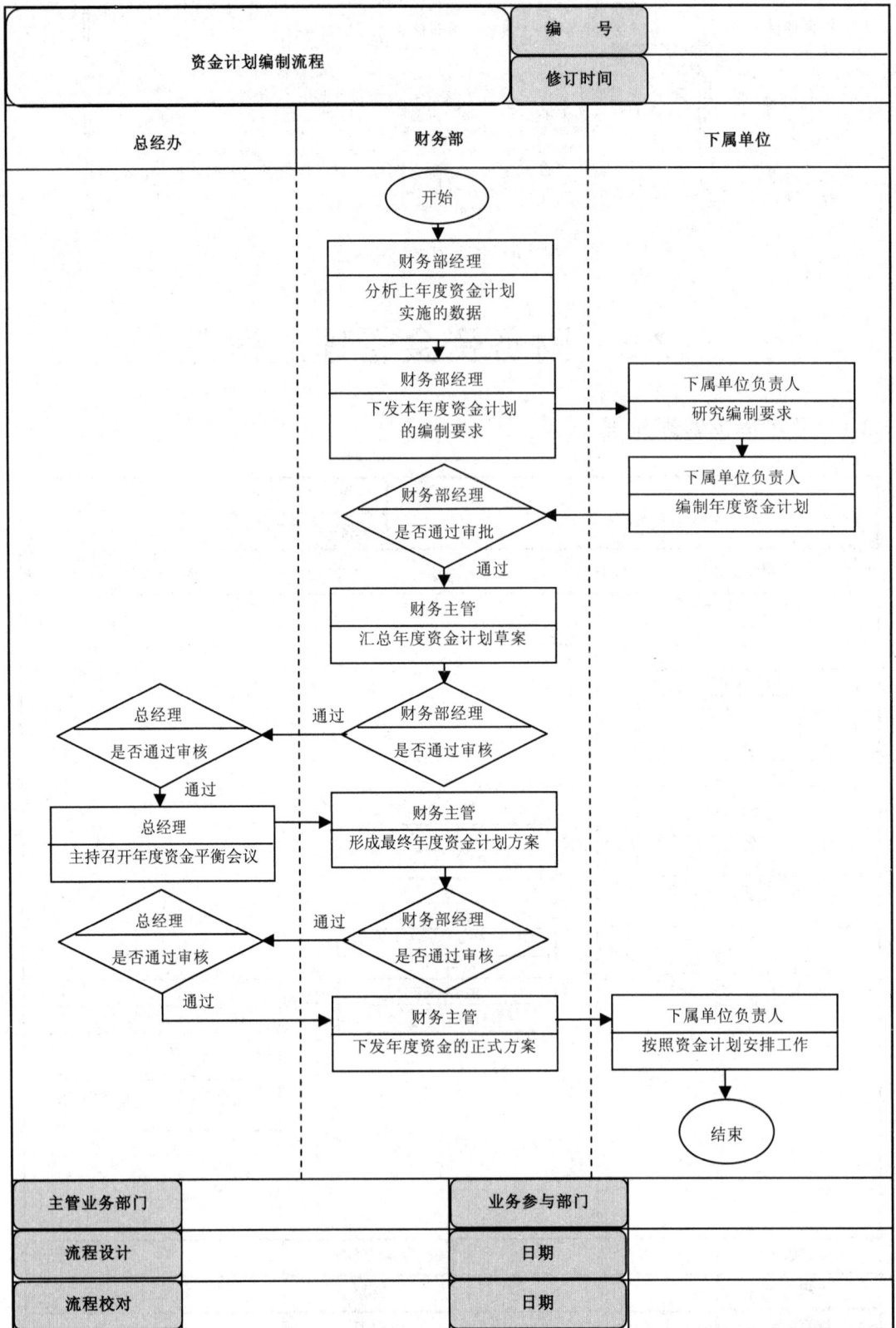

| 资金计划编制流程 | 编　号 | |
| | 修订时间 | |

总经办	财务部	下属单位

```
                        ( 开始 )
                           │
                           ▼
                    ┌──────────────┐
                    │   财务部经理   │
                    │ 分析上年度资金计划 │
                    │   实施的数据   │
                    └──────────────┘
                           │
                           ▼
                    ┌──────────────┐        ┌──────────────┐
                    │   财务部经理   │        │  下属单位负责人  │
                    │ 下发本年度资金计划 │──────▶│   研究编制要求   │
                    │  的编制要求    │        └──────────────┘
                    └──────────────┘                │
                           │                        ▼
                           │                ┌──────────────┐
                           │                │  下属单位负责人  │
                           │                │  编制年度资金计划 │
                           │                └──────────────┘
                           ▼                        │
                    ◇──────────────◇◀───────────────┘
                    │   财务部经理   │
                    │  是否通过审批  │
                    ◇──────────────◇
                           │ 通过
                           ▼
                    ┌──────────────┐
                    │   财务主管    │
                    │ 汇总年度资金计划草案 │
                    └──────────────┘
                           │
     ◇──────────◇  通过   ◇──────────────◇
     │  总经理   │◀────────│   财务部经理   │
     │ 是否通过审核 │        │  是否通过审核  │
     ◇──────────◇          ◇──────────────◇
           │ 通过
           ▼
     ┌──────────┐         ┌──────────────┐
     │  总经理   │────────▶│   财务主管    │
     │主持召开年度资金│        │ 形成最终年度资金计划方案 │
     │  平衡会议  │         └──────────────┘
     └──────────┘                │
     ◇──────────◇  通过   ◇──────────────◇
     │  总经理   │◀────────│   财务部经理   │
     │ 是否通过审核 │        │  是否通过审核  │
     ◇──────────◇          ◇──────────────◇
           │ 通过
           ▼
     ┌──────────────┐       ┌──────────────┐
     │   财务主管    │──────▶│  下属单位负责人  │
     │ 下发年度资金的正式方案 │       │按照资金计划安排工作│
     └──────────────┘       └──────────────┘
                                    │
                                    ▼
                                ( 结束 )
```

主管业务部门		业务参与部门	
流程设计		日期	
流程校对		日期	

3.2.3 资金拆借管理流程

资金拆借管理流程	编　号	
	修订时间	

总经办	财务部	申请部门

```
开始
  ↓
申请部门经理
递交资金拆借申请报告和审批单
```

```
总经理            通过    财务部经理
是否通过审批  ←────────  是否通过审核  ←──────  申请部门经理
                                              递交资金拆借申请报告和审批单
  │通过
  ↓
总经理                    财务主管
批示相关意见  ────────→   对申请部门资信进行分析
                              ↓
                          财务主管
                          对拆借资金进行风险分析
                              ↓
                          财务主管
                          提供资信和风险分析报告
                              ↓
总经理            通过    财务部经理
是否通过审批  ←────────  是否通过审核
  │通过
  └──────────────→  财务主管                  申请部门经理
                    办理反担保和        ←----  配合办理手续
                    资产抵押手续
                         ↓
                    财务主管                  申请部门经理
                    与申请部门签订相关合同  ←----  配合签订拆借和抵押合同
                         ↓
                    财务主管                  申请部门经理
                    办理资金拆借、抵押事宜  ←----  配合办理
                         ↓
                       结束
```

主管业务部门		业务参与部门	
流程设计		日期	
流程校对		日期	

3.2.4 采购资金审批流程

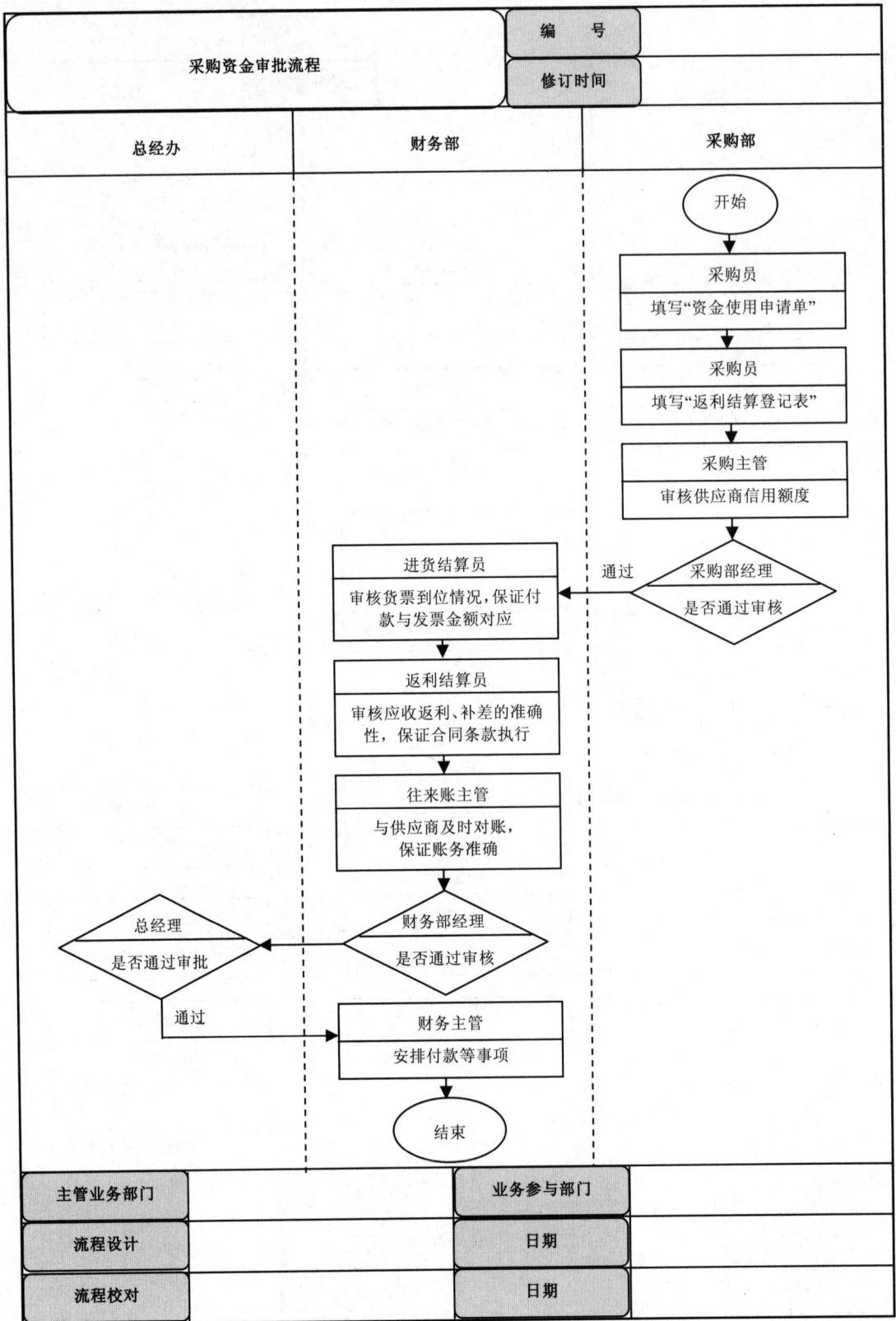

采购资金审批流程	编　号	
	修订时间	

总经办	财务部	采购部

```
采购部:
开始
  ↓
采购员
填写"资金使用申请单"
  ↓
采购员
填写"返利结算登记表"
  ↓
采购主管
审核供应商信用额度
  ↓
采购部经理
是否通过审核 —— 通过 →
```

```
财务部:
进货结算员
审核货票到位情况,保证付款与发票金额对应
  ↓
返利结算员
审核应收返利、补差的准确性,保证合同条款执行
  ↓
往来账主管
与供应商及时对账,保证账务准确
  ↓
财务部经理
是否通过审核
  ↓
财务主管
安排付款等事项
  ↓
结束
```

```
总经办:
总经理
是否通过审批
  ↓ 通过
```

主管业务部门		业务参与部门	
流程设计		日期	
流程校对		日期	

3.3 资金管理控制措施

3.3.1 年度资金需求计划

年度资金需求计划

一、目的

为保证公司生产经营活动的顺利进行，合理、有效地运用现有资金，使资金的利用率达到最大化，特制定本计划。

二、适用范围

本计划适用于公司年度资金需求管理工作。

三、资金计划周期

（一）年度资金计划时间安排

公司年度资金使用计划，由各部门于每年12月20日前提交到财务部，次年1月5日以前由财务部反馈到各部门执行。

（二）重大项目资金计划安排

公司各部门正常项目的资金计划周期均按照以上说明进行，凡涉及以下公司重大项目开支的，应严格按照以下说明进行。

1．凡涉及项目的所有开支，均由工程部分别按项目统一汇总、审核后进行申报。

2．凡由公司统一采购、管理的物品，如办公用品、固定资产类采购资金，应由行政部进行申报。各部门在编制资金计划时应将该款项列出，并在备注项中进行说明。

3．当公司有改造、在建、购置等方面的大额费用支出时，需至少提前一个月提交"资金使用计划"，并于资金使用前一周内向财务部提交经审批后的"支付申请表"，以便于财务部进行付款工作。

4．专项或临时性支出，由协调部门统一向组织部门进行申报，再由组织部门汇总后报总经理审批。如某项目的投标费用，包括投标人员的各项开支及标书制作装订费、施工编制费等，应由各协调部门，如行政部、工程部向财务部报出相关费用，再由财务部汇总报专项资金报告。

四、年度资金计划

公司年度资金计划可划分为两个部分：一部分为内部运营资金，另一部分为项目资金。

（一）内部运营资金

今年，本公司内部运营资金计划为800万元。具体的资金计划如下所述。

1．公司今年计划增加设备2台，预计资金300万元。

2．公司共有员工40名，预计薪资总支出310万元。

3．公司今年预计员工岗位技术培训费用40万元。

4．由于公司规模日益扩大，从今年起将采取部门独立核算的方式，以便于部门投入、产出绩效考核工作。因此，公司将拿出150万元作为公司各部门的部门经费，经费发放标准根据各部门职能划分。

（二）项目资金

今年，本公司启动了××建筑施工项目。该项目的具体说明如下图所示。

项目说明书

◇ 项目名称：××幼儿园

◇ 项目地址：××区，××路××号

◇ 建筑面积：1 500 ㎡

◇ 楼层：地上2层

◇ 施工单位：××建筑公司

◇ 监理单位：××公司

◇ 预计总金额：1 500万元

××建筑施工项目概况及资金使用说明

该项目，资金使用进度如下所述。

1. 首期到位300万元，用于开工前的准备工作，包括地勘、规划初设、样设、施工图出台、工程队伍的招标、市建委的民工保证金、施工招标保证金、规划保证金、预付工程款及工程款100万元、监理公司合同签订及支付费用、项目现场技术人员和管理人员的工资、社保、医保、交通费、办公用费及投资款利息留扣、支付等。

2. 根据项目进度按照合同规定，按期支付施工进度款。从项目开始到项目交验，共计1 020万元。

3. 自项目交验合格日算起到维修期满后（两年），支付5%的维修款，共计180万元。

财务部

20___年___月___日

3.3.2 现金收支管理制度

制度名称	现金收支管理制度				
制度版本		受控状态	□ 受控 □ 非受控	制度编号	
总则 第1章	**第1条 目的** 为规范各部门现金使用管理制度，提高现金使用效率，防范在现金收支管理中出现违规行为，确保公司的资金安全，特制定本制度。 **第2条 适用范围** 本制度适用于公司各项收付业务和库存现金的管理工作。 **第3条 职责分工** 财务部为现金的归口管理部门，负责现金的收支管理工作。 1. 按照账款分离的原则，财务部应设专门的出纳人员负责现金的管理工作。 2. 公司所有经济活动往来，财务人员应在国家及本制度规定的范围内使用现金结算。				
细则 第2章 现金收支 范围	**第4条 现金的收取范围** 公司规定的现金收取范围如下。 1. 个人购买公司的物品或接受公司的劳务而支付的现金。 2. 个人的还款、赔偿款、罚款及备用金的退回。 3. 不到转账起点和无法办理转账的销售收入。 4. 必须收取现金的其他事宜。				

制度名称		现金收支管理制度				
制度版本		受控状态		□ 受控　□ 非受控	制度编号	

第2章 现金收支 范围	**第5条** 现金支付范围 公司的现金支付工作必须包含以下八大事项。 1．职工工资、各种工资性津贴。 2．个人劳动报酬。 3．支付给个人的各种奖金，包括先进个人奖、突出贡献奖等。 4．各种劳保、福利费用以及国家规定的对个人的其他现金支出，如退休金、抚恤金、困难职工生活补助费等。 5．单位预借出差人员必须随身携带的差旅费。 6．结算起点以下的零星支出，按照规定结算起点在1 000元，超过结算起点的，应采取银行转账方式进行结算。 7．向股东支付的红利。 除第2点、第3点外，公司支付给个人的款项，超过使用现金限额的部分，应当以支票或银行本票支付；确实需要现金支付的，经财务主管同意，报开户银行审核后方可支付。
第3章 现金收支 规范	**第6条** 现金收支的总体规范 1．除财务部或受财务部委托的出纳人员外，任何单位或个人都不得代表公司接收现金或与其他单位办理结算业务。 2．现金收支必须有相应的凭证和票据，避免出现现金收支不清、手续不全的情况。 3．出纳人员不准以白条冲抵现金，不准擅自将现金借给其他单位或个人，不准将单位收入的现金以个人的名义存入银行。 4．现金收支要坚持做到日清月结，不得跨月、跨期处理现金账务。 5．出纳人员因特殊原因不能及时履行职责时，必须由财务部经理指定专人代其办理现金业务，出纳人员不得私自委托。 **第7条** 现金收取规范 1．出纳人员收取现金时，应仔细审核收款单据的各项内容。收款时，将款项当面点清，并注意鉴别钞票的真伪。 2．现金收讫后，出纳人员要在收款凭证上加盖收讫章和出纳人员的个人章，并及时编制会计凭证。 3．出纳人员应将每天的现金收入及时足额的送存银行，不得坐支。 4．因业务需要，在公司外部收取大量现金时，应及时向财务部和相关负责人汇报，并妥善处置，不得私自带回家中。 5．非现金出纳代收现金时，要及时登记"现金收付款项交接簿"，办理交接手续。 **第8条** 现金支付规范 1．企业支付现金时，可以从公司的库存现金中支付或者从开户银行提取，不得用公司的现金直接支付，如需坐支现金的，必须经财务部经理、财务总监和总经理同时批准。 2．支付现金后，出纳人员要在付款凭证上加盖现金付讫章和出纳人员个人章，并及时办理相关账务手续。 3．对于需支付现金的业务，出纳人员必须根据审核无误、审批手续齐全的付款凭证支付现金，并要求经办人员在付款凭证上签上自己的名字，对于不符合规定或超出现金使用范围的支付业务，会计人员不得办理。

制度名称		现金收支管理制度			
制度版本		受控状态	□ 受控　□ 非受控	制度编号	

第3章 现金收支 规范	4. 任何部门或个人都不得以任何理由私借、挪用公款。公司职员因工作需要借用现金时，应填写"借款单"，注明现金的用途，经部门经理批准后，交由财务部经理审核批准后方可自取。 5. 办理报销业务，经办人要详细记录每一笔业务开支的实际情况，填写"支出凭单"，注明用途及金额。出纳人员要严格审核应报销的原始凭证，审核无误后方可办理报销手续。 6. 支付个人的临时工资、顾问费等支出时，出纳人员要根据有关规定和直属领导的批示，以及经过审核的"支出凭单"办理，由经办人、收款人签字后方可支付现金。 7. 由于生产经营急需使用大量现金，但又存在因采购地点不确定、交通不便、银行结算不便等特殊情况的，由使用部门向财务部提出申请，经财务部经理和总经理批准后，准许支付现金。
附则 第4章	第9条　本制度由财务部负责制定和解释，经董事会批准后生效。 第10条　本制度自颁布之日其施行。

编制部门		审批人员		审批日期	

3.3.3 资金调度管理制度

制度名称		资金调度管理制度			
制度版本		受控状态	□ 受控　□ 非受控	制度编号	

第1条　目的

为实现公司资金的统一调度，严格规范资金管理，提高资金使用效益，防范资金风险，特制定本制度。

第2条　适用范围

本制度适用于集团公司总部及各分公司。

第3条　职责分工

集团公司财务部是资金调度的归口管理部门。

第4条　资金调度管理方式

1. 集团公司直接管理的内部核算单位分公司及其所管理的内部核算单位：实行收支两条线，统借统还，采取收入自动上划，支出按日拨付的方式进行。

2. 集团公司直接管理的控股子公司、分公司：实行有偿调度，采取委托贷款的方式进行，即收入自动委托贷款，支出按日以归还委托贷款方式进行。

第5条　资金调度程序

集团公司建立资金调度会议制度，由集团公司财务部主持，按照"年预算，月平衡，周调度，日安排"的原则，通过分析、预测、控制等方法，对公司的资金实行集中统一调度和管理。资金调度具体程序如下。

1. 年预算。根据集团公司确定的年度利润预算、年度资本性收支预算，财务部会同相关部门主持制定年度资金总预算和资金分项预算控制额，经预算管理委员会审核批准后执行。

2. 月平衡。在年度资金总预算和资金分项预算控制额范围内，根据各公司上报的月资金需求，在分析上月资金调度执行情况和研究处理资金筹集、拨付等重大事项基础上，综合平衡当月资金流量，确定当月资金流入流出预算。

3. 周调度。财务部每周五召开周资金调度会议，在月资金平衡资金预算的基础上，对各公司上报的周资金滚动预算表进行审核和平衡，制定各公司每周的日资金流量预算，并安排下周的日拨款金额。

4. 日安排。根据周资金流量预算，结合各公司银行存款结存情况，由集团公司财务部进行拨款。

制度名称	资金调度管理制度			
制度版本		受控状态	□ 受控 □ 非受控	制度编号	

第6条 资金调度日常管理

1. 各公司要加强资金日常调度管理的领导，形成分管领导负责，财务部门为主，相关部门配合的日常资金管理调度体系和程序。

2. 确定资金管理的专职人员，制定本公司年、月、周和日的资金预算；每月、周末及时报送生产单位资金滚动预算表和基建、基建项目前期资金滚动预算表。

3. 每日16：00查询本公司在集团公司财务部余额，并与当地银行出具的票据以及会计核算余额进行核对，保证发生额和余额无误。

4. 及时催收应收账款，合理安排资金支出，保证资金周转正常。

第7条 资金调度考核管理

根据资金调度管理的情况，集团公司制定对各公司的考核指标，予以考核。

第8条 处罚说明

对违反本制度规定的公司和个人，将作如下处理。

1. 责令限期纠正错误。

2. 给予通报批评，并结合经济责任制考核办法，对违纪公司给予经济或行政处罚。

3. 有关人员如有挪用资金、虚报支出、少报收入等情况，将视情节轻重，给予行政处分和经济处罚。

第9条 附则

1. 本制度由集团公司财务与产权管理部负责解释。

2. 本制度自颁布之日起执行。

编制部门		审批人员		审批日期	

3.3.4 备用金管理控制制度

制度名称	备用金管理控制制度			
制度版本		受控状态	□ 受控 □ 非受控	制度编号	
总则 **第1章**	**第1条 目的。** 　为防止公司现金的流失，加强对公司及各下属单位备用金的管理，提高备用金使用效率，特制定本制度。 **第2条 适用范围。** 本制度适用于对公司备用金的相关管理工作。 **第3条 职责分工** 公司财务部是备用金的归口管理部门。
细则 **第2章** **备用金管理** **方法说明**	**第4条 备用金管理方法** 　公司对备用金管理实行定额管理方法，定额备用金的使用对象、用途和金额限制规定，如下表所示。 **定额备用金使用及限额表** 表格如下

定额备用金使用及限额表

使用对象	用途	限制金额
财务经理	临时急需费用类支出使用	＿＿＿元/月
行政采购	零星采购需要使用	＿＿＿元/月
非商业类零星材料采购	零星采购需要使用	＿＿＿元/月
物流配件采购	零星采购需要使用	＿＿＿元/月
配送部门外叫车	配送中经常性临时外叫车	＿＿＿元/月
其他	其他支出频繁而需要定额备用金的人员	＿＿＿元/月

制度名称	备用金管理控制制度				
制度版本		受控状态	□ 受控　□ 非受控	制度编号	

第5条　相关释义

定额备用金是指因支出频繁等原因而需要周转的现金，其具有时间长、比较固定的特点。

第6条　定额备用金的借支程序如下图所示。

定额备用金借支一般程序

第7条　定额备用金的归还。

1. 归还定额备用金时，借款人可归还现款，也可以报销费用抵冲，还可从当月薪资中扣除。

2. 出纳人员收到还款后，需在"借款申请审批单"上加盖收讫章，双方需在"借款申请审批单""还款财务"联和"还款收据"联上签字。

3. 办完还款和签字手续后，出纳员应将"借款申请审批单"的"还款收据"联归还给收款人。

第8条　进行会计核算时，可设置"备用金"科目。

第9条　根据工作需要、管理需要原则进行办理；定额备用金的额度需要根据支出业务变化，对使用对象和用途范围每半年审定一次。

第10条　定额备用金实行专人借支专人负责的办法，不得以全部或部分转借或以临时备用金的性质借支他人。

第11条　定额备用金作为个人借支入账，以定额备用金形式反映。

第12条　定额备用金的借款时间最长不超过半年，每半年清理一次，如需继续借用的，重新办理申请审批手续。

第13条　因人员调动或离职等原因造成定额备用金管理员更换的，必须办理变更手续，变更方式采用借还两条线，即原责任人办理还款，新责任人办理借款，财务做相应调整。

第14条　财务部必须于每月月末对各部门的定额备用金进行实地盘点，并编制"定额备用金盘点表"，做好盘点记录。

第15条　各部门未经批准私自扩大定额备用金的使用范围或定额备用金限额的，视情节轻重对该部门经理处以_____元以上的罚款。

第16条　出纳人员在审批手续不全情况下借支定额备用金的，按借支金额的10%处罚。

细则
第3章
定额备用金的申请、审批与归还

第4章
定额备用金的日常管理

第5章
违规操作罚则

制度名称	备用金管理控制制度				
制度版本		受控状态	□ 受控 □ 非受控	制度编号	

第5章 违规操作 罚则	**第17条** 各级财务主管人员负责对各部门的定额备用金进行定期盘点（一个月不少于一次），因对未及时盘点而出现的损失承担连带责任；对于定额备用金的盘点损失，一律由相关责任人赔偿；盘点盈余，交本单位的财务部作挂账处理；无法查明原因的，进行账务处理，列入"营业外收入"科目。 **第18条** 若借款人拒不归还所借的定额备用金（超过归还时间一个星期），由出纳人员提出申请经批准后，在其当月薪资中扣收借款额和逾期利息。人力资源部必须配合做好工作，如人力资源部未按通知作扣款处理，每次处罚____元，造成损失的，由人力资源部相关责任人承担。 **第19条** 若借款人员发生人事异动或离职，人力资源部未及时书面通知财务部确认清账，造成借款无法收回的，由人力资源部承担借款损失。 **第20条** 财务部必须对借款人的借款信用进行定期评定，对于逾期还款或拒不还款的人员，严格控制后续借款甚至取消借款资格。对于有款未还仍借支的款项，由财务部经办人员承担借款损失。
第6章 附则	**第21条** 本制度由财务部负责制订、修订，报财务总监审核，呈报总裁办公会议审议通过后生效。本制度废止时亦同。 **第22条** 本制度自颁发之日起生效执行。此前与之相抵触的制度规定自即日起作废。

编制部门		审批人员		审批日期	

3.4　资金管理工具表单

3.4.1　货币资金汇总表

年度：____年

项目		年初余额	一季度增减额	二季度增减额	三季度增减额	四季度增减额	年末余额
库存 现金	人民币						
	美　元						
	小　计						
银行 存款	人民币						
	美　元						
	日　元						
	欧　元						
	其　他						
	小　计						
其他 货币 基金	外埠存款						
	银行汇票存款						
	银行本票存款						
	信用卡存款						

项目	年初余额	一季度增减额	二季度增减额	三季度增减额	四季度增减额	年末余额
存出投资款						
其 他						
小 计						
合计						

3.4.2　周转资金分析表

资金类别 ＼ 月份	1月	2月	3月	4月	……	12月
现 金						
应收账款						
应收票据						
产 成 品						
在 制 品						
原 材 料						
短 期 投 资						
……						
合 计						

3.4.3　资金来源比较表

编制时间：____年__月__日　　　　　　　　　　　　　　　　　　金额单位：万元

项目		实际数 金额	预计数 金额	比较增减 金额	资金调度					
					调度对象	期初金额	本期收入	本期支出	期末金额	增减
期初现金结存					借入					
收入	外销收入				往来	借出				
	内销收入									
	现销					小计				
	票据兑现									
	加工收入				借入款项	外销贷款				
	退税收入									
	其他收入					贴现借款				
	小计									
支出	资本支出					信用借款				
	土地及房屋									

项目	实际数	预计数	比较增减	资金调度					
	金额	金额	金额	调度对象	期初金额	本期收入	本期支出	期末金额	增减
设备分期付款				抵押借款					
机械设备									
材料支出				私人借款					
原料内购									
物料内购				银行透支					
物料外购									
生产经费				其他借款					
薪　资									
制造费用				合计					
经常费用									
推销费用				备注说明					
管理费用									
财务费用									
其他支出									
小　计									
期末现金结存									
资金剩余短缺									

3.4.4　资金调度计划表

编制日期：＿＿＿年＿月＿日　　　　　　　　　　　　　　　　　　　　　　　　　单位：元

摘要	合计	现金	银行存款
本月（周）结存			
加：预计票兑收入			
预计现销收入			
预计其他收入			
……			
减：预计票据到期			
预计工薪支出			
预计水电支出			
预计税捐支付			
预计利息支出			
预计经常支出			

摘要	合计	现金	银行存款
预计购料还款			
预计偿还借款			
预计其他支出			
……			
下月（周）余缺			
经调度后结存			
资金调度计划			

第 4 章
财务收支会计实务

4.1　财务收支管理维度

4.1.1　应收账款管理重点

应收账款管理是指在赊销业务中，从企业将货物或服务提供给购买商，债权成立开始，到款项实际收回或作为坏账处理结束，授信企业采用系统的方法和科学的手段，对应收账款回收全过程所进行的管理。应收账款管理的重点主要包括九方面的内容，具体如图 4-1 所示。

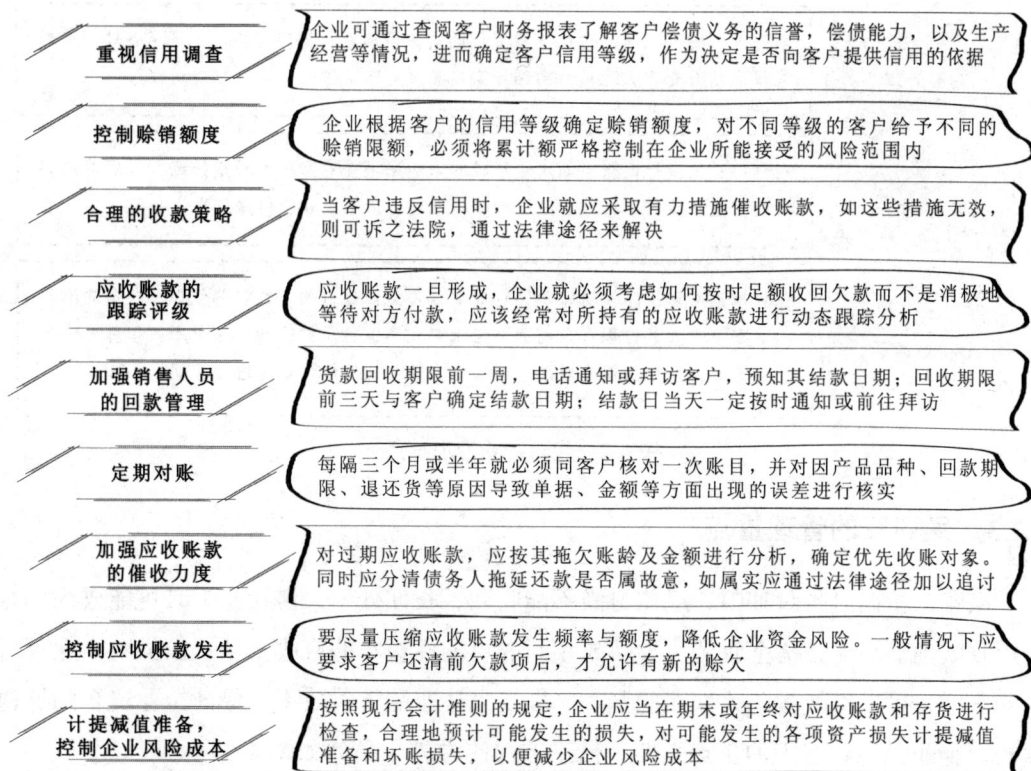

重视信用调查	企业可通过查阅客户财务报表了解客户偿债义务的信誉，偿债能力，以及生产经营等情况，进而确定客户信用等级，作为决定是否向客户提供信用的依据
控制赊销额度	企业根据客户的信用等级确定赊销额度，对不同等级的客户给予不同的赊销限额，必须将累计额严格控制在企业所能接受的风险范围内
合理的收款策略	当客户违反信用时，企业就应采取有力措施催收账款，如这些措施无效，则可诉之法院，通过法律途径来解决
应收账款的跟踪评级	应收账款一旦形成，企业就必须考虑如何按时足额收回欠款而不是消极地等待对方付款，应该经常对所持有的应收账款进行动态跟踪分析
加强销售人员的回款管理	货款回收期限前一周，电话通知或拜访客户，预知其结款日期；回收期限前三天与客户确定结款日期；结款日当天一定按时通知或前往拜访
定期对账	每隔三个月或半年就必须同客户核对一次账目，并对因产品品种、回款期限、退还货等原因导致单据、金额等方面出现的误差进行核实
加强应收账款的催收力度	对过期应收账款，应按其拖欠账龄及金额进行分析，确定优先收账对象。同时应分清债务人拖延还款是否属故意，如属实应通过法律途径加以追讨
控制应收账款发生	要尽量压缩应收账款发生频率与额度，降低企业资金风险。一般情况下应要求客户还清前欠款项后，才允许有新的赊欠
计提减值准备，控制企业风险成本	按照现行会计准则的规定，企业应当在期末或年终对应收账款和存货进行检查，合理地预计可能发生的损失，对可能发生的各项资产损失计提减值准备和坏账损失，以便减少企业风险成本

图 4-1　应收账款管理重点

4.1.2　应付账款管理重点

应付账款管理是指对购买材料、商品或接受劳务供应等而发生的债务进行管理的过程。应付账款管理的重点主要包括七方面的内容，具体如图 4-2 所示。

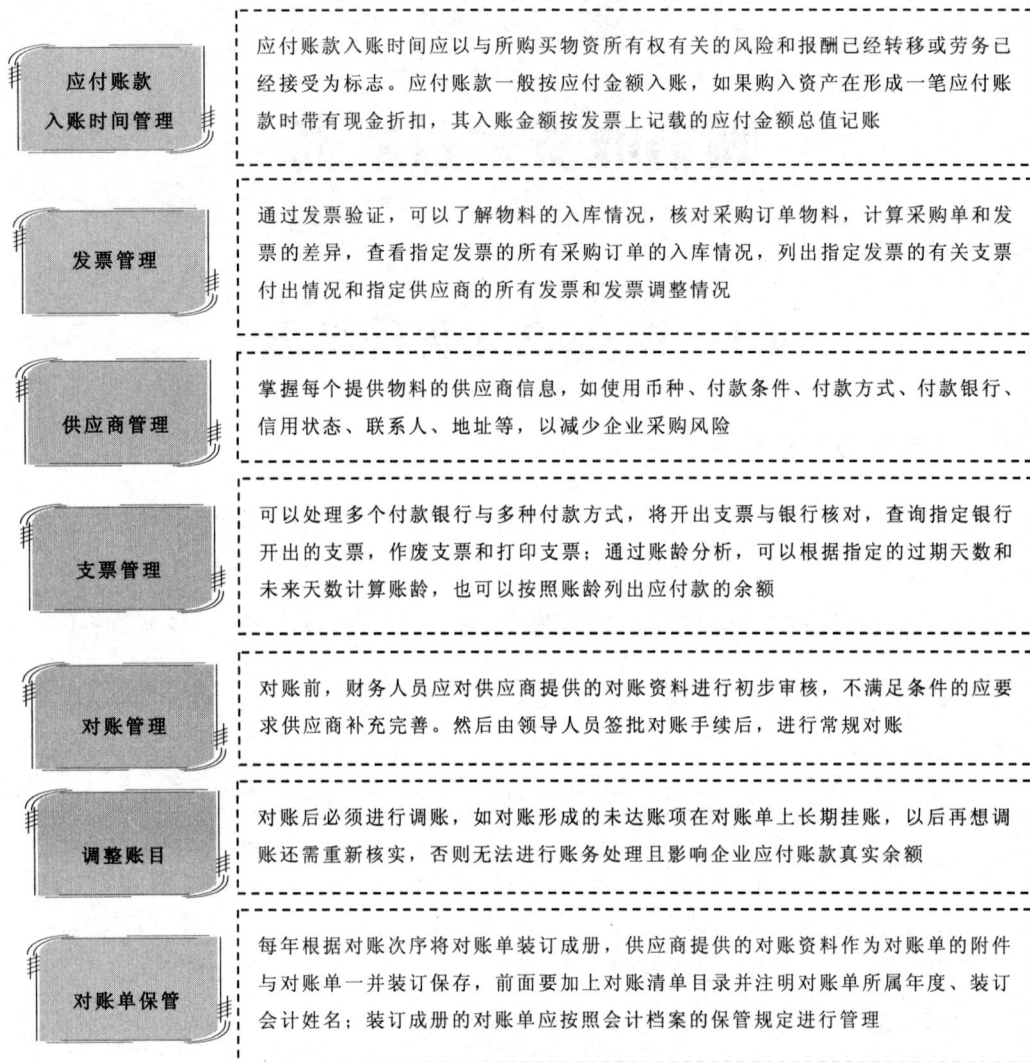

应付账款入账时间管理	应付账款入账时间应以与所购买物资所有权有关的风险和报酬已经转移或劳务已经接受为标志。应付账款一般按应付金额入账，如果购入资产在形成一笔应付账款时带有现金折扣，其入账金额按发票上记载的应付金额总值记账
发票管理	通过发票验证，可以了解物料的入库情况，核对采购订单物料，计算采购单和发票的差异，查看指定发票的所有采购订单的入库情况，列出指定发票的有关支票付出情况和指定供应商的所有发票和发票调整情况
供应商管理	掌握每个提供物料的供应商信息，如使用币种、付款条件、付款方式、付款银行、信用状态、联系人、地址等，以减少企业采购风险
支票管理	可以处理多个付款银行与多种付款方式，将开出支票与银行核对，查询指定银行开出的支票，作废支票和打印支票；通过账龄分析，可以根据指定的过期天数和未来天数计算账龄，也可以按照账龄列出应付款的余额
对账管理	对账前，财务人员应对供应商提供的对账资料进行初步审核，不满足条件的应要求供应商补充完善。然后由领导人员签批对账手续后，进行常规对账
调整账目	对账后必须进行调账，如对账形成的未达账项在对账单上长期挂账，以后再想调账还需重新核实，否则无法进行账务处理且影响企业应付账款真实余额
对账单保管	每年根据对账次序将对账单装订成册，供应商提供的对账资料作为对账单的附件与对账单一并装订保存，前面要加上对账清单目录并注明对账单所属年度、装订会计姓名；装订成册的对账单应按照会计档案的保管规定进行管理

图 4-2　应付账款管理重点

4.1.3　呆坏账的管理重点

呆账，指已过偿付期限，经催讨尚不能收回，长期处于呆滞状态，有可能成为坏账的应收款项。坏账，指企业无法收回或收回的可能性极小的应收款项。加强对企业呆坏账的管理，可以有效预防呆坏账的产生，提高呆坏账的催讨效率，保证企业资金的流通顺畅。企业呆坏账管理的重点主要包括三方面的内容，具体如图 4-3 所示。

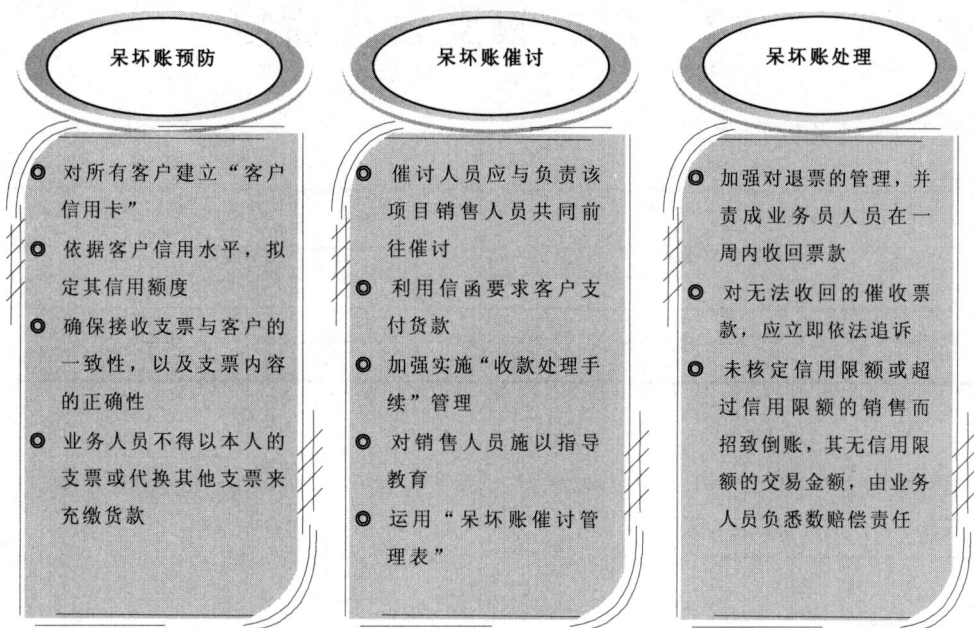

呆坏账预防	呆坏账催讨	呆坏账处理
◎ 对所有客户建立"客户信用卡"	◎ 催讨人员应与负责该项目销售人员共同前往催讨	◎ 加强对退票的管理，并责成业务员人员在一周内收回票款
◎ 依据客户信用水平，拟定其信用额度	◎ 利用信函要求客户支付货款	◎ 对无法收回的催收票款，应立即依法追诉
◎ 确保接收支票与客户的一致性，以及支票内容的正确性	◎ 加强实施"收款处理手续"管理	◎ 未核定信用限额或超过信用限额的销售而招致倒账，其无信用限额的交易金额，由业务人员负悉数赔偿责任
◎ 业务人员不得以本人的支票或代换其他支票来充缴货款	◎ 对销售人员施以指导教育	
	◎ 运用"呆坏账催讨管理表"	

图 4-3 呆坏账管理重点

4.1.4 应收票据管理重点

应收票据管理是指对企业持有的、尚未到期兑现的商业票据的管理工作。企业应收票据管理应遵循核准、记录和保管职能相互分离原则。应收票据管理的重点主要包括四方面的内容，具体如图 4-4 所示。

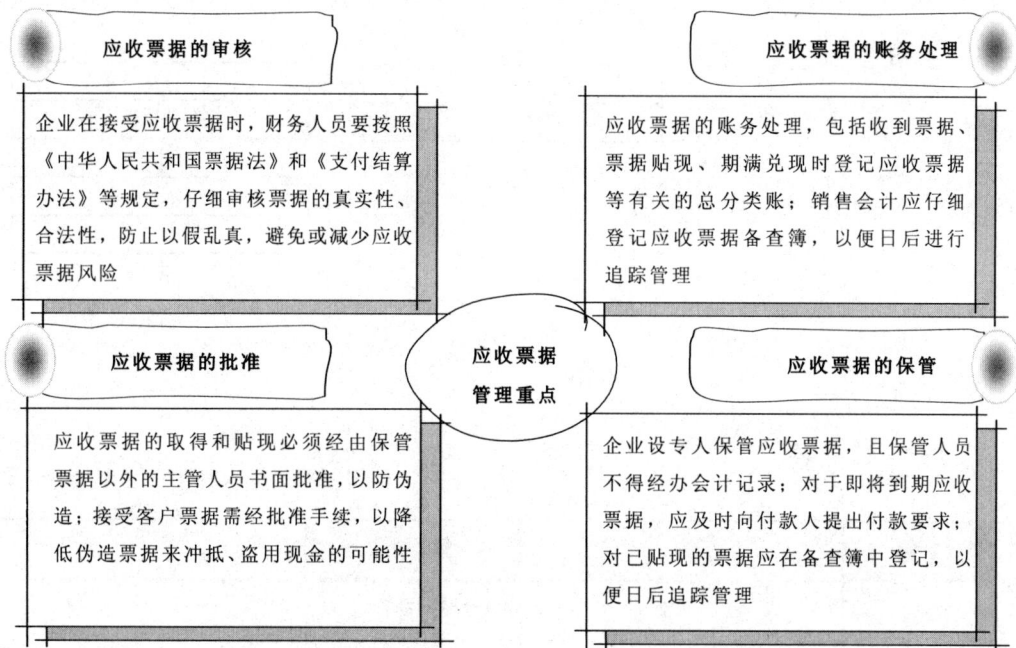

应收票据的审核	应收票据的账务处理
企业在接受应收票据时，财务人员要按照《中华人民共和国票据法》和《支付结算办法》等规定，仔细审核票据的真实性、合法性，防止以假乱真，避免或减少应收票据风险	应收票据的账务处理，包括收到票据、票据贴现、期满兑现时登记应收票据等有关的总分类账；销售会计应仔细登记应收票据备查簿，以便日后进行追踪管理
应收票据的批准	应收票据的保管
应收票据的取得和贴现必须经由保管票据以外的主管人员书面批准，以防伪造；接受客户票据需经批准手续，以降低伪造票据来冲抵、盗用现金的可能性	企业设专人保管应收票据，且保管人员不得经办会计记录；对于即将到期应收票据，应及时向付款人提出付款要求；对已贴现的票据应在备查簿中登记，以便日后追踪管理

（应收票据管理重点）

图 4-4 应收票据管理重点

4.2 财务收支管理流程

4.2.1 坏账账务处理流程

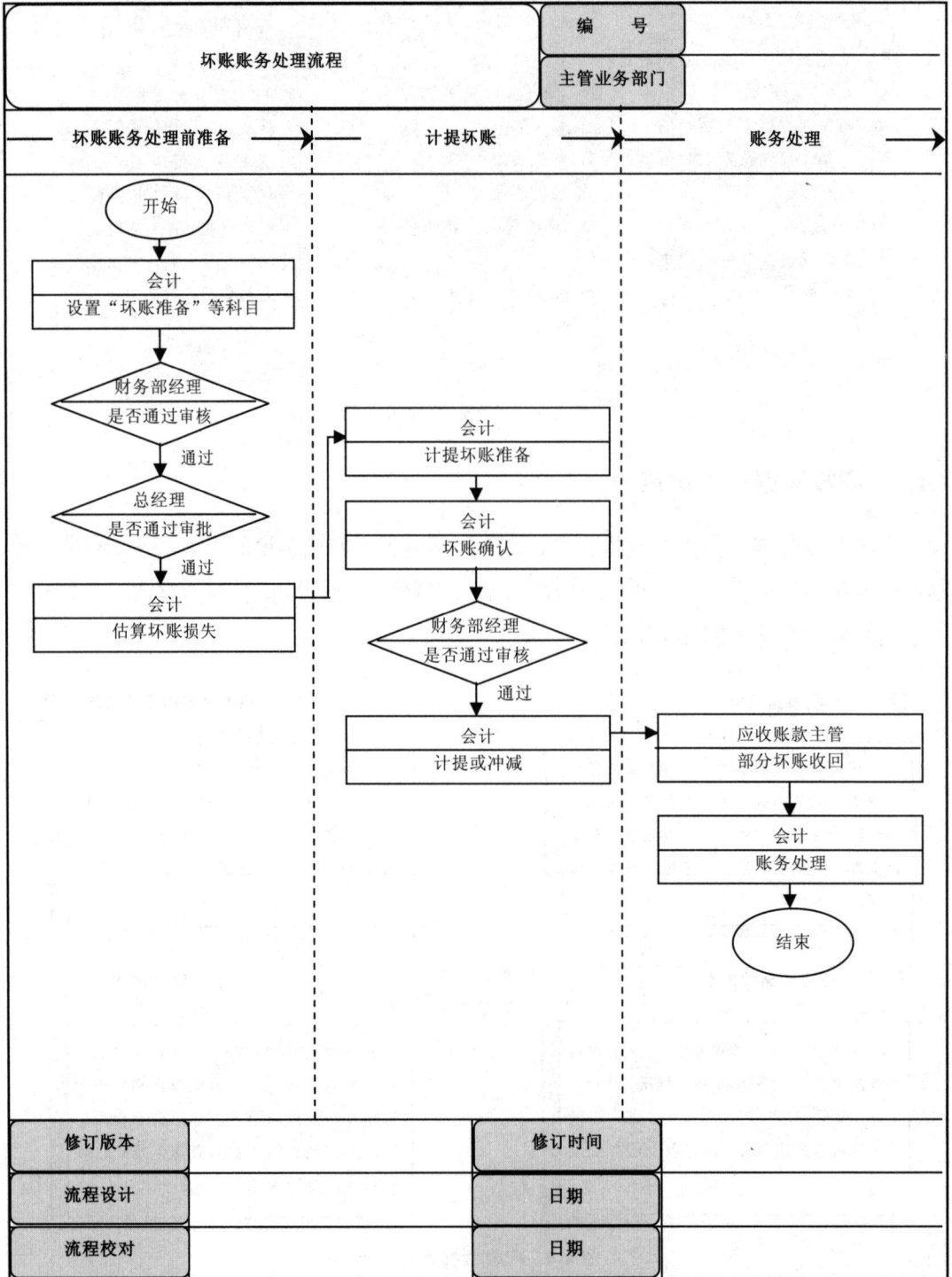

| 坏账账务处理流程 | 编 号 |
| | 主管业务部门 |

| 坏账账务处理前准备 ——→ | 计提坏账 ——→ | 账务处理 ——→ |

开始

会计
设置"坏账准备"等科目

财务部经理
是否通过审核
通过

总经理
是否通过审批
通过

会计
估算坏账损失

会计
计提坏账准备

会计
坏账确认

财务部经理
是否通过审核
通过

会计
计提或冲减

应收账款主管
部分坏账收回

会计
账务处理

结束

修订版本		修订时间	
流程设计		日期	
流程校对		日期	

4.2.2 应收票据管理流程

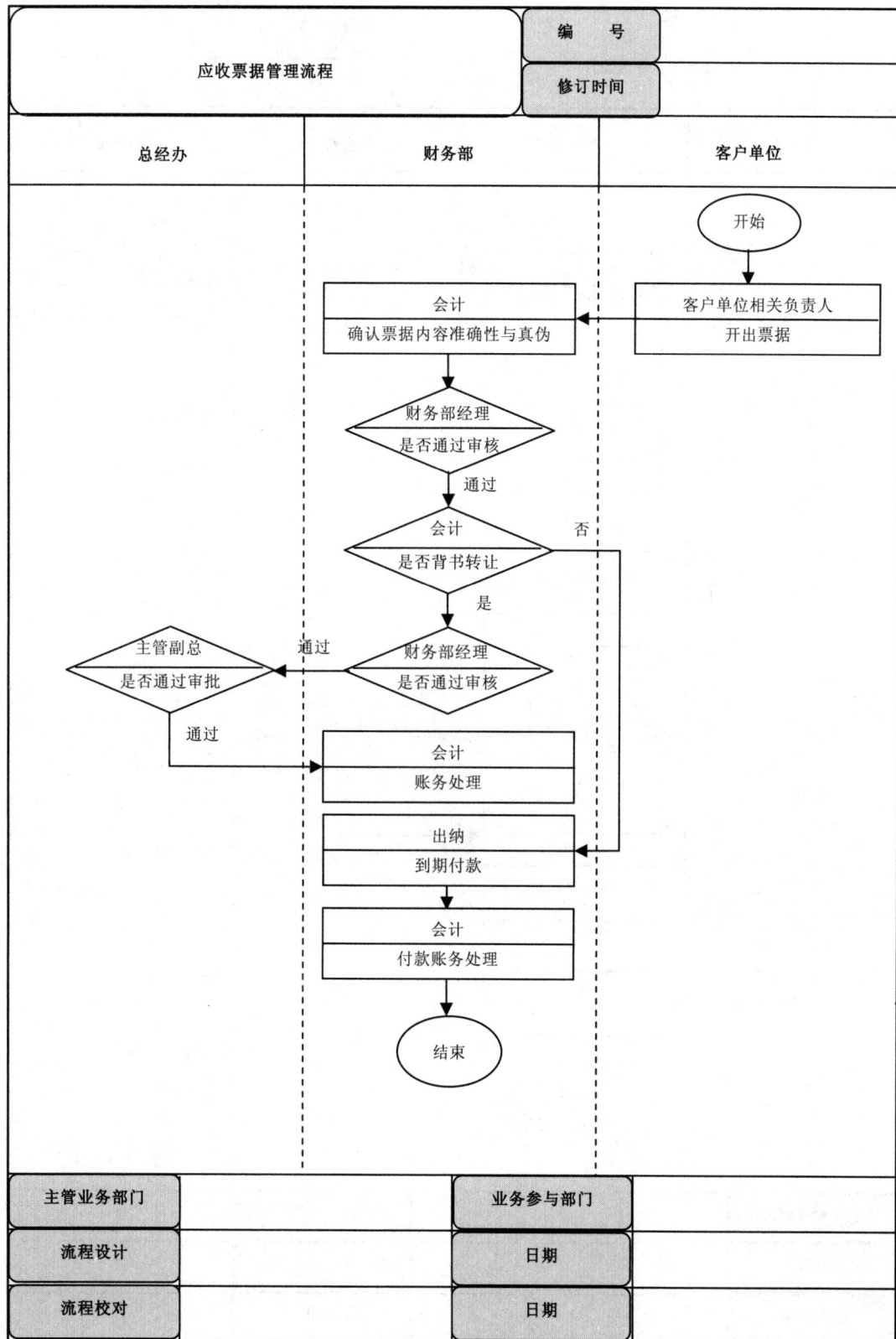

| | 应收票据管理流程 | | 编　号 | |
| | | | 修订时间 | |

总经办	财务部	客户单位

开始

客户单位相关负责人
开出票据

会计
确认票据内容准确性与真伪

财务部经理
是否通过审核

通过

会计
是否背书转让 ── 否

是

主管副总
是否通过审批 ←── 通过 ── 财务部经理
是否通过审核

通过

会计
账务处理

出纳
到期付款

会计
付款账务处理

结束

主管业务部门		业务参与部门	
流程设计		日期	
流程校对		日期	

4.2.3 应收账款管理流程

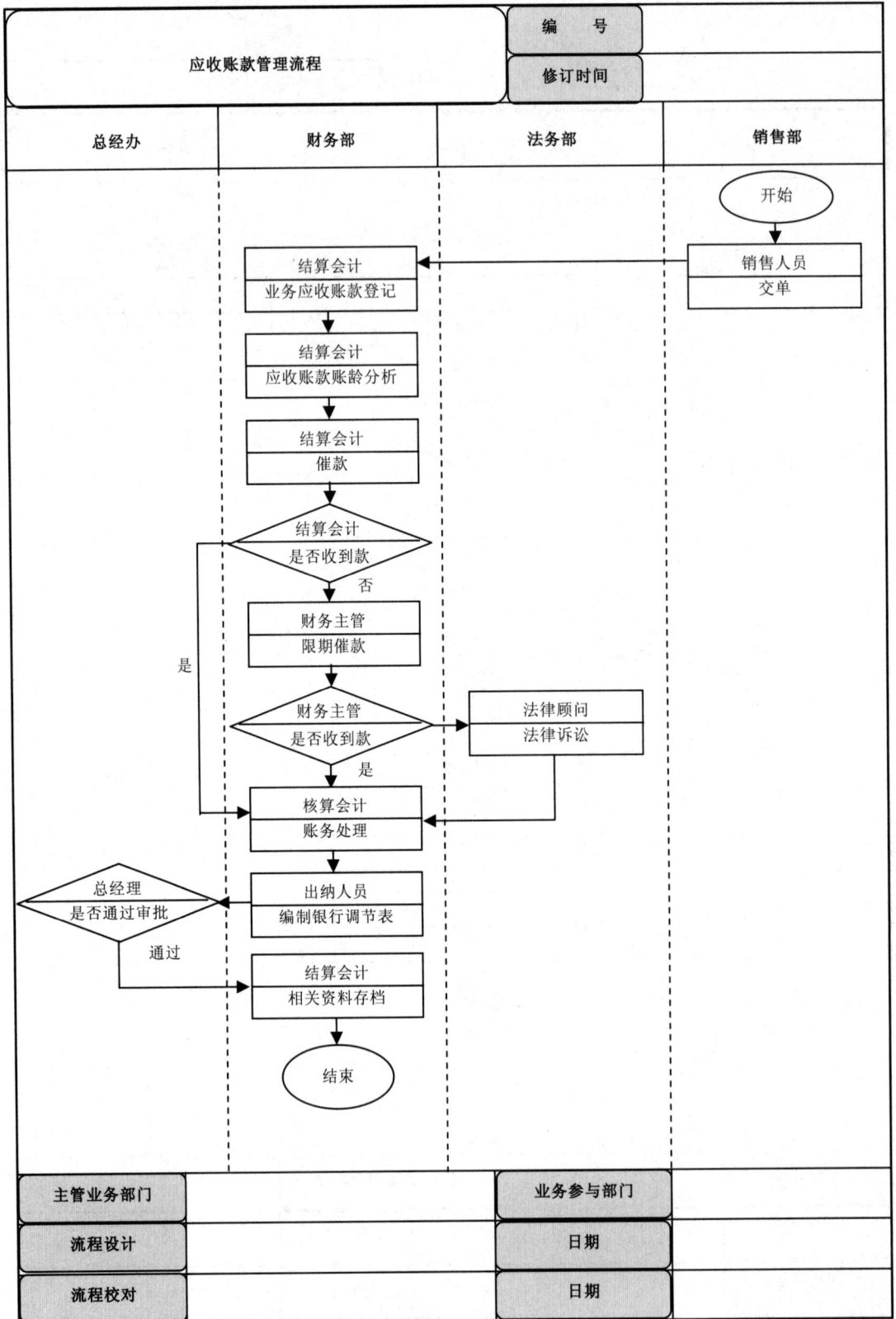

| 应收账款管理流程 | | 编　号 | |
| | | 修订时间 | |

总经办	财务部	法务部	销售部

开始

销售人员 / 交单

结算会计 / 业务应收账款登记

结算会计 / 应收账款账龄分析

结算会计 / 催款

结算会计 / 是否收到款 —否

财务主管 / 限期催款

财务主管 / 是否收到款 →法律顾问 / 法律诉讼

是

核算会计 / 账务处理

总经理 / 是否通过审批

出纳人员 / 编制银行调节表

通过

结算会计 / 相关资料存档

结束

主管业务部门		业务参与部门	
流程设计		日期	
流程校对		日期	

4.2.4 应付账款管理流程

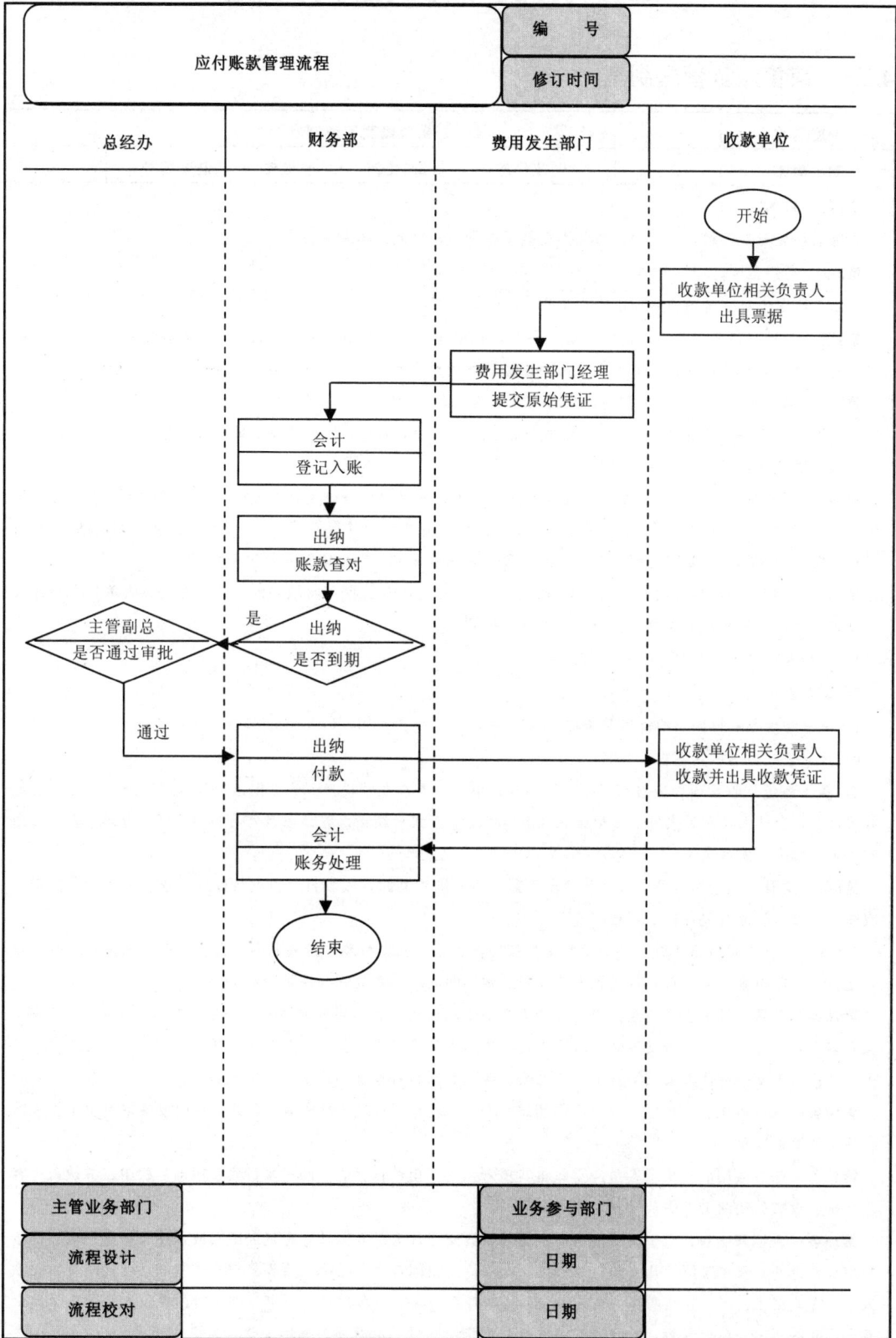

应付账款管理流程	编　号
	修订时间

总经办	财务部	费用发生部门	收款单位

开始

收款单位相关负责人
出具票据

费用发生部门经理
提交原始凭证

会计
登记入账

出纳
账款查对

主管副总
是否通过审批 ← 是 — 出纳
是否到期

通过

出纳
付款 → 收款单位相关负责人
收款并出具收款凭证

会计
账务处理

结束

主管业务部门		业务参与部门	
流程设计		日期	
流程校对		日期	

4.3 财务收支控制措施

4.3.1 销售账款管理制度

制度名称	销售账款管理制度				
制度版本		受控状态	☐ 受控　☐ 非受控	制度编号	

第1条 目的。

为规范对公司销售账款的管理，避免不良款项的产生，特制定本制度。

第2条 适用范围。

本制度适用于对公司销售账款的管理工作。

第3条 凡销货或服务收入均应开立统一发票，并依序填入当天的"销售日志"或"服务收入报告"中，同时记入"客户名别应收账款明细卡"中，不得漏开、短开或多开。

第4条 遇销货退回或重开发票时，均应将原开统一发票的收执联收回作废，并填制"销货退回通知单"，以赤字填入当天的"销货日志"或"服务收入报告"中列为其减项，同时在备注栏中注明原开发票日期，并记入"客户名别应收账款明细卡"中。

第5条 遇销货退回应于销货发生的60天内依规定手续向当地税务机关办理抵缴，如超过60天者不得办理抵缴已缴的营业税及印花税。所以，如果遇到销货退回或重开发票而其日期超过60天者，应由客户赔偿纳税损失；退货或发票遗失其原因如果是销售人员疏忽所致，则纳税损失应责由销售人员负责赔偿。

第6条 若销货当天未能收回账款，交货人应与客户约定收款日期并将填妥的"统一发票签收单"交会计人员妥善保管，"统一发票签收单"应具备下列各项要点。

1. 交货人在"统一发票签收单"上签名。

2. 经办人在统一发票附联上签名。

3. 填写约定收款日期及约定付款条件。

4. 客户正式盖章后其签收人签名。

第7条 每笔未收款项均应附有"统一发票签收单"。若存在销货当天未交出该签收单或缺少规定要件的记载等情况，会计人员应于次日上班早会前报由本单位主管人员纠正，务必按照公司的相关规定办理，否则应由本单位主管人员签名负责。

第8条 会计人员收回"统一发票签收单"后，应立即将其约定收款日及付款条件逐笔登载于"客户名别应收账款明细卡"的有关各栏中备查。

第9条 会计人员应将"统一发票签收单"按约定收款日的先后顺序排列并妥善保管，遇有携出收款时应设登记簿，由取单者签名备查，若当天未能收回账款立即向取单者收回并注销登记。

第10条 凡账款约定收款日到期者，会计人员应主动转告账款归属人或请本单位主管人员派人员前往收取。如有客户要求延期付款事情发生时，前往负责收款的人员应将重新更改约定收款日填明于"统一发票签收单"中，并将该单交回会计人员注销登记，并更改"客户名别应收账款明细卡"上的记载。

第11条 凡应收账款其约定收款日不得超过一个月，若有超过这一期限者，会计人员应报备本单位主管人员在签单上签字同意。

第12条 账款收回时，出纳人员应立即将其填入当天"出纳日报表"的"本日收款明细"栏中，并放入"客户名别应收账款明细卡"中，凭此销账及备查。

第13条 收回现金者，应于当日或翌日上班时如数交会计人员入账，若有延迟缴回或调换票据缴回者，均依挪用公款论处。收回票据的开票人若非与统一发票抬头相同者，应经统一抬头客户正式背书，否则应责由收款人亲自在票据上背书，并注明客户名称备查，若经查明该票据非客户正式背书，则应责由收款人亲自在票据上背书，并注明客户名称备查，若经查明该票据非客户所交付者，即视为挪用公款行为论处。

制度名称		销售账款管理制度			
制度版本		受控状态	☐ 受控　☐ 非受控	制度编号	

第14条 票据到期日距统一发票开立日期不得超过30天。若超过30天，应由经办人员填写"交货通知（请示）单"并依权责划分办法处理。凡账款以分期付款方式收回时，应由经办人提出与客户所立的合约书由本单位主管人员呈报执行副总核准。

第15条 凡销货退回或前开发票作废者，若未取回原开发票收执联作废者，不得重开统一发票，只有经书面承报总经理批准者不在此限。

第16条 每月5日前应详填"各销货员未收款项明细表"一式两份，由各位销货员逐笔亲自签名承认未收，其约定收款日据统一发票开立日期超过1个月者还应注明原因，填妥后一份寄总公司财务部查核，一份呈报本单位主管人员加强催收。

第17条 "各销货员未收款项明细表"总合计的金额应与月底当天的收款明细表的本日未收款余额的数字相符，逾期1个月及以上未收明细表随同"各销货员未收款项明细表"一并呈报。

第18条 凡遇客户恶性倒闭，或收回票据无法兑现或未事先言明，而在收款时尾款不付等情况，无法取得客户正式签署的"销货折让证明单"时，均视作坏账处理。坏账的发生，除按销售人员待遇办法等规定的赔偿办法办理外，并扣发该笔交易的成交奖金，若已发给则应予以追回。

第19条 凡为维护市价事先与客户约定高开发票销货折让者，或事后因客户尾款不付等事情发生，除应报请本单位主管人员同意外，还应取得"销货折让证明书"，陈述原因，由客户证明实收金额及证实签章后，交回本单位会计人员，该笔交易原交易应办退回同时再记一笔实收金额的销货记录，其销货折让后的金额若低于最低价者，仍须补办低价请示手续。成交奖金的计算则依据实际销货的金额计算。

第20条 本制度由财务部经理呈总经理核准公布后实施，修订时亦同。

编制部门		审批人员		审批日期	

4.3.2　销售账款催收方案

销售账款催收方案

编　号：　　　　编制部门：　　　　审批人员：　　　　审批日期：____年__月__日

一、目的

为加强公司销售账款催收工作，加快资金流转速度，提高资金利用效率，减少收账的费用及损失，特制定本方案。

二、适用范围

本方案适用于公司销售部和财务部相关人员开展账款的催收工作。

三、账单分发

1. 财务部应收账款主管及专员应依类别整理账单，定期汇集、编制"账单清表"（一式三份），将"账单清表"两份连同账单寄交销售人员签收。

2. 销售人员收到"账单清表"时，一份自行留存，另一份应尽速签还给财务部应收账款主管，如发现有不属于本人的账单，应立即以挂号寄回。

3. 客户要求寄存账单时，应填写"寄存账单证明单"一份，详细列明交易笔数、金额等交由客户签认，收款时交还客户。如因寄存账单未取得客户签认而导致不能收款时，由销售人员负责赔偿。

4. 收到公司寄来的账单后，到访问时仍未能立即收款，则应取得客户在账单上的签认。

四、收款处理程序

1. 销售人员于每日收到货款后，应于当日填写"收款日报表"（一式四份），一份自留，三份寄交公司财务部出纳人员。

2. 属于本市的未收账款，销售人员应直接将现金或支票连同"收款日报表"第一联、第二联、第三联亲自交出纳人员并取得签认。

3. 外埠地区的未收应将现金部分填写"××银行送款单"或邮政划拨储金通知单，存入附近的银行或邮局。次日上午将支票、银行送款单存根或邮政划拨储金通知单存根，以挂号形式寄交财务部出纳人员。销售人员应将挂号收执贴在自存的收款日报表左下角备查。

五、收款规定

（一）收款票期规定

根据客户的类别，收款票期规定如下。

1. 直接客户。以货到收款为条件者，由销售人员收取现金，签收的客户则自销货日起一个月（一个月按30天计算）内收取支票或现金。

2. 渠道客户。自销货日起三个月（按91天计算）内收取支票或现金。

3. 收款票期超过公司规定时，依据下列方式计算收款成绩。

（1）1～30天时，扣该票金额10%的成绩。

（2）31～60天时，扣该票金额20%的成绩。

（3）61～90天时，扣该票金额40%的成绩。

（4）91～120天时，扣该票金额80%的成绩。

（5）超过121天时，扣该票金额100%的成绩。

（二）收取票据须知

1. 收取票据时，应认真审查票据是否合格合法。法定支票记载的金额、发票人图章、发票日期及付款地，均应齐全，大写金额绝对不可更改，否则盖章仍属无效，其他有更改之处，务必加盖负责人印章。

2. 支票的抬头应填写"××股份有限公司"全称。

3. 在遇到跨年度销售收款时，日期易生笔误，应特别注意。

4. 字迹模糊不清的票据，应予退回重新开具。

5. 收取背书支票时，应请客户背书，并且写上"背书人：××股份有限公司"，销售人员绝不可代客户签名背书。

6. 注有"禁止背书转让"字样的客票，一律不予收取。

7. 收取客户客票大于应收账款时，不应以现金或其他客户的款项找钱，应依下列方式处理。

（1）支票到期后，由公司以现金找还。

（2）另行订购抵账或抵交未付账款中的一部分。

六、退票的处理

1. 销售人员收到由财务人员填写的"退票通知书"后，应先行核对，并于3日内将回执联填妥并寄回。

2. 销售人员收到"退票通知书"后，应于15日内（客票应即时）前往恰收，并将特殊原因未能如期恰收，应先函告信用室，否则，所发生的问题一概由销售人员负责。如因特殊原因未能如期恰收，应先函告信用室并说明拟收款的日期，以确保时效，维护公司的权益。

3. 退票恰收时，若双方同意换票，则新开的票期不得超过"退票通知书"填发日期45天。

七、账单的转移及对账

1. 销售人员在账单移交时，应填写"账款移交清表"一式四份，移交人、接收人及核对人均应签名以示负责，其中两份寄交财务部及应收账款主管人员，接收人员接收时，除核对账单金额外，还应注意是否经过客户的签认。

2. 账单不可私下移交。

3. 为保证销售人员手中账单的真实性，财务部应随机对客户办理通信或实地对账。

4．财务部应定期（一般为3个月1次）核对销售人员手中的账单，或由于特殊目的，可不定期抽查销售人员手中的账单。

5．销售主管应随时核对销售人员手中的账单，并督促收款工作及承担催收的责任。

八、账款催收禁止事项

经对账，如发现有下列情况之一者，除限令销售人员于1周内予以补正外，还应依照公司的规定给予相应的处分。

1．收款不报或积压收款。

2．退货不报或积压退货。

3．转售不依规定或转售图利。

实施对象： 实施日期：＿＿＿年＿＿月＿＿日

4.3.3 购销合同管理制度

制度名称	购销合同管理制度			
制度版本		受控状态	□ 受控 □ 非受控	制度编号

总则 第1章	**第1条** 目的。 为明确销售合同的审批权限，规范销售合同的管理，规避合同协议风险，根据《合同法》及其相关法律法规的规定，结合公司的实际情况，特制定本制度。 **第2条** 适用范围。 本制度适用于公司销售部、各子公司及分支机构的销售合同审批及订立行为。
细则 第2章 销售格式合同 编制与审批	**第3条** 销售合同采用统一的标准格式和条款，由销售部经理会同法律顾问共同拟定。 **第4条** 销售格式合同应至少包括但不限于以下内容。 1．供需双方全称、签约时间和地点。 2．产品名称、单价、数量和金额。 3．运输方式、运费承担、交货期限、交货地点及验收方法应具体、明确。 4．付款方式及付款期限。 5．免除责任及限制责任条款。 6．违约责任及赔偿条款。 7．具体谈判业务时的可选择条款。 8．合同双方盖章生效等。 **第5条** 销售格式合同须经公司管理高层审核批准后统一印制。 **第6条** 销售业务员与客户进行销售谈判时，根据实际需要可对格式合同部分条款做出权限范围内的修改，但应报销售部经理审批。
第3章 销售合同审批、 变更与解除	**第7条** 销售业务员应在权限范围内与客户订立销售合同，超出权限范围的，应报销售经理、营销总监、总裁等具有审批权限的责任人签字后，方可与客户订立销售合同。 **第8条** 销售合同订立后，由销售部将合同正本交档案室存档，副本送交财务部等相关部门。 **第9条** 合同履行过程中，因缺货或客户的特殊要求等，销售部或客户提出变更合同申请，由双方共同协商变更，重大合同款项应经总裁审核后方可变更。 **第10条** 根据合同规定的解除条件、产品销售的实际和客户的要求，销售部与客户协商解除合同。

制度名称	购销合同管理制度				
制度版本		受控状态	□ 受控　□ 非受控	制度编号	
第3章 **销售合同审批、** **变更与解除**	**第11条** 变更、解除合同的手续，应按订立合同时规定的审批权限和程序执行，在达成变更、解除协议后，须报公证机关重新公证。				
	第12条 销售合同的变更、解除一律采用书面形式（包括当事人双方的信件、函电、电传等），口头形式一律无效。				
	第13条 法律顾问负责指导销售部办理因合同变更和解除而涉及的违约赔偿事宜。				
第4章 **销售合同** **的管理**	**第14条** 空白合同由档案管理人员保管，并设置合同文本签收记录。				
	第15条 销售部业务员领用时需填写合同编码并签名确认，签订生效的合同原件必须齐备并存档。				
	第16条 销售业务员因书写有误或其他原因造成合同作废的，必须保留原件交还合同档案管理人员。				
	第17条 合同档案管理人员负责保管合同文本的签收记录，合同分批履行的情况记录，变更、解除合同的协议等。				
	第18条 销售合同按年、按区域装订成册，保存____年以作备查。				
	第19条 销售合同保存____年以上的，合同档案管理人员应将其中未收款或有欠款单位的合同清理另册保管，已收款合同报销售经理批准后作销毁处理。				
第5章 **附则**	**第20条** 本制度由销售部负责制定、解释及修改。 **第21条** 本制度自颁布之日起生效。				
编制部门		审批人员		审批日期	

4.3.4 往来账款对账办法

制度名称	往来账款对账办法				
制度版本		受控状态	□ 受控　□ 非受控	制度编号	
总则 **第1章**	**第1条** 目的 为规范公司往来账款的对账工作行为，及时向客户收回应收账款和清理供应商应付账款，确保应收账款、应付账款明细表的准确性，特制定本办法。 **第2条** 适用范围 本办法可用来指导各分公司财务部与客户及供应商每月的对账工作。 **第3条** 职责分工 1. 财务部是公司往来账款对账的归口管理部门。 2. 财务部和销售部负责协助财务部对公司往来账款的对账工作。				
细则 **第2章** **往来对账的** **准备工作**	**第4条** 供应商档案的管理 1. 财务部应建立健全供应商的档案资料，其内容应包括供应商在系统中的编号、单位全称、单位简称、法定代表人、财务负责人、联系电话、联系人、联系地址、业务员姓名、主要经销品种等信息。 2. 如果供应商资料发生变更，财务部应及时取得变更依据（工商证明等）并进行更新。 **第5条** 合同条款执行的监控 各种应收费用的入账必须有书面依据（合同、协议等），应及时与客户的相关业务员进行确认，并要求客户及时入账，若有异议，请客户及时与财务部结算组协调处理。				

制度名称		往来账款对账办法				
制度版本		受控状态	□ 受控	□ 非受控	制度编号	

第3章 **往来对账过程管理**	**第6条** 应收、预付、应付科目明细账的核对 　　每月财务结账后，应及时通知客户和供应商前来核对应收应付账，并出具对账余额调节表，对于未达账项要及时查找原因，并通知相关人员调整。 　　1. 未达增值税发票。应及时查找入账增值税发票的去向，及时处理或退票，若是增值税发票中有，但进货单中没有相应的型号数量，要求供应商提供公司已验收证明，以便公司采购人员及时补订单；若是型号或单价有误，可及时退换票。 　　2. 未开折让部分，要求供应商及时开具。 **第7条** 各种应收费用的核对与确认 　　1. 所有应收款项及未挂应收临时收回的款项应由客户财务确认或由客户财务授权委托的业务代表签字确认。 　　2. 财务部结算组负责与客户确认合同、补充协议中规定的各项应收款项；销售部负责与客户确认各项临时性的、无合同和补充协议的应收款项。 **第8条** 货物采购明细账的核对与确认 　　1. 每月查询货物采购明细账的账面余额，若出现借方余额，应及时查找原因，对于所有货物采购借方余额的必须编制原因说明并由财务经理签字归档保存；若是结大账，必须核对货物采购明细账。货物采购明细账贷方余额需要清理，货物采购明细账余额较大时，应查明是否因为供应商业务员没有及时把发票传递至财务部。 　　2. 当月所有采购入库的仓库单据必须在两个工作日内全部流转到财务部，财务部必须在两个工作日内在公司现行的财务系统中进行入账处理。
第4章 **对账时间及对账资料管理**	**第9条** 对账时间规定 　　财务部必须加强与供应商和客户的常规对账工作，并按下列规定的时间、频次进行操作。 　　1. 对业务往来较多的供应商每月对账一次，业务往来较少的每季度对账一次。 　　2. 各种应收费用必须每月与供应商核对一次，如果供应商业务员不及时将回函带回，公司将拒绝给对方付款。 　　3. 财务部应按时向供应商发出"供应商往来对账确认函"，要求供应商提供往来明细账及相关对账资料，合理地做好对账计划，确定责任人。 　　4. 每次对账完成后出具"供应商往来对账确认函"，并要求供应商加盖单位公章，及时处理对账工作中出现的问题。 **第10条** 对账资料管理 　　财务部与客户和供应商往来对账的资料包括以下几种。 　　1. 往来对账进度表。 　　2. 新增供应商档案、供应商异常情况报告、供应商资信报告。 　　3. 应收账款账龄分析报告。 　　4. 欠款客户金额前10名的名单、金额、净利率、欠款原因及付款计划。 　　5. 合同约定预付款的执行情况表。 　　6. 已被公司列入黑名单的客户。 **第11条** 供应商往来对账的处罚规定 　　1. 没按规定的时间报送相关资料罚款30元。 　　2. 报表不全的，或内容不真实的罚款30至60元。

制度名称	往来账款对账办法			
制度版本		受控状态	□ 受控　□ 非受控　制度编号	
第4章 对账时间及 对账资料 管理	3. 每月未按规定对账的罚款30元，对账内容不完整、不真实的罚款60～100元，并进行行政扣分，严重的建议有关部门对有关责任人员进行降职、撤职等处分。 4. 有关人员未按规定确认应收返利、应收费用就自行挂账的每次罚款30元，采购人员没有及时把各种应收费用的书面确认书上交财务部而导致公司无法收回相关费用，一切责任由业务人员承担。 5. 有关人员未按合同规定挂账或扣账的，以及变通挂账给公司利益造成损失的，每次罚款30元，严重的要进行行政扣分。 6. 未及时清理商品采购借方余额，以及未能及时对预付款进行监控导致多打预付款的，要对往来账务会计及有关责任人员罚款每次150元，严重的给予行政扣分，建议有关部门对其进行降职、撤职等处分。			
附则 第5章	第12条　本办法由财务部负责制定和解释，经董事会批准后生效。 第13条　本办法自颁布之日起施行。			
编制部门		审批人员		审批日期

4.4　财务收支工具表单

4.4.1　应收账款增减一览表

编制日期：____年__月__日

序号	事项	期初余额	期末余额	增减额	增减率
1					
2					
合计					———

4.4.2　应收账款账龄分析表

分析日期：____年__月__日　　　　　　　　　　　　　　　　　　金额单位：元

开票日期	发票号码	公司名称	应收金额	已收款金额	未收款金额	收款起止日期	是否到期	逾期天数			
								0～30天	30～60天	60～90天	90天以上

中·小·微企业财务会计管理实务

4.4.3 应付账款分类汇总表

项目	金额		其中，期末金额____元						
	期初	期末	1个月以内	3个月以上	3至6个月	6个月至1年	1至2年	2至3年	3年以上
一、应付票据小计									
二、应付账款小计									
（一）公司所属单位									
1.									
2.									
……									
（二）关联单位									
1.									
2.									
……									
（三）其他外部单位									
三、其他应付款单位									
（一）公司所属单位									
1.									
2.									
……									
（二）关联单位									
1.									
2.									
……									
（三）其他外部单位									
四、预收账款小计									
（一）公司所属单位									
1.									
2.									
……									
（二）关联单位									
1.									
2.									
……									
（三）其他外部单位									

4.4.4 呆账核销状况汇总单

呆账编号 ＼ 年度	20__年		20__年		20__年	
	张数	金额	张数	金额	张数	金额

第 5 章

资产管理会计实务

5.1 财务资产管理维度

5.1.1 固定资产报废管理重点

固定资产报废是指固定资产由于长期使用过程中的有形磨损，且已达到规定使用年限，不能修复继续使用；或由于技术改进的无形磨损，必须以新的、更先进的固定资产替换等原因造成的对原有固定资产按照有关规定进行产权注销的行为。加强对企业固定资产的报废管理，可以确保报废的固定资产是不可用或不具有使用价值的，防止企业资产的流失。固定资产报废管理的重点主要包括三个方面的内容，具体如图 5-1 所示。

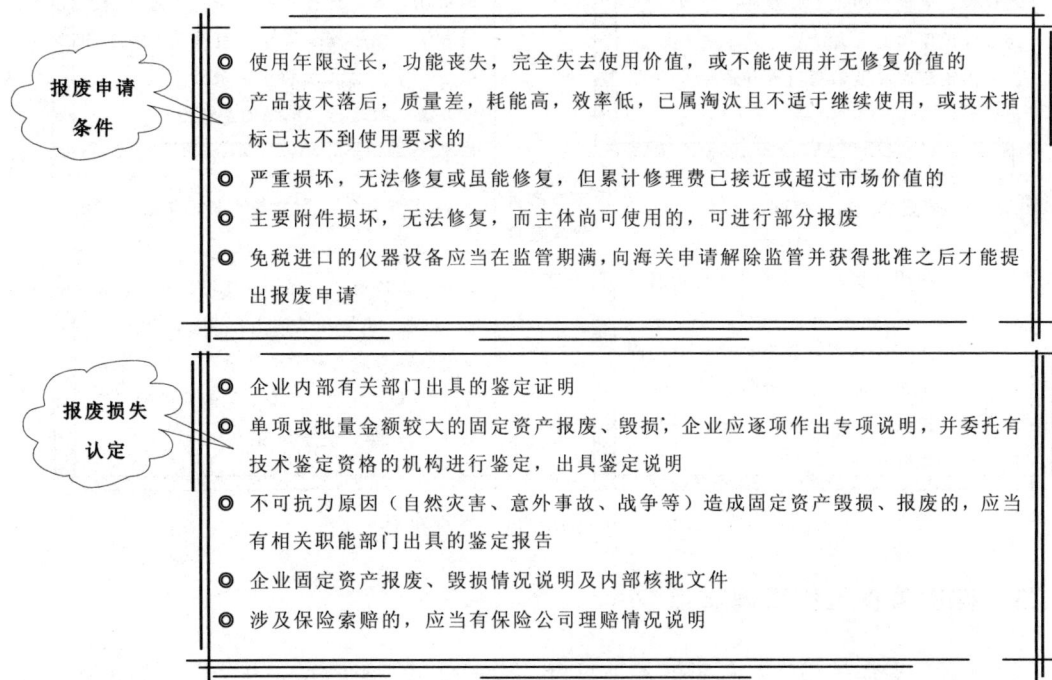

报废申请条件
- ◎ 使用年限过长，功能丧失，完全失去使用价值，或不能使用并无修复价值的
- ◎ 产品技术落后，质量差，耗能高，效率低，已属淘汰且不适于继续使用，或技术指标已达不到使用要求的
- ◎ 严重损坏，无法修复或虽能修复，但累计修理费已接近或超过市场价值的
- ◎ 主要附件损坏，无法修复，而主体尚可使用的，可进行部分报废
- ◎ 免税进口的仪器设备应当在监管期满，向海关申请解除监管并获得批准之后才能提出报废申请

报废损失认定
- ◎ 企业内部有关部门出具的鉴定证明
- ◎ 单项或批量金额较大的固定资产报废、毁损，企业应逐项作出专项说明，并委托有技术鉴定资格的机构进行鉴定，出具鉴定说明
- ◎ 不可抗力原因（自然灾害、意外事故、战争等）造成固定资产毁损、报废的，应当有相关职能部门出具的鉴定报告
- ◎ 企业固定资产报废、毁损情况说明及内部核批文件
- ◎ 涉及保险索赔的，应当有保险公司理赔情况说明

图 5-1 无形资产报废管理重点

报废核算
程序

- 注销报废固定资产的原值和已提折旧额。按固定资产的净值，借记"固定资产清理"账户；按已提折旧额，借记"累计折旧"账户；按固定资产原值，贷记"固定资产"账户

- 结转残料价值和变价收入。按收回的残料价值和变价收入，借记"银行存款""原材料"等账户，贷记"固定资产清理"账户

- 支付清理费用。按发生的清理费用，借记"固定资产清理"账户，贷记"银行存款"等账户

- 结转清理后的净损益。固定资产清理后的净收益，借记"固定资产清理"账户，贷记"营业外收入——处理固定资产收益"账户，固定资产清理后的净损失，借记"营业外支出——处理固定资产损失"账户，贷记"固定资产清理"账户

图 5-1　无形资产报废管理重点（续）

5.1.2　固定资产折旧管理重点

固定资产折旧是指企业在一定时期内为弥补固定资产损耗按照规定的固定资产折旧率提取的固定资产折旧。合理科学的对固定资产计提折旧不仅能够真实反映企业的经济效益，还能对企业后续的投资产生很大影响，因此企业应加强对固定资产折旧的管理。固定资产折旧管理重点主要包括四个方面的内容，具体如图 5-2 所示。

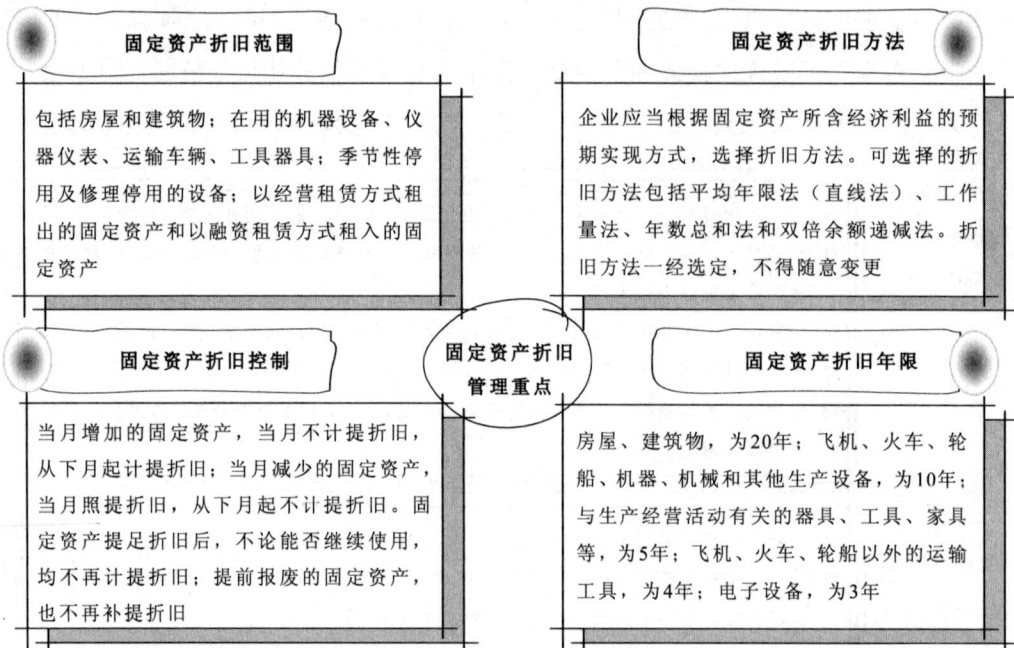

固定资产折旧范围

包括房屋和建筑物；在用的机器设备、仪器仪表、运输车辆、工具器具；季节性停用及修理停用的设备；以经营租赁方式租出的固定资产和以融资租赁方式租入的固定资产

固定资产折旧方法

企业应当根据固定资产所含经济利益的预期实现方式，选择折旧方法。可选择的折旧方法包括平均年限法（直线法）、工作量法、年数总和法和双倍余额递减法。折旧方法一经选定，不得随意变更

固定资产折旧管理重点

固定资产折旧控制

当月增加的固定资产，当月不计提折旧，从下月起计提折旧；当月减少的固定资产，当月照提折旧，从下月起不计提折旧。固定资产提足折旧后，不论能否继续使用，均不再计提折旧；提前报废的固定资产，也不再补提折旧

固定资产折旧年限

房屋、建筑物，为20年；飞机、火车、轮船、机器、机械和其他生产设备，为10年；与生产经营活动有关的器具、工具、家具等，为5年；飞机、火车、轮船以外的运输工具，为4年；电子设备，为3年

图 5-2　固定资产折旧管理重点

5.1.3　存货清查工作管理重点

存货清查工作是通过对存货的实地盘点，确定存货实有数量，并与账面结存数相核对，从而确定存货实存数与账面结存数是否相符。存货清查工作的管理重点主要包括四

個方面的内容，具体如图 5-3 所示。

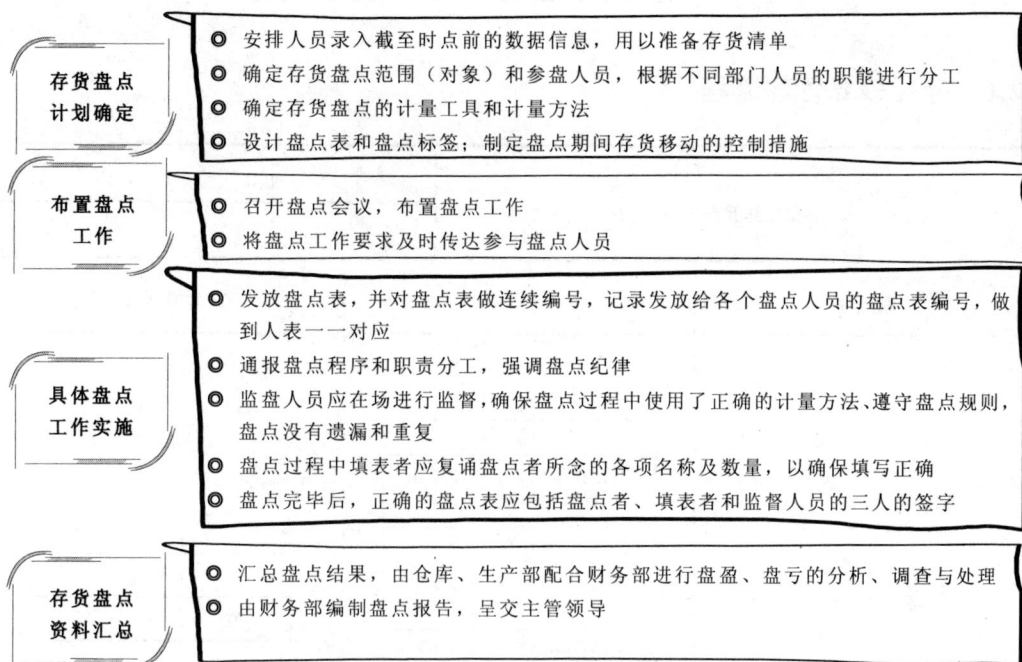

图 5-3　存货清查工作管理重点

5.1.4　无形资产取得管理重点

无形资产取得管理主要包括确定无形资产取得方式、明确无形资产入账价值和无形资产取得核算三方面的内容，具体说明如图 5-4 所示。

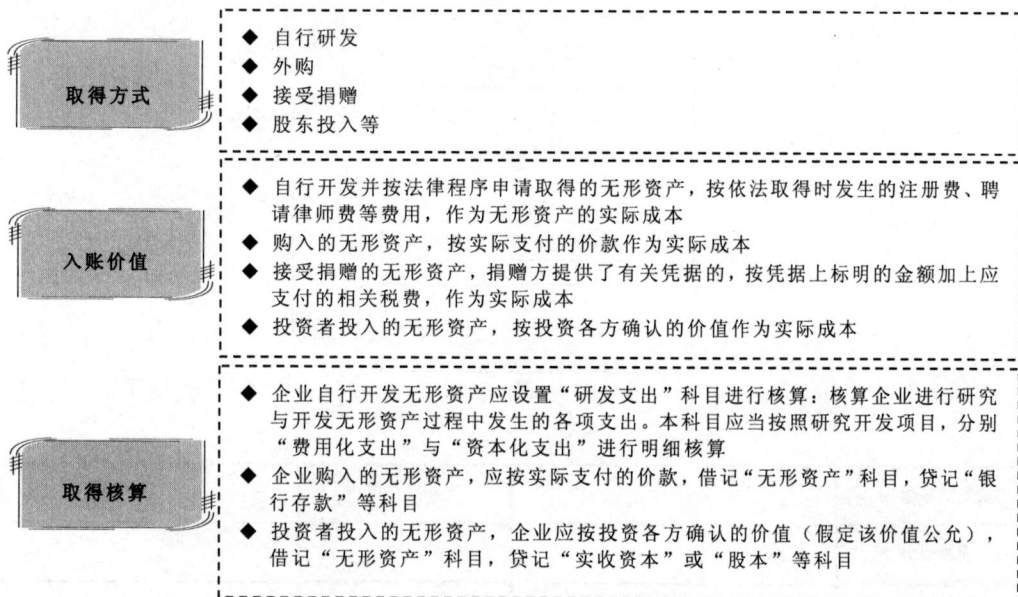

图 5-4　无形资产取得管理重点

81

5.2 财务资产管理流程

5.2.1 存货核算管理流程

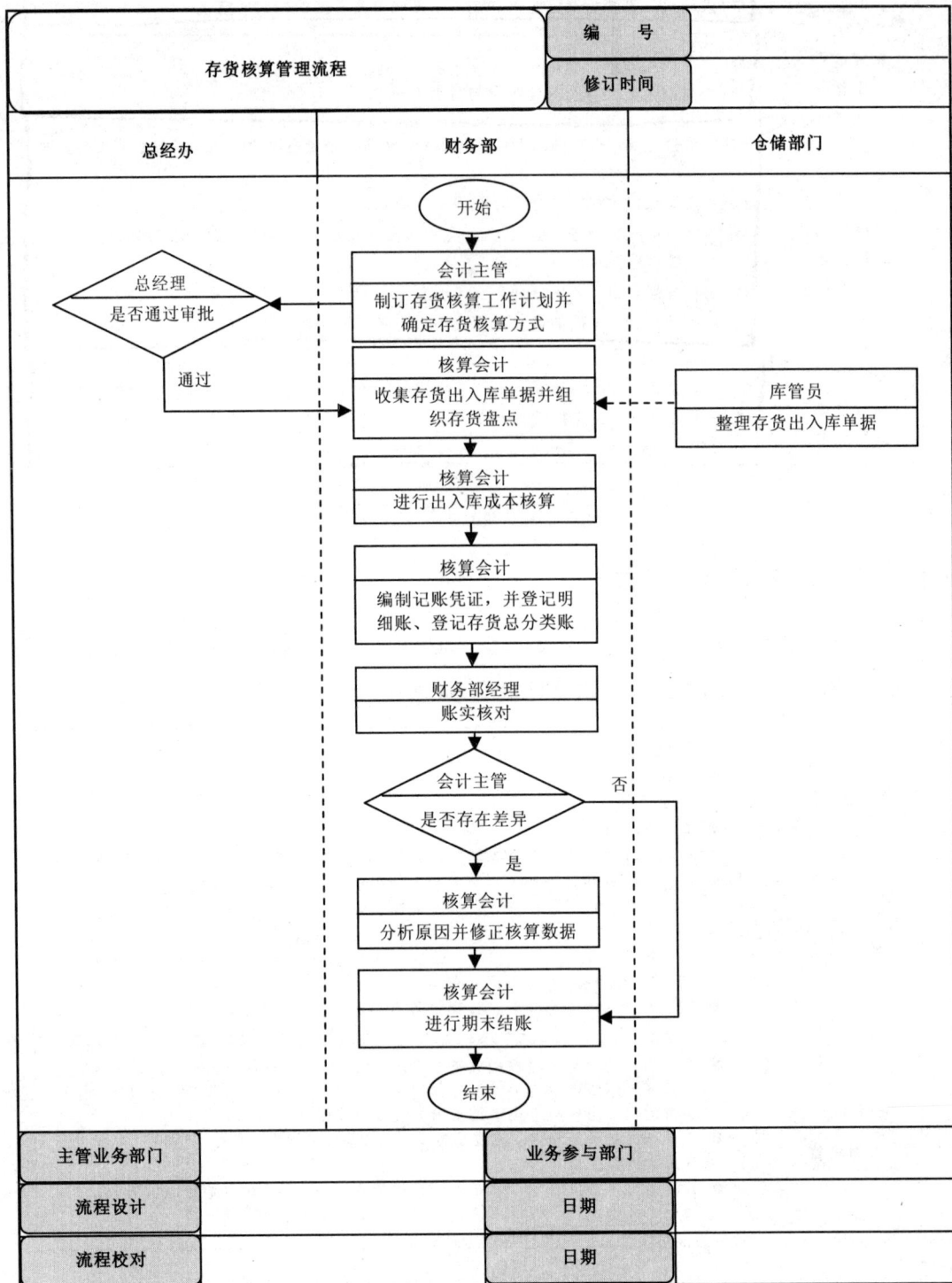

存货核算管理流程	编　号	
	修订时间	

总经办	财务部	仓储部门

```
                        ┌──────────┐
                        │   开始   │
                        └──────────┘
                             │
                             ▼
                  ┌────────────────────┐
                  │     会计主管        │
  ┌──────────┐    │ 制订存货核算工作计划并│
  │  总经理  │◄───│  确定存货核算方式    │
  │是否通过审批│   └────────────────────┘
  └──────────┘             │
        │                  ▼
      通过      ┌────────────────────┐    ┌──────────────┐
        │       │     核算会计        │    │   库管员      │
        └──────►│ 收集存货出入库单据并组│◄┄┄│整理存货出入库单据│
                │  织存货盘点         │    └──────────────┘
                └────────────────────┘
                          │
                          ▼
                ┌────────────────────┐
                │     核算会计         │
                │  进行出入库成本核算   │
                └────────────────────┘
                          │
                          ▼
                ┌────────────────────┐
                │     核算会计         │
                │ 编制记账凭证,并登记明 │
                │ 细账、登记存货总分类账 │
                └────────────────────┘
                          │
                          ▼
                ┌────────────────────┐
                │    财务部经理        │
                │     账实核对         │
                └────────────────────┘
                          │
                          ▼
                   ┌──────────┐
                   │  会计主管 │      否
                   │ 是否存在差异│───────┐
                   └──────────┘        │
                          │是          │
                          ▼            │
                ┌────────────────────┐ │
                │     核算会计         │ │
                │ 分析原因并修正核算数据 │ │
                └────────────────────┘ │
                          │            │
                          ▼            │
                ┌────────────────────┐ │
                │     核算会计         │◄┘
                │    进行期末结账      │
                └────────────────────┘
                          │
                          ▼
                     ┌──────────┐
                     │   结束   │
                     └──────────┘
```

主管业务部门		业务参与部门	
流程设计		日期	
流程校对		日期	

5.2.2 固定资产盘点流程

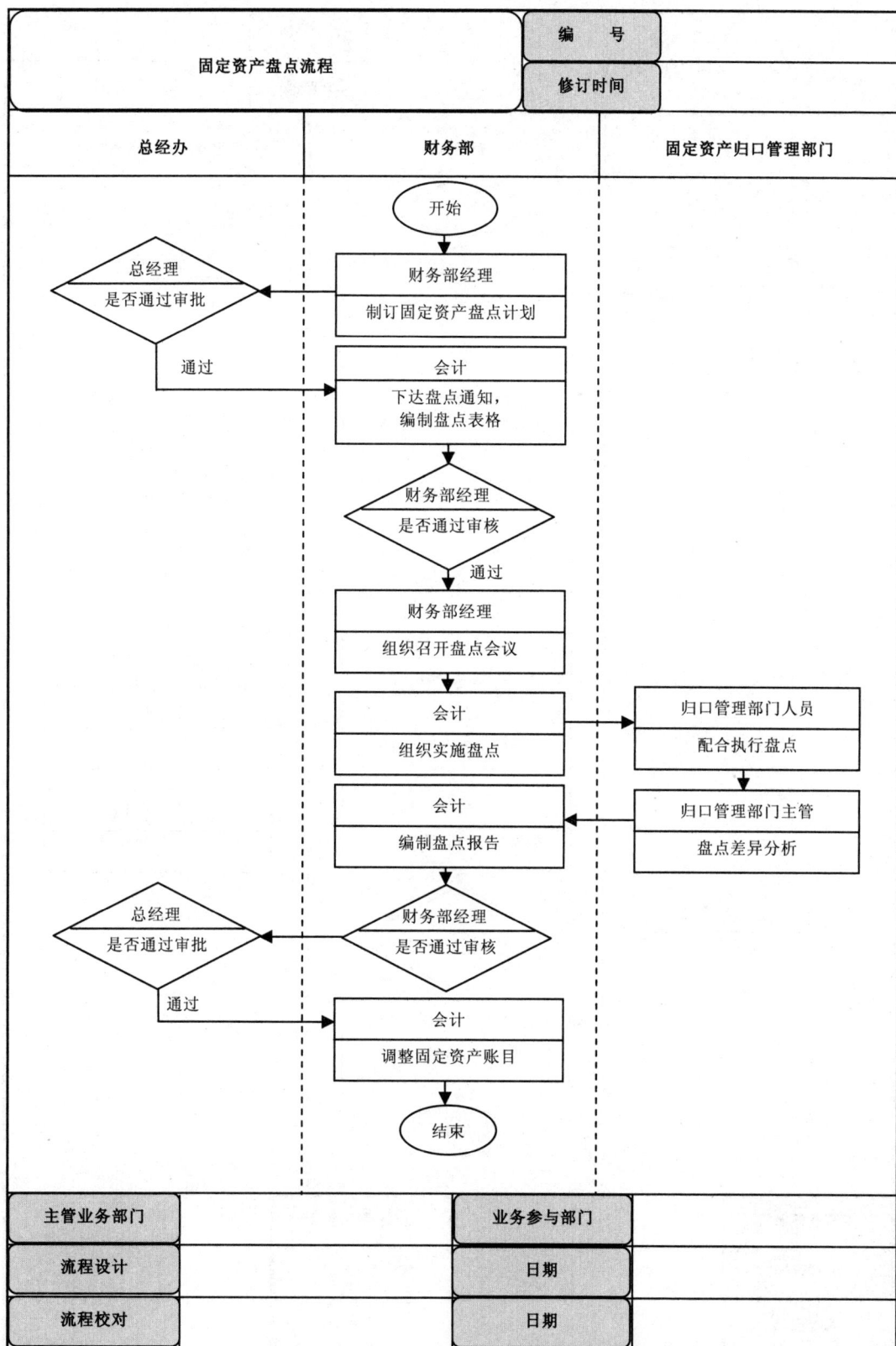

| 固定资产盘点流程 | 编　　号 | |
| | 修订时间 | |

总经办	财务部	固定资产归口管理部门

开始

财务部经理
制订固定资产盘点计划

总经理
是否通过审批
→ 通过

会计
下达盘点通知，
编制盘点表格

财务部经理
是否通过审核
→ 通过

财务部经理
组织召开盘点会议

会计
组织实施盘点

归口管理部门人员
配合执行盘点

会计
编制盘点报告

归口管理部门主管
盘点差异分析

总经理
是否通过审批
→ 通过

财务部经理
是否通过审核

会计
调整固定资产账目

结束

主管业务部门		业务参与部门	
流程设计		日期	
流程校对		日期	

5.2.3 固定资产折旧流程

| 固定资产折旧流程 | 编　号 | |
| | 修订时间 | |

总经办	财务部	固定资产归口管理部门

开始

总经理
是否通过审批

财务部经理
制订固定资产折旧盘点计划

通过

会计
下达盘点折旧资产通知，
编制盘点折旧资产表格

财务部经理
是否通过审核

通过

财务部经理
组织召开盘点折旧资产会议

会计
组织实施盘点折旧资产

归口管理部门人员
配合执行盘点折旧资产

会计
编制盘点折旧资产报告

归口管理部门主管
盘点差异分析

总经理
是否通过审批

通过

财务部经理
是否通过审核

通过

会计
调整固定资产账目

结束

主管业务部门		业务参与部门	
流程设计		日期	
流程校对		日期	

5.2.4 无形资产转让流程

无形资产转让流程	编　号	
	修订时间	

总经办	财务部	资产管理部

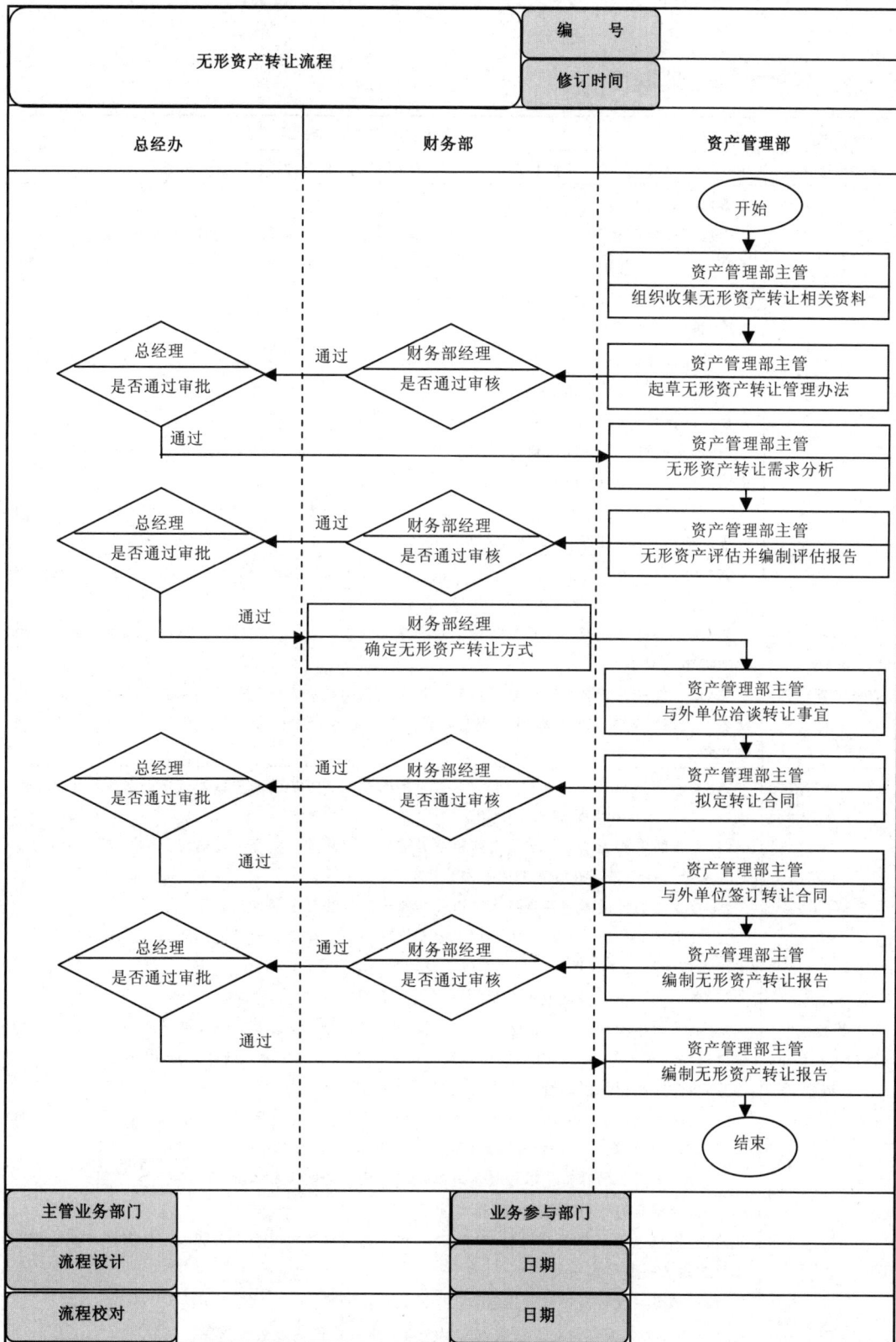

主管业务部门		业务参与部门	
流程设计		日期	
流程校对		日期	

5.3 财务资产控制措施

5.3.1 存货核算管理制度

制度名称	存货核算管理制度				
制度版本		受控状态	□ 受控　□ 非受控	制度编号	
总则 第1章	**第1条** 目的。 为加强对公司存货的管理，规范存货核算行为，根据相关规定，特制定本制度。 **第2条** 适用范围。 本制度适用于对公司存货核算的管理工作。 **第3条** 职责分工。 财务部进行存货的总分类核算和二级明细分类核算，存货仓库进行存货的三级明细核算。 **第4条** 存货核算范围。 存货的核算范围主要包括以下两个方面。 1. 各类原材料、辅助材料、在产品、半成品、产成品、商品及包装物、低值易耗品、委托代销商品、受托代销商品。 2. 在途物资，包括购货方已收到但尚未收到销货方结算发票的物资以及购货方已经确认为购进（如已付款）但尚未到达或入库的物资。				
细则 第2章 存货核算体制	**第5条** 财务部设置总账和明细分类账，各存货仓库设置数量、金额的存货明细账，并按照存货的品名、规格反映收入、发出和结存情况。 **第6条** 财务部的存货核算人员定期对仓库存货收、发、存账目进行稽核、划价，稽核划价后加盖本人印章。 **第7条** 仓库保管员每月向财务部和其他有关部门报送"存货收发明细表"和"存货耗用明细表"。财务人员与仓库保管员相互配合，保证做到仓库存货明细账与财务部存货明细分类账相符。				
第3章 存货入账价值 的确定	**第8条** 存货应当按其成本入账。这里所指的成本是存货的历史成本或实际成本，包括采购成本、加工成本和其他成本。 1. 存货的采购成本一般包括采购价格、进口关税和其他税金、运输费、装卸费、保险费以及其他可直接归属于存货采购的费用。 2. 存货的加工成本包括直接人工以及按照一定方法分配的制造费用。 3. 其他成本是指除采购成本、加工成本以外的，使存货达到目前场所和状态所发生的其他支出，如为特定客户设计产品所发生的设计费用等。 **第9条** 对于不同方式取得存货的成本按以下规定确认。 1. 购入的存货。按买价加运输费、装卸费、保险费、包装费、仓储费等费用，运输途中的合理损耗、入库前的挑选整理费用和按规定应计入成本的税金以及其他费用等作为实际成本。 2. 自制的存货。以制造过程中发生的各项实际费用作为实际成本。 3. 委托外单位加工完成的存货。以实际耗用的原材料或者半成品及其加工费、运输费、装卸费和保险费等费用，以及按规定应计入成本的税金作为实际成本。 4. 投资者投入的存货。以投资各方确认的价值作为实际成本。 5. 接受捐赠的存货。 （1）捐赠方提供了有关凭据，如发票、报关单、有关协议的，以凭据上标明的金额加上应支付的相关税费作为实际成本。 （2）捐赠方没有提供有关凭据的，以同类存货的市价作为实际成本。 **第10条** 盘盈的存货，以同类或类似存货的市场价格作为实际成本。				

制度名称	存货核算管理制度				
制度版本		受控状态	□ 受控	□ 非受控	制度编号	

第4章 入库核算管理	第11条　采购物资运抵公司后，首先应由公司的质检部对此批物资进行质量验收和检测，检验合格后填写"验收单"，并签名盖章。仓库保管员应依据上述单据重点对物资的实际查收数量、品种、规格进行查验，并将查收情况填写在统一印制的"材料入库单"上。 第12条　采购人员应将收集到的、审批齐全的"材料入库单"、"购销合同"、"验收单"及合法的商业发票等相关资料送交财务部办理付款手续，财务部按照公司内部付款审批手续，要求采购人员在办理好相关的审批手续后再接受单证进行审核付款。 第13条　财务人员应对采购人员提交的原始凭证，其中包括"购销合同""验收单""材料入库单"，合法的商业发票等进行财务审核，主要审核相关的审批手续是否齐全、单证是否完整、发票是否合法、金额是否正确、数量是否一致等。核对发票的正确性，应将发票上所记载的品名、规格、数量、条件及运费与"购销合同""采购单""验收单""材料入库单"等资料进行核对。审核无误后再办理付款手续。 第14条　财务人员在收集到采购单据齐全的情况下，应及时编制记账凭证，并将原始凭证附在记账凭证的后面，如资料较多，也可另外装订成册，注明索引号后存档。每月应根据记账凭证准确、及时地登记入"存货"及"货币资金"、"应付账款"分类明细账中。 第15条　仓库保管员根据质检部签发的"质量检测报告"和生产部移送来的产成品或半成品，在清点数量和计量无误的情况下，应办理验收入库手续，并填制"产品入库单"。 第16条　财务人员应将每月各生产部门所耗用的材料和产出的成品或半成品，按照财务核算的规定及时、准确地进行相关的财务处理，登记"存货"及相关的会计科目的明细账，并依据仓库提供的资料和财务核算的结果，编制"存货分类汇总表"给生产部，并与生产部进行核对，以便发现问题和考核生产部的产出耗材比率。
第5章 出库核算管理	第17条　公司生产环节需要领用存货物资时，应先由领用部门填写公司统一印制的"领料单"，将需要领用的物资品种、规格、数量等信息填写齐备后，送交生产部经理审批，凭生产部经理审批同意并签名的"领料单"到仓库管理部办理领用手续。 第18条　仓库保管员核实"领料单"并办理材料出库，同时登记"保管台账"，每月末仓库须对"领料单"进行汇总并编制"领料单汇总表"，汇总后将"领料单汇总表"和所有"领料单"一并报给财务部。 第19条　每月财务人员根据仓库提供的相关原始凭证，包括"领料单汇总表"、所有"领料单"及相关的采购、入库凭证等按照成本核算的方法编制记账凭证，及时将各材料的耗用情况登记到"存货"及"生产成本"明细账上，并将原始凭证作为记账凭证的附件装订成册予以妥善保管。 第20条　仓库发货部门应依据经过销售部签字盖章的"销售提货单"进行发货，发货完成后仓库签发"销售发货单"。 第21条　财务人员应依据"销售提货单"和"销售发货单"及时进行财务核算，编制会计凭证、登记"存货"及相关会计科目账册，于月末及时结算出"存货"的结存数量和结存金额，以备实物盘点时核对使用。
第6章 存货清查	第22条　为了加强存货的监督和管理，保证做到账实相符，必须建立健全存货的清查盘点制度。对存货的盘点采用"永续盘存制"的办法，存货仓库每年年终进行一次全面的清查盘点，月底或季度进行轮流盘点，对主要存货和贵重物品每月要进行一次盘点。 第23条　对于存货的盘盈、盘亏及过时、变质、毁损等需要报废处理的要及时查明原因，写出书面报告，并编制"存货、盘盈、盘亏报告表"，按规定程序上报审查，由财务部按照财务制度的规定进行账务处理。

制度名称	存货核算管理制度				
制度版本		受控状态	□ 受控　　□ 非受控	制度编号	
附则 第7章	第24条	本办法由财务部负责制定、解释和修改。			
	第25条	本办法由公司总经理审批通过后方可施行。			
编制部门		审批人员		审批日期	

5.3.2　固定资产折旧办法

制度名称	固定资产折旧办法				
制度版本		受控状态	□ 受控　　□ 非受控	制度编号	
总则 第1章	**第1条　目的** 　　为加强对公司固定资产的管理，正确计提固定资产折旧，合理使用折旧基金，促进公司固定资产的更新改造，不断建立健全固定资产和折旧基金的管理责任制，特制定本办法。 **第2条　适用范围** 本办法适用于公司所有固定资产的折旧管理工作。 **第3条　职责分工** 固定资产折旧的归口管理部门为财务部。
细则 第2章 固定资产提取 折旧的范围	**第4条　固定资产折旧的空间范围** 除以下两种情况外，财务部应对所有固定资产计提折旧。 1. 已提足折旧额，但仍继续使用的固定资产。 2. 按规定单独估价作为固定资产入账的土地。 **第5条　固定资产折旧的时间范围** 1. 财务部在具体计提折旧时，一般应按月提取折旧，当月增加的固定资产，当月不提折旧，从下月起计提折旧；当月减少的固定资产，当月仍需计提折旧，从下月起不提折旧。 2. 固定资产提足折旧后，不论能否继续使用，均不再提折旧；提前报废的固定资产也不再补提折旧。 **第6条　确定固定资产折旧范围的注意事项** 确定固定资产折旧范围时，应注意以下三点问题。 1. 已达到预定可使用状态但尚未办理竣工决算的固定资产，应当按照估计价值确定其成本，并计提折旧；待办理竣工决算后，再按实际成本调整原来的暂估价值，但不需要调整原已计提的折旧额。 2. 处于更新改造过程停止使用的固定资产，应将其账面价值转入在建工程，不再计提折旧。更新改造项目达到预定可使用状态转为固定资产后，再按照重新确定的折旧方法和该项固定资产尚可使用寿命计提折旧。 3. 因进行大修理而停用的固定资产，应当照提折旧，计提的折旧额应计入相关资产成本或当期损益。
第3章 计算、提取折旧 的依据和方法	**第7条　计算、提取折旧依据** 计算固定资产折旧的依据为固定资产原值，具体说明如下。 1. 用专项拨款、专用基金和专项贷款购建的固定资产，以实际建造成本为原值。 2. 有偿调入的固定资产和以融资租赁方式租入的固定资产，以实际调入或购置价格，加包装费、运杂费和安装费后的价值为原值。

制度名称		固定资产折旧办法			
制度版本		受控状态	□ 受控　□ 非受控	制度编号	

第3章 计算、提取折旧 的依据和方法	3．无偿调入的固定资产，按购买的账面原值减去原来的安装成本，加上本单位安装成本后的价值为原值。 4．通过改建、扩建后增值的固定资产，应以增值后的新价值为原值。 5．公司接受赠送和从海外分支机构调回的固定资产，应根据其技术性能和新旧程度按现值估价确定原值。 **第8条**　计算、提取折旧的方法 公司计算、提取固定资产折旧，应采取平均年限法和工作量法。 1．下列专业设备的折旧，按工作量法计算、提取。 （1）客、货运汽车的折旧根据单位里程折旧额和实际行驶里程计算、提取。 （2）大型吊、运设备按每台班折旧额和实际工作台班计算、提取。 （3）不具备单独核算条件的客、货运汽车和大型吊、运设备，经总经理同意，也可按平均年限法计提折旧。 2．除上述规定外，其余固定资产的折旧，均按平均年限法计算、提取。即根据固定资产原值、规定的折旧年限和净残值比例，每年均等计算、提取。 3．固定资产折旧应按月提取，并计入当月成本（费用）。 4．按季核算成本（费用）的固定资产，可按季提取和计入该季成本（费用）。新购建的固定资产应从购建入账后的下月开始计提折旧，至提足折旧或按规定停止计提折旧时止。 5．季节性使用的生产、加工设备，其全年应提折旧，要在生产、加工期内全部提足，计入生产期的成本（费用）。季节性使用的空调、采暖设备，其全年应提折旧，应按12个月均等提取。

$$固定资产年折旧率 = \frac{1 - 预计净残值率}{规定的使用年限} \times 100\%$$

$$固定资产月折旧额 = \frac{固定资产原值 \times 年折旧率}{12}$$

第4章　折旧率和单位折旧额

第9条　折旧率的确定

平均年限法的年折旧率，根据固定资产原值减去净残值后的余额和折旧年限确定。其计算公式如下。

$$固定资产年折旧率 = \frac{1 - 预计净残值率}{规定的使用年限} \times 100\%$$

$$固定资产月折旧额 = \frac{固定资产原值 \times 年折旧率}{12}$$

$$固定资产季折旧额 = 固定资产月折旧额 \times 3$$

第10条　单位折旧额的确定

工作量法的折旧额应按照设备的原值减去净残值后的余额和规定的总工作量确定。其计算公式如下。

$$单位里程折旧额 = \frac{原值 - 预计净残值}{规定的总行驶里程}$$

$$每台班折旧额 = \frac{原值 - 预计净残值}{规定的总工作台班数}$$

第11条　固定资产净残值

1．固定资产的净残值为残值减去清理费用后的余额。

2．各类固定资产的净残值比例，在原值3%～5%的范围内，由公司财务部经理确定。某些固定资产的净残值比例需要低于原值3%或高于原值5%的，须报经公司总经理同意。

第5章　折旧基金的使用与管理

第12条　固定资产及其折旧基金的监管责任分工

公司要建立健全经济责任制，加强对固定资产的日常管理，编制长期和年度的固定资产更新改造计划，及时办理固定资产报废、改造、更新。

制度名称		固定资产折旧办法			
制度版本		受控状态	□ 受控　□ 非受控	制度编号	
第5章 折旧基金的 使用与管理	1．总经理对本公司固定资产和折旧基金的管理、固定资产更新改造负直接领导责任。 2．财务部对本公司固定资产折旧基金的使用、固定资产更新改造计划的执行情况和经济效益负责进行监督和指导。 3．财务部必须接受监督、检查，如实反映情况和提供资料。 **第13条**　折旧基金的专项使用 1．折旧基金是公司固定资产更新改造资金的主要来源，折旧基金应按照规定专项用于公司固定资产的更新改造，不得挪作他用。 2．公司的折旧基金可以同公司留利中的生产发展基金或业务发展基金统筹安排，用于公司固定资产的更新改造。 3．提取大修理基金时，在保证正常大修理的前提下，可将大修理基金同折旧基金统筹安排使用。 4．折旧基金由公司按规定掌握使用，公司内各部门不得平调。 **第14条**　营业性与非营业性固定资产的折旧管理 1．公司的营业性固定资产同非营业性固定资产所提折旧应分别管理。 2．营业性固定资产所提折旧不得用于非营业性固定资产（包括职工宿舍、食堂、托儿所、俱乐部等）的新建、扩建、改建或购置。				
附则 第6章	**第15条**　本制度由财务部负责制订、解释并检查、考核。 **第16条**　本制度报总经理批准后颁布施行，修改时亦同。				
编制部门		审批人员		审批日期	

5.3.3　固定资产报废规范

制度名称		固定资产报废规范			
制度版本		受控状态	□ 受控　□ 非受控	制度编号	
总则 第1章	**第1条**　目的 为达到以下三点目的，特制定本规范。 1．确保固定资产的报废是不可用且不再具有使用价值，防止公司资产的流失。 2．确保报废的固定资产得到及时处置，残值得到充分的回收。 3．提高固定资产的使用效益和使用期限。 **第2条**　适用范围 本规范适用于公司内部所有固定资产的报废处理。 **第3条**　组织机构 设备管理部经理组织设备管理员、固定资产管理员、各使用部门固定资产管理员、技术部技术人员成立技术鉴定小组进行鉴定，并落实报废原因。				
细则 第2章 固定资产报废 申请条件及 损失认定	**第4条**　固定资产报废申请条件 符合下列条件之一的固定资产可申请报废。 1．使用年限过长，功能丧失，完全失去使用价值，或不能使用且无修复价值的。 2．产品技术落后，质量差，耗能高，效率低，已属淘汰且不适于继续使用或技术指标已达不到使用要求的。				

制度名称			固定资产报废规范				
制度版本		受控状态		☐ 受控	☐ 非受控	制度编号	

第2章 固定资产报废 申请条件及 损失认定	3. 严重损坏，无法修复的或虽能修复，但累计修理费已接近或超过市场价值的。 4. 主要附件损坏，无法修复，而主体尚可使用的，可作部分报废。 5. 免税进口的仪器设备应当在监管期满，向海关申请解除监管并获得批准之后才能提出报废申请。 **第5条**　固定资产损失认定 　　对报废、毁损的固定资产，其账面净值扣除残值、保险赔偿和责任人赔偿后的余额部分，依据下列证据认定损失。 　　1. 资产管理有关部门出具的鉴定证明。 　　2. 单项或批量金额较大的固定资产报废、毁损，资产管理部应逐项做出专项说明，并委托有技术鉴定资格的机构进行鉴定，出具鉴定说明。 　　3. 不可抗力原因（自然灾害、意外事故等）造成固定资产毁损、报废的，应当有相关职能部门出具的鉴定报告。例如，消防部门出具的受灾证明，公安部门出具的事故现场处理报告、车辆报损证明，房管部门的房屋拆除证明，锅炉、电梯等安检部门的检验报告等。 　　4. 公司固定资产报废、毁损情况说明及内部核批文件。 　　5. 涉及保险索赔的，应当有保险公司理赔情况说明。
第3章 固定资产 报废程序	**第6条**　提出书面报告，填写登记表 　　1. 各部门在报废资产前应向设备管理部申报，提出申请报废资产的报告，填报有关"固定资产报废申请单"，提交报废资产的名称、数量、规格、单价、损失价值清册，以及鉴定资料和对非正常损失责任的处理意见，经设备管理部审批后方可处理。 　　2. 填写"固定资产报废申请单"时，必须登记资产标签"编号"，以便账目的调整。 　　3. 仪器设备未办理报废批准手续的，各部门负责做好保护工作，不得擅自处理。 **第7条**　落实报废后的资产处理办法 　　1. 报废后的资产可以采取"支援对口困难单位、拍卖"等方式进行处理。 　　2. 提出报废的部门与有关接受单位初拟转让协议，包括拟定报废价格和收入，并按批准固定资产报废的各级权限报批。 **第8条**　实地清点 　　1. 经批准报废后，设备管理部负责通知有关报废资产的申请部门和财务部等，商定实地清点办法。 　　2. 清点核对结束后，由各相关部门负责人在"固定资产报废申请单"上签字。 　　3. 设备管理部负责根据"固定资产报废申请单"调整部门固定资产实物账目，财务部负责监督报废资产价值的变更情况，及时调整固定资产账目。 　　4. 报废资产搬运工作由提出报废的资产使用部门负责根据事前所订资产转让协议执行。 **第9条**　固定资产报废审批权限 　　1. 单台/件人民币在＿＿＿元以上至＿＿＿元以下的仪器设备由固定资产管理员会同财务部主管决定。 　　2. 单台/件人民币在＿＿＿元以上至＿＿＿元以下的仪器设备由账务部主管会同财务部经理审批。 　　3. 单台/件人民币在＿＿＿万元以上的仪器设备须报总经理审批。 　　4. 单台/件人民币在＿＿＿万元以上的仪器设备，应由相关部门的专业技术人员组成的技术鉴定小组进行技术鉴定，并填写技术鉴定书，经公司总经理同意后，准予报废。

制度名称	固定资产报废规范				
制度版本		受控状态	□ 受控　□ 非受控	制度编号	

	第10条　固定资产报废情形
第4章 固定资产报废 的核算	1. 由于磨损或陈旧，使用期满不能继续使用。
	2. 由于技术进步，必须由先进设备替代。
	第11条　固定资产报废引起的变化
	固定资产报废，一方面由于固定资产退出企业引起企业固定资产的减少，另一方面在清理过程中还会发生一些清理费用，同时还可能取得一定的变价收入。
	第12条　固定资产报废的核算程序
	1. 注销报废固定资产的原值和已提折旧额。按固定资产的净值，借记"固定资产清理"账户；按已提折旧额，借记"累计折旧"账户；按固定资产原值，贷记"固定资产"账户。
	2. 结转残料价值和变价收入。按收回的残料价值和变价收入，借记"银行存款"、"原材料"等账户，贷记"固定资产清理"账户。
	3. 支付清理费用。按发生的清理费用，借记"固定资产清理"账户，贷记"银行存款"等账户。
	4. 结转清理后的净损益。固定资产清理后的净收益，借记"固定资产清理"账户，贷记"营业外收入——处理固定资产收益"账户；固定资产清理后的净损失，借记"营业外支出——处理固定资产损失"账户，贷记"固定资产清理"账户。
附则 第5章	第13条　本规范由财务部负责制订、解释并检查、考核。
	第14条　本规范报总经理批准后颁布施行，修改时亦同。
编制部门		审批人员		审批日期	

5.3.4　无形资产出租方案

无形资产出租方案

编　号：　　　　编制部门：　　　　审批人员：　　　　审批日期：＿＿＿年＿＿月＿＿日

一、目的

为规范对公司无形资产的出租方式，明确无形资产出租的账务处理程序，特制定本方案。

二、适用范围

本方案适用于对公司无形资产的出租工作。

三、无形资产出租方式

公司将所拥有的无形资产的使用权让渡给承租人，并收取相应的租金。

四、无形资产出租的账务处理规范

1. 出租无形资产时，取得的租金收入，借记："银行存款"等科目，贷记"其他业务收入"等科目。

2. 摊销出租无形资产的成本并发生与转让有关的各种费用支出时，借记"其他业务成本"科目；贷记"无形资产"科目。

3. 无形资产出租的会计处理规范如下。

（1）让渡无形资产使用权而取得的租金收入，编制会计分录如下。

借：银行存款　　　　　　　　　×××

　　贷：其他业务收入　　　　　　　×××

（2）摊销无形资产成本并发生与转让有关的各种费用支出时，编制会计分录如下。

借：其他业务成本　　　　　　　　　　　　　×××

　　贷：无形资产　　　　　　　　　　　　　×××

五、无形资产出租的会计处理示范

甲公司于2013年1月自行研发成功一项专利技术，共花费100 000元，按规定摊销期为10年；于2014年1月将该项专利技术以70 000元的价格出租给乙公司使用，期间需派出2名技术人员到乙公司开展为期2个月的技术培训工作，两人的月工资均为6 000元。针对上述业务做以下会计分录。

研发专利技术时，编制会计分录如下。

借：无形资产——专有技术　　　　　　　　100 000

　　贷：研发支出　　　　　　　　　　　　100 000

出租专利技术时，编制会计分录如下。

借：银行存款　　　　　　　　　　　　　　70 000

　　贷：营业外收入——出租无形资产收入　70 000

借：营业外支出——出租无形资产支出　　　34 000

　　贷：应付职工薪酬——工资　　　　　　24 000

　　　　累计摊销　　　　　　　　　　　　10 000

实施对象：　　　　　　　　　　　　　　　　　　　实施日期：＿＿＿年＿月＿日

5.4　财务资产工具表单

5.4.1　存货分类明细表

仓库名称：　　　　　　　　　　　　　　　　　　　登记日期：＿＿＿年＿月＿日

项目	行次	年初金额			期末余额				存放超过3年的存货
		金额	跌价准备	净额	金额	期末可变现净值	跌价准备	净额	
1. 原材料	1								
2. 包装物	2								
3. 低值易耗品	3								
4. 材料成本差异	4								
5. 库存商品	5								
6. 产品成本差异	6								
7. 委托加工物资	7								
8. 委托代销商品	8								
9. 受托代销商品	9								
减：代销商品款	10								

项目	行次	年初金额			期末余额				存放超过3年的存货
		金额	跌价准备	净额	金额	期末可变现净值	跌价准备	净额	
10. 在制品	11								
（1）生产成本	12								
（2）劳务成本	13								
11. 在途物资	14								
12. 物资采购	15								
13. 发出商品	16								
14. 分期收款发出商品	17								
15. 其他	18								
合计	19								

5.4.2 固定资产增减表

编号：　　　　　　　　　　　　　　　　　　　填表日期：＿＿＿年＿＿月＿＿日

会计科目	资产编号	资产名称	规格	增减原因	使用部门	本月增加				本月减少				
						数量	金额	使用年限	月折旧额	数量	金额	使用年限	已提折旧	月折旧额

5.4.3 固定资产登记表

编号：　　　　　　部门名称：　　　　　　　　　　　登记日期：＿＿＿年＿＿月＿＿日

资产编号		资产名称	
类别编号		类别名称	
品牌名称		规格型号	
增加方式		存放地点	
原　　值		净　　值	
购置时间		购置数量	
使用部门		存放地点	
使用年限			
经办人签字		使用人签字	
附属设备			
备　　注			

5.4.4 无形资产明细账

编号：　　　　　　　　　　部门：　　　　　　　　　　登记日期：＿＿＿＿年＿＿月＿＿日

项目	原值				摊销期限	累计摊销				期末净值	减值准备				期末净额	期末尚余待摊期限	备注
	年初余额	本期增加	本期转出	期末余额		年初余额	本期增加	本期转出	期末余额		期初数	本期增加	本期减少	期末余额			
专利权																	
商标权																	
土地使用权																	
著作权																	
经营特许权																	
非专利技术																	
其他无形资产																	

5.4.5 无形资产清查表

无形资产占有单位名称：　　　　　　　　　　评估基准日：＿＿＿＿年＿＿月＿＿日

序号	资产内容或名称	取得日期	法定或预计使用年限	原始入账价值	账面价值	调整后账面值	尚可使用年限	评估价值	增值率（%）	备注
本页小计										
合计										

无形资产占有单位填表人：　　　　　　　　　　评估人员：

第 6 章

筹资与投资会计实务

6.1 筹资与投资管理维度

6.1.1 筹资方式选择重点

筹资是企业通过一定渠道或方式筹集资金的财务活动。为了有效地完成筹资目标，降低筹资成本，企业应选择合适的筹资方式。其筹集资金的方式一般有七种：吸收直接投资、发行股票、利用留存利益、银行借款、利用商业信用、发行债券和融资租赁。具体说明如图 6-1 所示。

吸收直接投资	◎ 企业通过协议等形式，从国家、企业、个人等外部渠道吸收直接资金投入的筹资方式
发行股票	◎ 企业通过股票利益吸引投资者购买，从而达到筹资目的的筹资方式，包括普通股与优先股两种
利用留存利益	◎ 企业通过调用内部积累的资产力量，将其转化为筹资资金的筹资方式
银行借款	◎ 企业通过借贷合同向银行或其他非金融机构直接借取资金的筹资方式，可分为长期借款与短期借款
利用商业信用	◎ 企业凭借经营运作中形成的商业信用，进行赊购商品、预付货款等短期资金筹集的筹资方式
发行债券	◎ 企业按照债券发行协议，通过发售债券并承诺在未来时期内偿还本金与利息的一种直接筹资方式
融资租赁	◎ 企业通过资本租赁，获得约定时间内出租财产的占有和使用权利并给予出租人一定报酬的筹资方式

图 6-1　企业的筹资方式

以上七种筹资方式各有不同，前三种会形成权益资金，后四种会形成负债资金。企业在选择时，应着重分析如下所示的四项重点内容。

1. 明确方式利弊

企业在选择筹资方式时，应首先对这七种方式进行分析，明确各种筹资方式的利弊，然后再做出正确决策。表 6-1 为七种筹资方式的利弊说明，供读者参考。

表 6-1　筹资方式利弊说明表

筹资方式	利端	弊端
吸收直接投资	1. 吸收直接投资属于企业的自有资金，能够提高企业的信誉和借款能力，有利于企业开拓市场，壮大实力 2. 投资的报酬取决于企业的经营状况，形式上较为灵活，可以降低财务风险	1. 投资者将会从企业的经营利润中获取与自己出资数额相对应的投资报酬，因而成本较高 2. 企业需要向投资者提供相应的经营控制权，如此便会造成企业控制权的分散
发行股票	1. 具有永久性，无到期日，无须偿还本金 2. 股利的支付视企业的经营状况而定，因此财务风险较小 3. 有利于提高企业的信誉，从而为其他筹资活动提供支持	1. 成本较高，股利需从税后利润中支付 2. 限制因素较多，企业需保证良好的经营状况，以免股价的下跌 3. 企业需要为股东提供一定的经营控制权，如此便会造成企业控制权的分散
利用留存利益	1. 无须借贷偿还，财务风险较低 2. 能够保持企业的举债能力 3. 不会造成控制权的分散	1. 限制因素较多，企业需具备相应的资产条件 2. 企业需要综合考虑内部的各项资金需求
银行借款	1. 筹资的速度快，程序简单 2. 筹资成本较低 3. 弹性好，可与对方直接商洽 4. 利息固定	1. 筹资数量有限 2. 限制条款较多 3. 财务风险较高，当经营状况恶劣时，可能导致破产
利用商业信用	1. 自发性筹资，方式便利 2. 成本较低 3. 灵活且具有弹性，限制条件较少	1. 期限较短，不利于企业的资金运作 2. 对信誉的要求较高 3. 筹资数量有限
发行债券	1. 成本较低，债券利息允许在税前支付 2. 债券的利息固定 3. 不会造成控制权的分散	1. 须偿还本金利息，财务风险较高 2. 须维护债权人利益，限制条件较多 3. 筹资总额有限制
融资租赁	1. 筹资速度快，能够尽快形成使用 2. 限制条件较少 3. 无须承担设备磨损以及更新换代等风险	1. 成本较高 2. 不能随意对租赁资产进行改良，限制了企业的发展

2. 结合实际情况

在明确筹资方式的利弊后，企业还应结合自身的实际情况，判断各种方式是否适用。一般而言，企业在结合自身实际情况时应考虑图 6-2 所示的两方面内容。

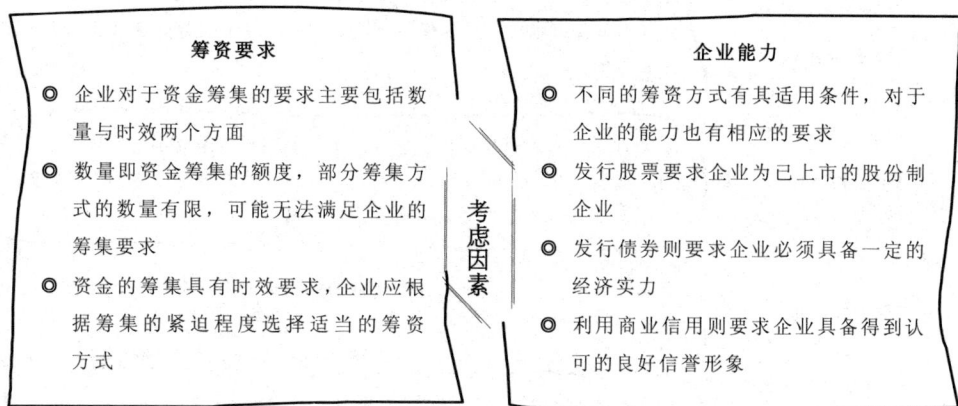

筹资要求

◎ 企业对于资金筹集的要求主要包括数量与时效两个方面

◎ 数量即资金筹集的额度，部分筹集方式的数量有限，可能无法满足企业的筹集要求

◎ 资金的筹集具有时效要求，企业应根据筹集的紧迫程度选择适当的筹资方式

考虑因素

企业能力

◎ 不同的筹资方式有其适用条件，对于企业的能力也有相应的要求

◎ 发行股票要求企业为已上市的股份制企业

◎ 发行债券则要求企业必须具备一定的经济实力

◎ 利用商业信用则要求企业具备得到认可的良好信誉形象

图 6-2　企业实际情况的考虑因素

3. 综合各项因素

实际情况的结合分析主要论证各种筹资方式的适用性与可行性，为保障筹资方式选择的合理性，企业还应综合考虑筹资成本与筹资风险两项因素。

企业应预估各种筹资方式使用时，可能存在的成本与风险，并尽量选择成本低且风险小的筹资方式，寻求筹资成本、筹资风险与筹资效益间的平衡。

4. 善用选择策略

在完成上述分析工作后，企业还应善用筹资方式的选择策略，以进一步提升筹资方式选择的合理性。下面主要介绍三种筹资策略，具体如图 6-3 所示。

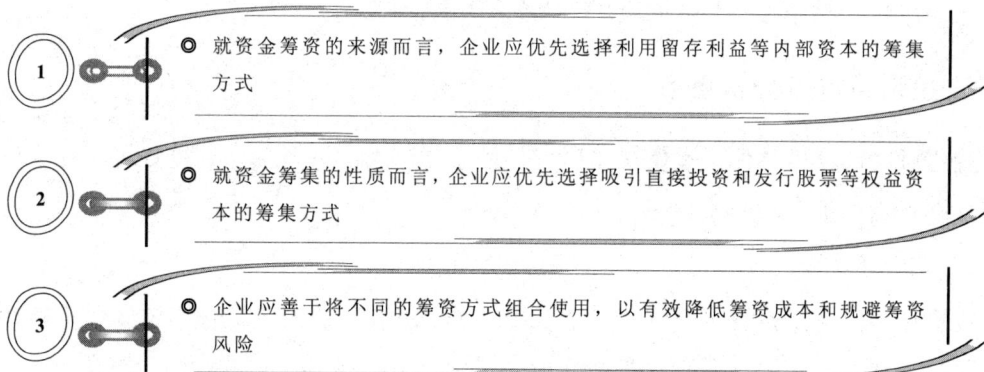

① ◎ 就资金筹资的来源而言，企业应优先选择利用留存利益等内部资本的筹集方式

② ◎ 就资金筹集的性质而言，企业应优先选择吸引直接投资和发行股票等权益资本的筹集方式

③ ◎ 企业应善于将不同的筹资方式组合使用，以有效降低筹资成本和规避筹资风险

图 6-3　筹资方式的选择策略

6.1.2　筹资方案评审重点

筹资方案是筹资工作的指导性文件，其合理性直接关系到筹资目标能否顺利达成。财务主管在指导投融资专员完成筹资方案的设计工作后，应将设计完成的方案提交给财务总监进行评审，在评审通过后，方能生效实施。

在评审筹资方案时，应注意图 6-4 所示的七项评审重点。

筹资数量评审	在评审筹资方案时，首要任务是核查方案中筹资数量是否与筹资的目标要求相符合
筹资结构评审	一般而言，资金按使用期限可分为长期资本和短期资本；按性质不同可分为权益资本与负债资本。而所谓的筹资结构便是这些不同类别的资金，在整体的筹资数量中所占的比例结构
筹资方式评审	在明确筹资结构后，应对各类资金的筹集方式进行分析，判断其方式选择是否合理
筹资渠道评审	在评审筹资方式时，还应对各种筹资方式所对应的筹资渠道进行分析，判断渠道的选择是否符合要求，是否能够保证筹资顺利进行
筹资实施评审	在明确以上四项内容的合理性后，应对筹资方案中，关于筹资活动具体实施过程的设计内容进行评审。唯有合理的筹资设计加上正确的筹资实施，才能够保证筹资目标的顺利完成
筹资成本评审	筹资成本评审即对利息成本、报酬成本、税务成本和活动成本进行评审
筹资风险评审	筹资风险的评审则主要针对筹资方案的风险评估结果和相应的规避应对措施，判断其是否全面合理，是否得到有效落实

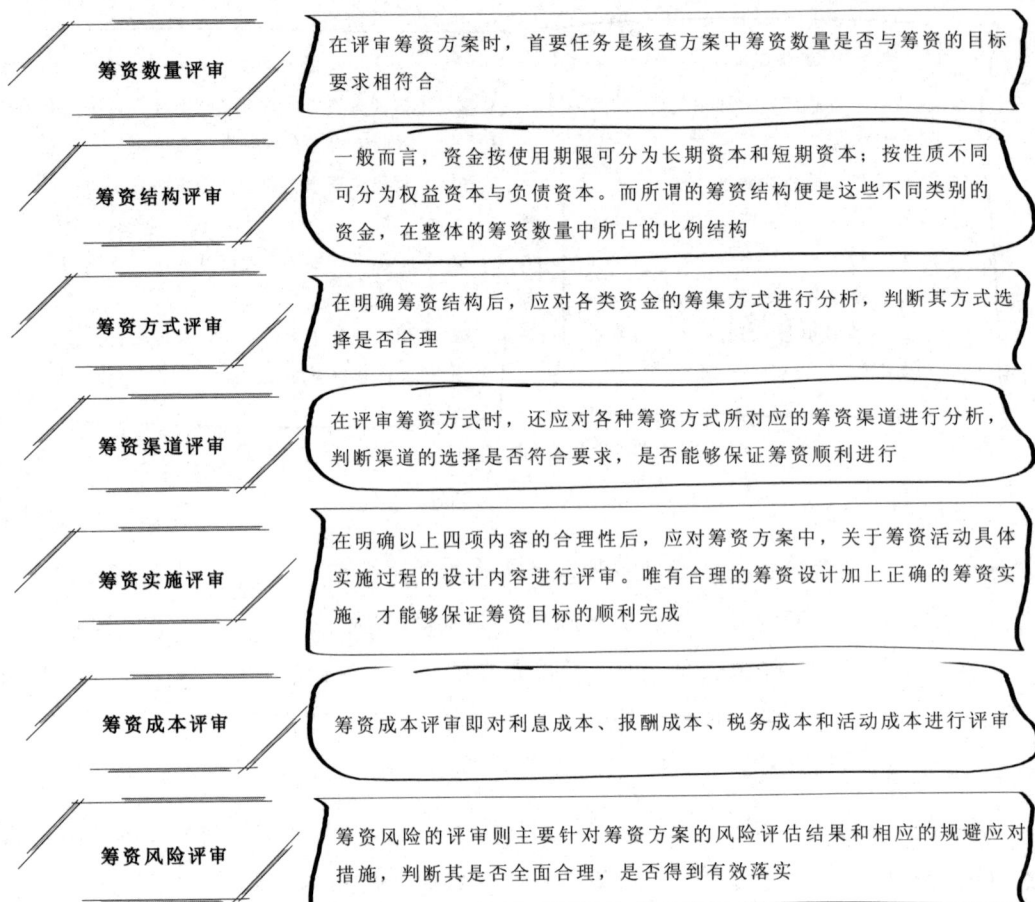

图 6-4　筹资方案评审重点

6.1.3　投资可行性分析重点

投资可行性分析是保证投资决策合理性的重要环节。一般而言，投资可行性分析主要包括以下四项重点内容。

1. 投资环境分析

投资环境分析是投资可行性分析的首要工作，只有良好的投资环境才能保证企业投资效益的顺利实现。一般而言，投资环境分析主要包括图 6-5 所示的五项内容。

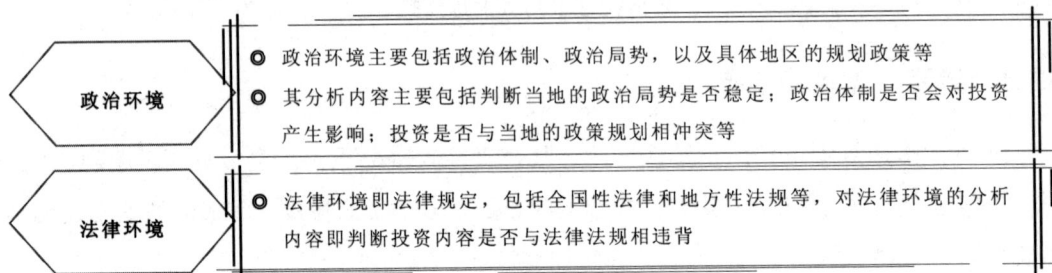

政治环境	◉ 政治环境主要包括政治体制、政治局势，以及具体地区的规划政策等 ◉ 其分析内容主要包括判断当地的政治局势是否稳定；政治体制是否会对投资产生影响；投资是否与当地的政策规划相冲突等
法律环境	◉ 法律环境即法律规定，包括全国性法律和地方性法规等，对法律环境的分析内容即判断投资内容是否与法律法规相违背

图 6-5　投资环境的分析内容

自然环境	◎ 自然环境主要包括温度气候、地理条件、交通运输、资源分布等 ◎ 自然条件可能会对某些项目的实施产生重要影响，企业在进行这些项目的投资时，则应关注自然条件的负面影响及相关的限制风险
经济环境	◎ 经济环境包括宏观的经济发展状况和经济政策与市场环境等 ◎ 其分析内容即判断经济环境与投资效益的影响关系，良好的经济环境对投资效益的实现有促进作用，反之则为限制作用
社会环境	◎ 社会环境包括文化、风俗、受教育水平及群体意识观念等 ◎ 其分析内容主要包括判断投资对象是否与社会环境存在冲突；投资预期的社会效益如何

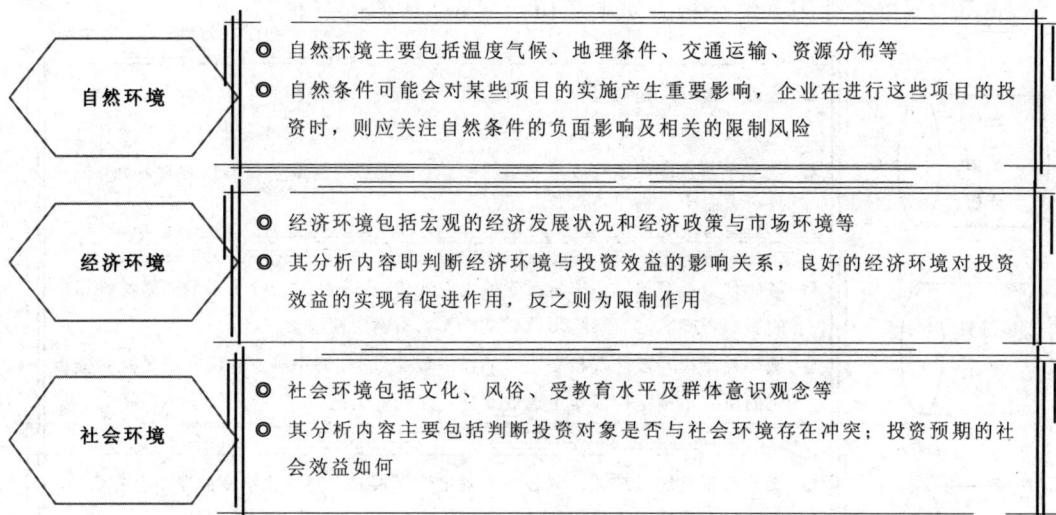

图 6-5　投资环境的分析内容（续）

2. 财务可行性分析

财务可行性分析即判断企业的财务能力是否能够支持投资项目的顺利进行，具体分析过程可参照图 6-6 所示的四步骤内容。

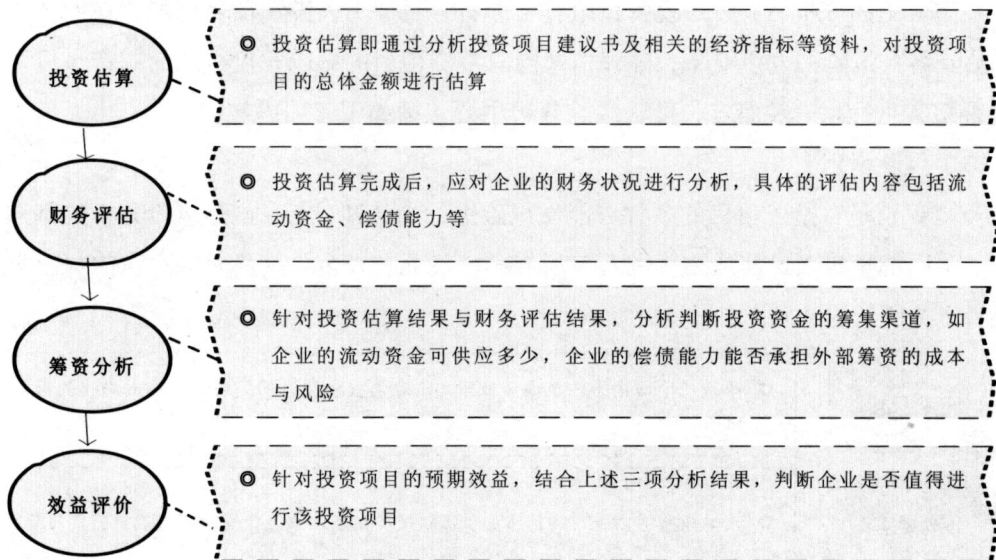

投资估算	◎ 投资估算即通过分析投资项目建议书及相关的经济指标等资料，对投资项目的总体金额进行估算
财务评估	◎ 投资估算完成后，应对企业的财务状况进行分析，具体的评估内容包括流动资金、偿债能力等
筹资分析	◎ 针对投资估算结果与财务评估结果，分析判断投资资金的筹集渠道，如企业的流动资金可供应多少，企业的偿债能力能否承担外部筹资的成本与风险
效益评价	◎ 针对投资项目的预期效益，结合上述三项分析结果，判断企业是否值得进行该投资项目

图 6-6　投资财务可行性分析步骤

3. 不确定性分析

投资项目在实际运作过程中，会受到许多不确定因素的影响，这些因素会造成预估的投资成本与投资收益产生变化，并形成一定的风险，从而影响投资项目的可靠性与稳定性，因此，应加强对不确定性因素的分析。

常用的不确定性因素的分析方法主要包括图 6-7 所示的三种。

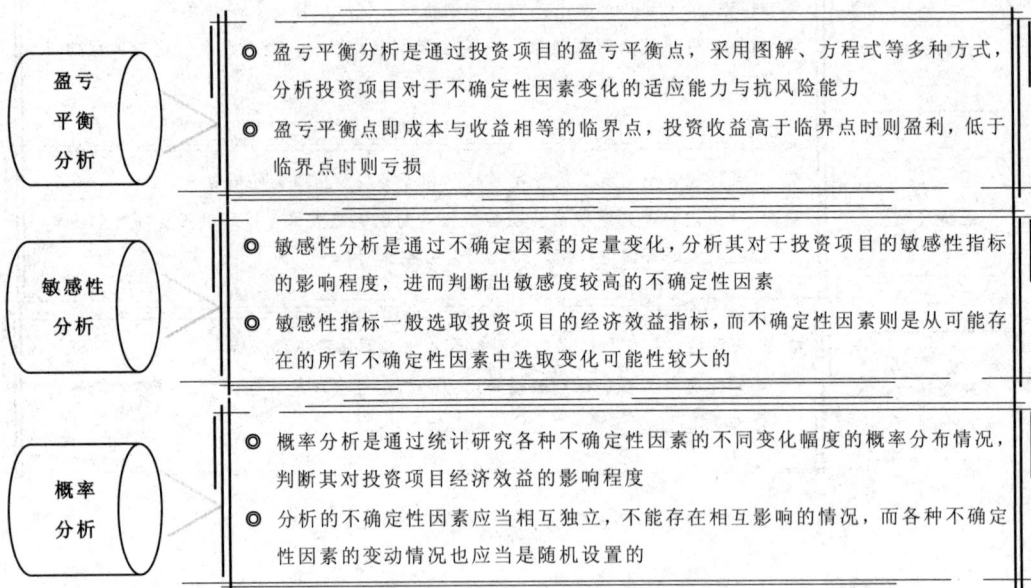

盈亏平衡分析 ◎ 盈亏平衡分析是通过投资项目的盈亏平衡点，采用图解、方程式等多种方式，分析投资项目对于不确定性因素变化的适应能力与抗风险能力
◎ 盈亏平衡点即成本与收益相等的临界点，投资收益高于临界点时则盈利，低于临界点时则亏损

敏感性分析 ◎ 敏感性分析是通过不确定因素的定量变化，分析其对于投资项目的敏感性指标的影响程度，进而判断出敏感度较高的不确定性因素
◎ 敏感性指标一般选取投资项目的经济效益指标，而不确定性因素则是从可能存在的所有不确定性因素中选取变化可能性较大的

概率分析 ◎ 概率分析是通过统计研究各种不确定性因素的不同变化幅度的概率分布情况，判断其对投资项目经济效益的影响程度
◎ 分析的不确定性因素应当相互独立，不能存在相互影响的情况，而各种不确定性因素的变动情况也应当是随机设置的

图 6-7　常用的不确定性因素分析方法

4. 投资风险分析

在完成上述分析后，应对投资风险进行分析，通过明确投资项目可能存在的各类风险，估计各类风险的发生概率，并评估风险对投资项目的影响程度，从而判断该投资项目是否切实可行。一般而言，投资风险分析主要包括如下三项内容。

（1）风险识别

风险识别是对投资项目的各种可能性风险进行的认知分析，这是风险分析的基础性工作。不同的投资项目其风险类别各有所异，一般而言，企业投资可能存在的风险主要包括图 6-8 所示的八种。

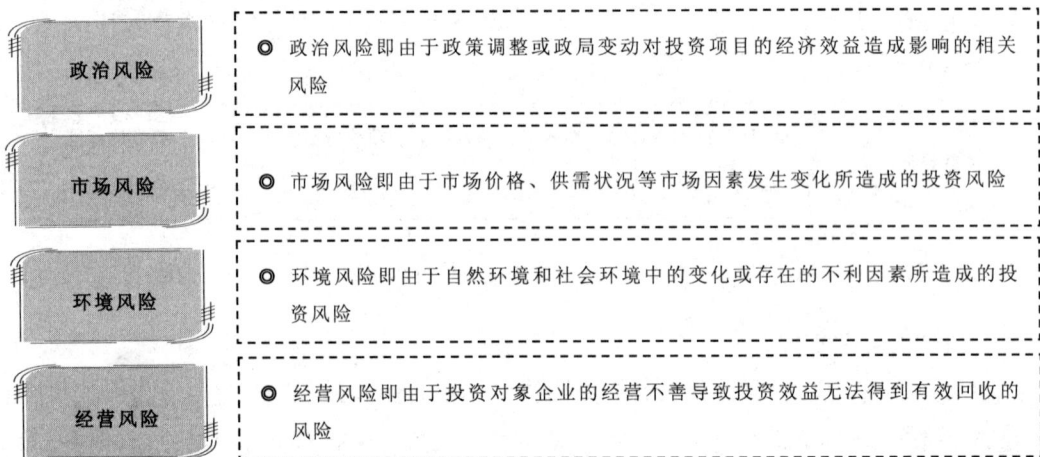

政治风险 ◎ 政治风险即由于政策调整或政局变动对投资项目的经济效益造成影响的相关风险

市场风险 ◎ 市场风险即由于市场价格、供需状况等市场因素发生变化所造成的投资风险

环境风险 ◎ 环境风险即由于自然环境和社会环境中的变化或存在的不利因素所造成的投资风险

经营风险 ◎ 经营风险即由于投资对象企业的经营不善导致投资效益无法得到有效回收的风险

图 6-8　投资风险的主要分类

项目风险	◎ 项目风险即具体项目的投资情况中，关于项目的资源、技术、进程、管理、配置等多方面因素所形成的风险
财务风险	◎ 财务风险体现在投资成本的支出风险与投资效益的回收风险两个方面
汇率风险	◎ 汇率风险主要存在于跨国投资，即国际汇率发生变动时所造成的投资损失风险
特殊风险	◎ 特殊风险指一些无法预料的特殊事件或不可抗力给投资项目造成的相关风险

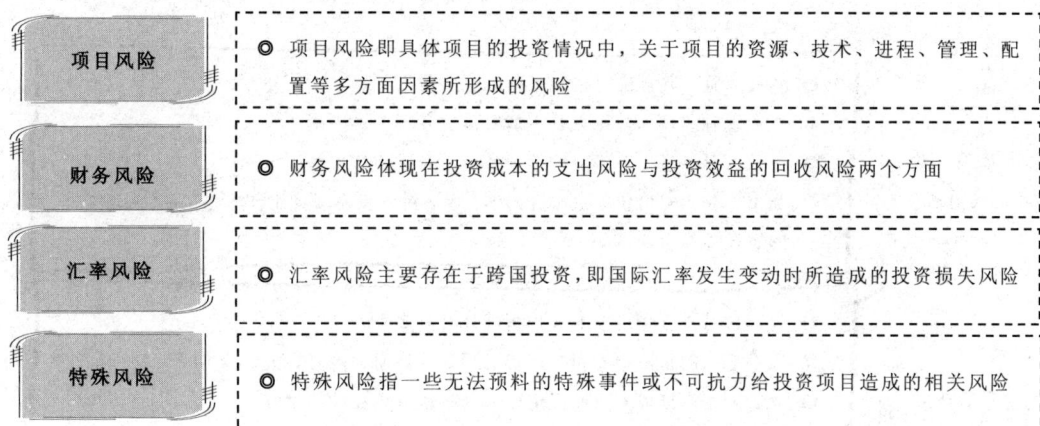

图 6-8　投资风险的主要分类（续）

（2）风险评估

在正确识别投资项目的各类风险后，还应对其进行具体的评估分析。一般而言，投资风险的评估分析主要包括图 6-9 所示的两项内容。

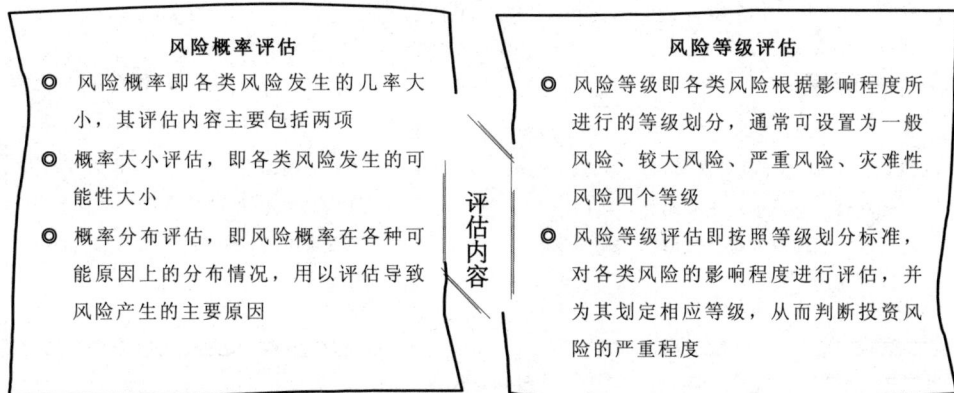

风险概率评估

◎ 风险概率即各类风险发生的几率大小，其评估内容主要包括两项

◎ 概率大小评估，即各类风险发生的可能性大小

◎ 概率分布评估，即风险概率在各种可能原因上的分布情况，用以评估导致风险产生的主要原因

评估内容

风险等级评估

◎ 风险等级即各类风险根据影响程度所进行的等级划分，通常可设置为一般风险、较大风险、严重风险、灾难性风险四个等级

◎ 风险等级评估即按照等级划分标准，对各类风险的影响程度进行评估，并为其划定相应等级，从而判断投资风险的严重程度

图 6-9　投资风险评估的主要内容

（3）风险应对

投资可行性分析中的风险应对分析，是根据上述分析结果，判断该投资项目的各类风险是否能够得到有效应对；具体的应对措施是否切实可行；应对风险所产生的相关成本对投资效益的影响程度，具体可总结为图 6-10 所示的三方面内容。

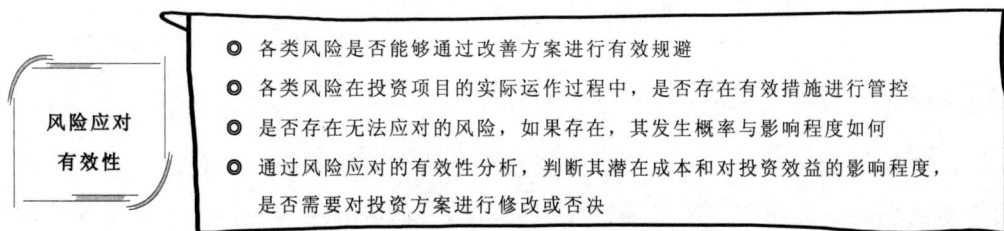

风险应对有效性

◎ 各类风险是否能够通过改善方案进行有效规避

◎ 各类风险在投资项目的实际运作过程中，是否存在有效措施进行管控

◎ 是否存在无法应对的风险，如果存在，其发生概率与影响程度如何

◎ 通过风险应对的有效性分析，判断其潜在成本和对投资效益的影响程度，是否需要对投资方案进行修改或否决

图 6-10　风险应对分析内容

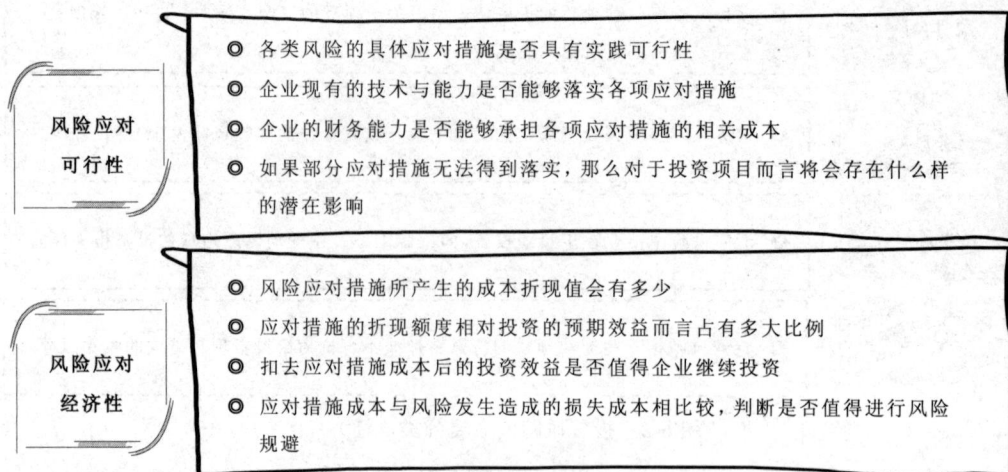

风险应对
可行性
- 各类风险的具体应对措施是否具有实践可行性
- 企业现有的技术与能力是否能够落实各项应对措施
- 企业的财务能力是否能够承担各项应对措施的相关成本
- 如果部分应对措施无法得到落实,那么对于投资项目而言将会存在什么样的潜在影响

风险应对
经济性
- 风险应对措施所产生的成本折现值会有多少
- 应对措施的折现额度相对投资的预期效益而言占有多大比例
- 扣去应对措施成本后的投资效益是否值得企业继续投资
- 应对措施成本与风险发生造成的损失成本相比较,判断是否值得进行风险规避

图 6-10　风险应对分析内容(续)

6.1.4　投融资风险控制重点

投融资风险控制重点主要如图 6-11 所示的四项内容。

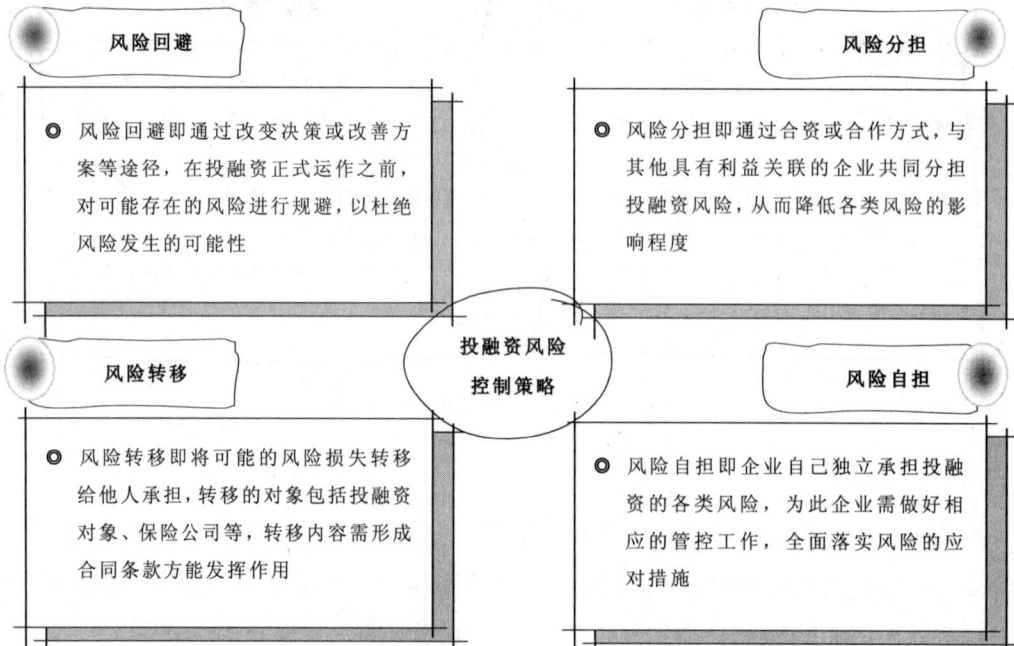

风险回避
- 风险回避即通过改变决策或改善方案等途径,在投融资正式运作之前,对可能存在的风险进行规避,以杜绝风险发生的可能性

风险分担
- 风险分担即通过合资或合作方式,与其他具有利益关联的企业共同分担投融资风险,从而降低各类风险的影响程度

投融资风险
控制策略

风险转移
- 风险转移即将可能的风险损失转移给他人承担,转移的对象包括投融资对象、保险公司等,转移内容需形成合同条款方能发挥作用

风险自担
- 风险自担即企业自己独立承担投融资的各类风险,为此企业需做好相应的管控工作,全面落实风险的应对措施

图 6-11　投融资风险控制策略

6.1.5　投资项目收益分析重点

投资项目收益分析即对投资项目的预期收益状况进行评估分析,从而为投资决策提供重要依据。一般而言,投资项目收益分析的具体内容主要包括如下所示的三项重点内容。

1. 投资成本分析

投资成本分析是指分析投资项目可能存在的各类成本，具体分析内容如图 6-12 所示。

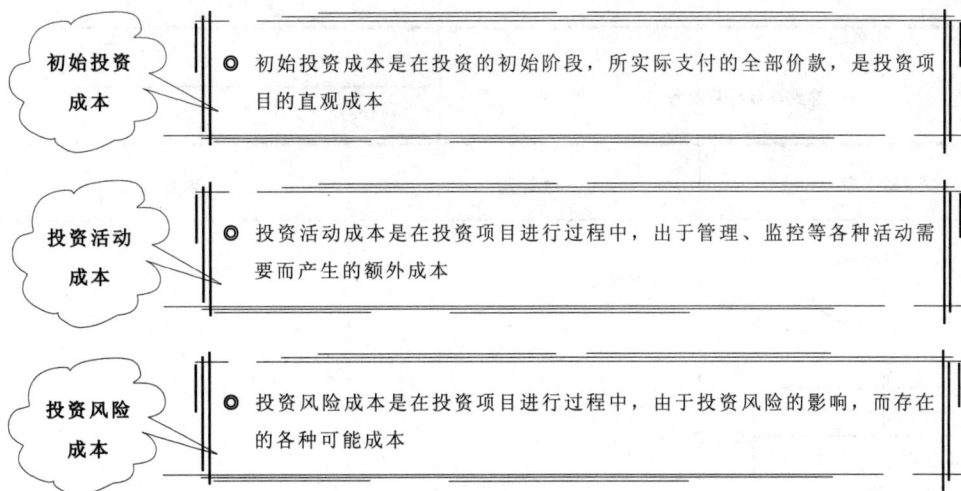

图 6-12 投资成本分析的主要内容

2. 投资收益分析

在明确投资成本后，应对投资项目的预期收益进行分析。一般而言，投资收益分析主要通过图 6-13 所示的两种方法。

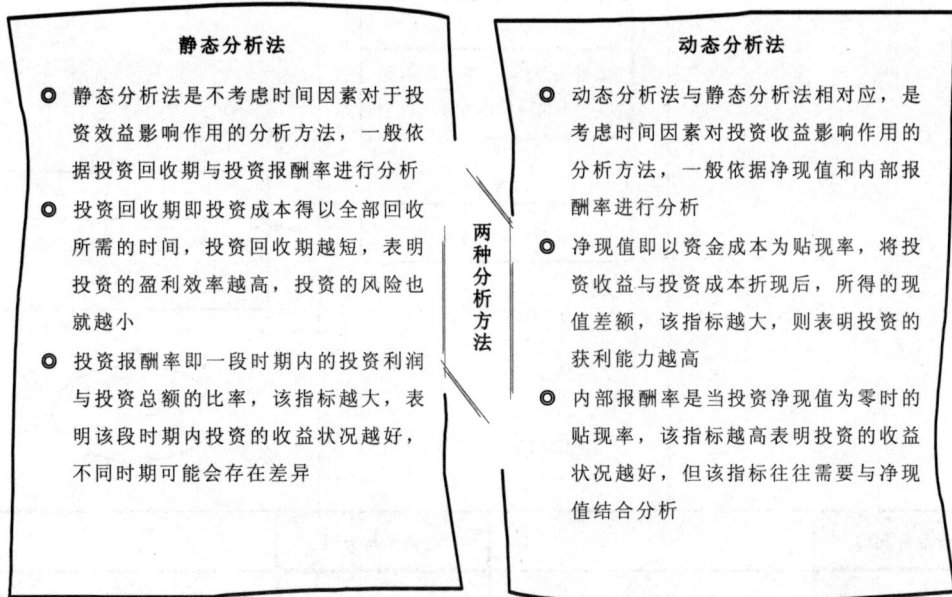

图 6-13 投资收益分析的两种方法

6.2 筹资与投资管理流程

6.2.1 筹集资金核算流程

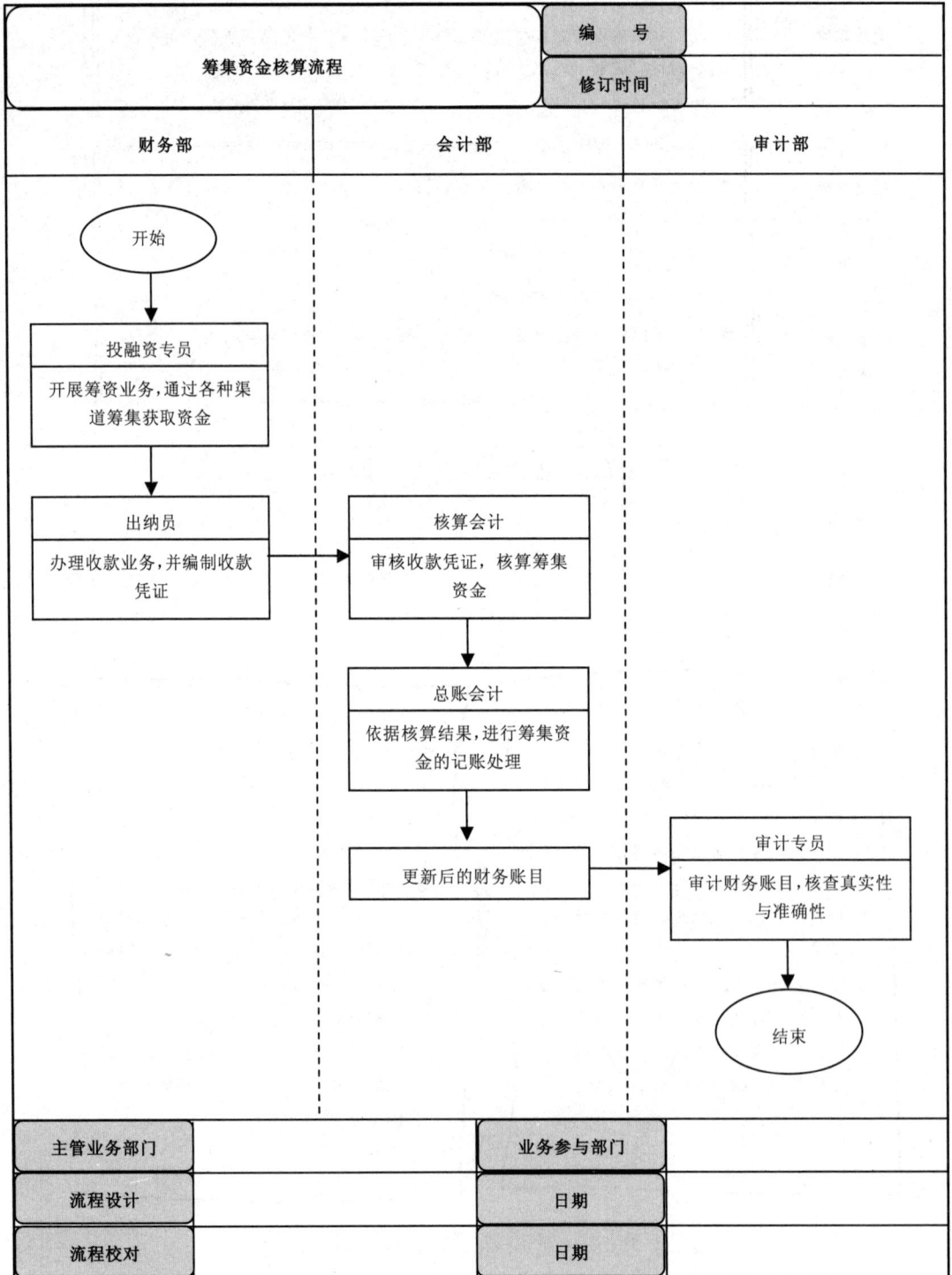

筹集资金核算流程		编　号	
		修订时间	
财务部	会计部		审计部

```
            ┌─────────┐
            │  开始   │
            └────┬────┘
                 │
                 ▼
        ┌─────────────────┐
        │   投融资专员    │
        ├─────────────────┤
        │ 开展筹资业务,通过│
        │ 各种渠道筹集获取 │
        │ 资金            │
        └────────┬────────┘
                 │
                 ▼
        ┌─────────────┐      ┌─────────────────┐
        │   出纳员    │      │   核算会计      │
        ├─────────────┤      ├─────────────────┤
        │ 办理收款业务,│─────▶│ 审核收款凭证,核算│
        │ 并编制收款  │      │ 筹集资金        │
        │ 凭证        │      └────────┬────────┘
        └─────────────┘               │
                                      ▼
                           ┌─────────────────┐
                           │   总账会计      │
                           ├─────────────────┤
                           │ 依据核算结果,进行│
                           │ 筹集资金的记账处理│
                           └────────┬────────┘
                                    │
                                    ▼
                        ┌───────────────┐    ┌─────────────────┐
                        │ 更新后的财务账目│───▶│   审计专员      │
                        └───────────────┘    ├─────────────────┤
                                             │ 审计财务账目,核查│
                                             │ 真实性与准确性  │
                                             └────────┬────────┘
                                                      │
                                                      ▼
                                                 ┌────────┐
                                                 │  结束  │
                                                 └────────┘
```

主管业务部门		业务参与部门	
流程设计		日期	
流程校对		日期	

6.2.2 筹资业务管理流程

| 筹资业务管理流程 | 编　　号 | |
| | 修订时间 | |

总经办	财务部	会计部

```
              开始

     分管副总              财务主管
    明确筹资目标  ───────→  分析筹资要求

                           投融资专员
                           筹资方案设计

   分管副总      通过       投融资专员
  是否通过审核 ───────→    筹资方案实施

   分管副总              财务主管
  是否通过审核  ←──────  组织编制筹资合同

     通过

                           财务主管
                  ───────→ 组织签订筹资合同

                           出纳员           核算会计
                           办理收款业务 ──→ 筹集资金核算

                           财务主管         总账会计
                           组织进行筹资评估 ← 筹资账务处理

                              结束
```

主管业务部门		业务参与部门	
流程设计		日期	
流程校对		日期	

6.2.3 投资活动业务流程

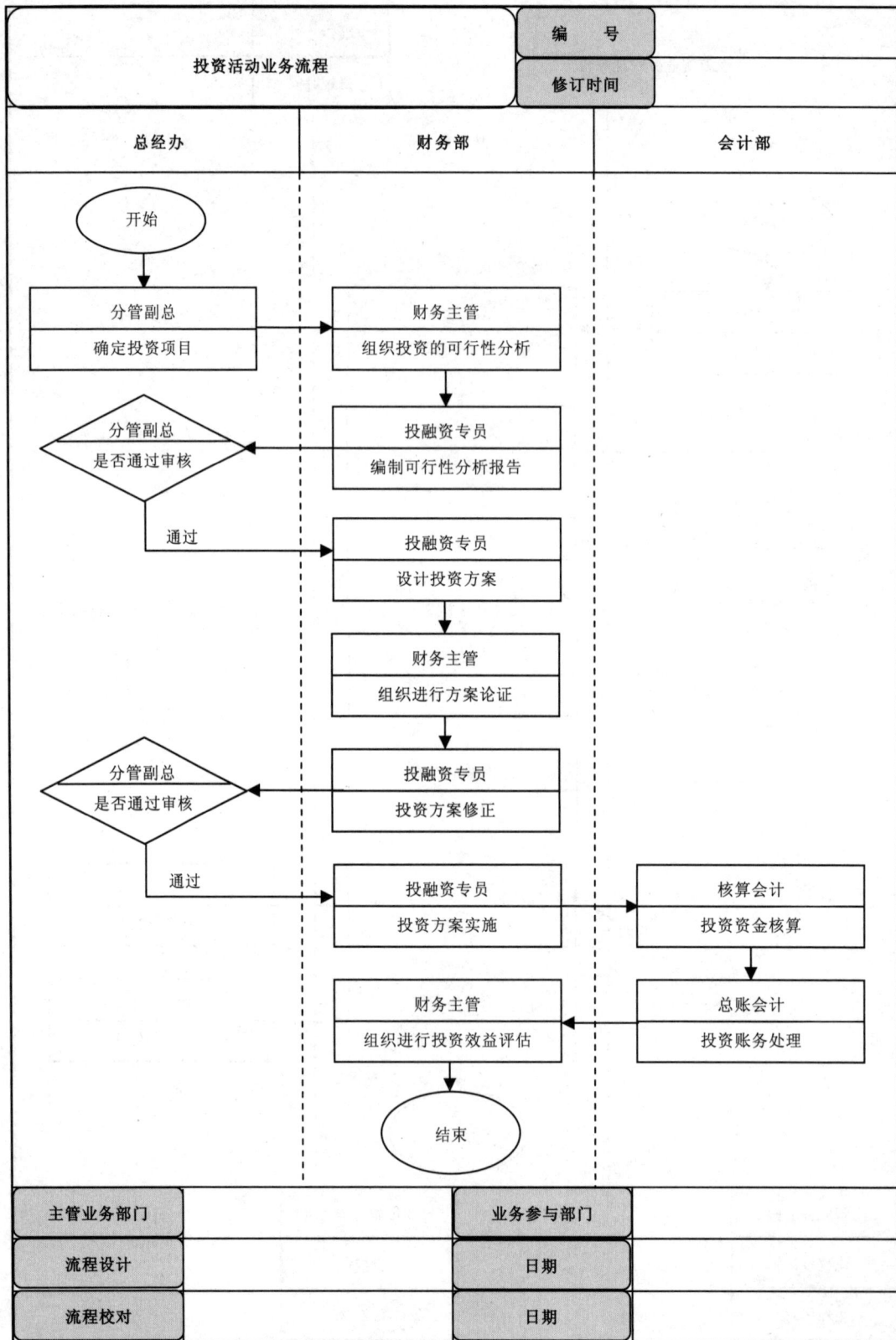

投资活动业务流程	编　号	
	修订时间	

总经办	财务部	会计部

```
        ┌─────────┐
        │  开始   │
        └────┬────┘
             │
             ▼
  ┌──────────────┐      ┌──────────────┐
  │   分管副总   │ ───▶ │   财务主管   │
  │ 确定投资项目 │      │组织投资的可行│
  │              │      │  性分析      │
  └──────────────┘      └──────┬───────┘
                               │
                               ▼
  ┌──────────────┐      ┌──────────────┐
  │  分管副总    │ ◀─── │  投融资专员  │
  │ 是否通过审核 │      │编制可行性分析│
  │              │      │    报告      │
  └──────┬───────┘      └──────────────┘
    通过 │
         │              ┌──────────────┐
         └───────────▶  │  投融资专员  │
                        │  设计投资方案│
                        └──────┬───────┘
                               ▼
                        ┌──────────────┐
                        │   财务主管   │
                        │组织进行方案论证│
                        └──────┬───────┘
                               ▼
  ┌──────────────┐      ┌──────────────┐
  │  分管副总    │ ◀─── │  投融资专员  │
  │ 是否通过审核 │      │  投资方案修正│
  └──────┬───────┘      └──────────────┘
    通过 │
         │        ┌──────────────┐   ┌──────────────┐
         └──────▶ │  投融资专员  │──▶│   核算会计   │
                  │  投资方案实施│   │ 投资资金核算 │
                  └──────────────┘   └──────┬───────┘
                                            ▼
                  ┌──────────────┐   ┌──────────────┐
                  │   财务主管   │◀──│   总账会计   │
                  │组织进行投资效│   │ 投资账务处理 │
                  │  益评估      │   └──────────────┘
                  └──────┬───────┘
                         ▼
                  ┌─────────┐
                  │  结束   │
                  └─────────┘
```

主管业务部门		业务参与部门	
流程设计		日期	
流程校对		日期	

6.2.4 投资方案论证流程

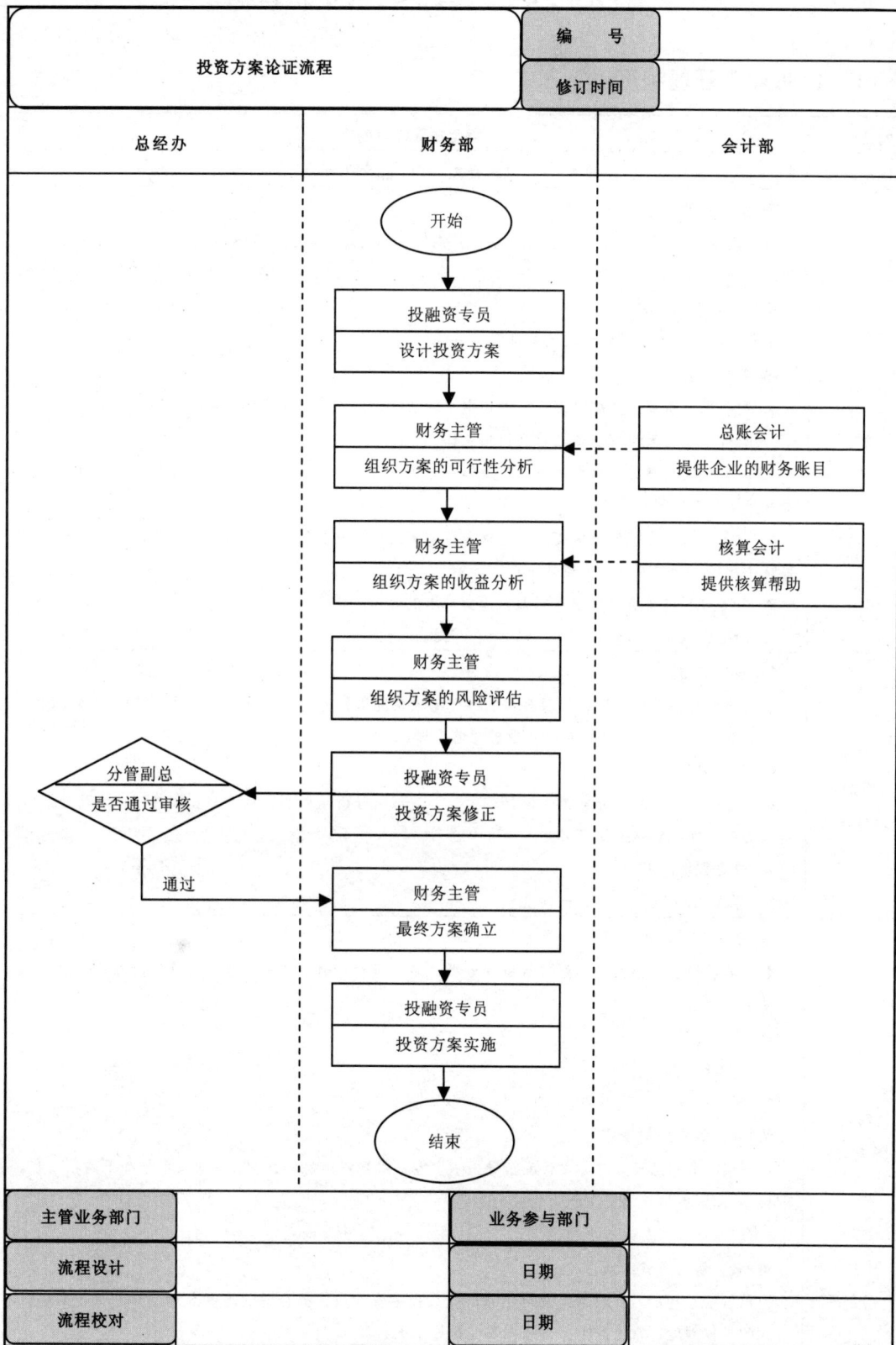

投资方案论证流程	编　号	
	修订时间	

总经办	财务部	会计部

开始

投融资专员
设计投资方案

财务主管
组织方案的可行性分析

总账会计
提供企业的财务账目

财务主管
组织方案的收益分析

核算会计
提供核算帮助

财务主管
组织方案的风险评估

分管副总
是否通过审核

投融资专员
投资方案修正

通过

财务主管
最终方案确立

投融资专员
投资方案实施

结束

主管业务部门		业务参与部门	
流程设计		日期	
流程校对		日期	

6.3 筹资与投资控制措施

6.3.1 企业筹资管理制度

制度名称	企业筹资管理制度				
制度版本		受控状态	□ 受控　□ 非受控	制度编号	
总则 第1章	**第1条　目的** 为了规范公司的筹资活动，加强筹资工作的管理与控制，以减少筹资风险，提高筹资效益，特制定本制度。 **第2条　适用范围** 本制度适用于公司筹资活动的各项管理工作。 **第3条　职责分工** 1．财务部负责制度的编写工作，并根据实际情况，定期进行制度的更新与修正。 2．会计部负责筹集资金的核算与记账工作。 3．财务总监负责筹资目标的确立以及筹资方案、评估报告等文件的审批，并负责监督财务部各级人员切实完成筹资工作。 4．财务主管负责指导投融资专员进行筹资方案的设计与执行工作，负责筹资合同的编制与签订事宜，并组织相关人员对筹资效果进行评估。 5．财务分析员负责企业财务状况与筹资需求的分析工作。 6．投融资专员负责筹资方案的具体设计与执行。				
细则 第2章 筹资规划	**第4条　筹资需求分析** 财务分析员根据有关资料，对公司的筹资需求状况进行分析，判断公司是否有筹资的必要性，并编制筹资需求分析报告，提交给财务总监审核。 **第5条　筹资目标确立** 财务总监对筹资需求分析报告进行审核分析，判断分析结果的客观性与真实性，并以其为依据确立筹资目标，具体主要包括以下两项内容。 1．筹资数量。 2．筹资时效。				
第3章 筹资设计	**第6条　公司现状分析** 财务分析员应对公司的实际现状进行分析，为筹资设计提供依据。分析的具体内容包括但不限于如下三项。 1．流动资金。 2．负债能力。 3．经营状况。 **第7条　筹资结构设计** 根据现状分析结果，财务主管应指导投融资专员对筹资结构进行设计，具体包括如下两项内容。 1．长期资本与短期资本的比例。 2．权益资本与负债资本的比例。 **第8条　筹资方式选择** 根据筹资结构的设计结果，财务主管应指导投融资专员选择合适的筹资方式，并确定各类筹资方式的具体额度。常用的筹资方式主要包括如下七种。				

制度名称			企业筹资管理制度			
制度版本		受控状态	□ 受控	□ 非受控	制度编号	

第3章 **筹资设计**	1. 吸收直接投资。 2. 发行股票。 3. 利用留存利益。 4. 直接借款。 5. 利用商业信用。 6. 发行债券。 7. 融资租赁。 **第9条　筹资渠道选择** 根据筹资方式选择结果，财务主管应指导投融资专员为确定的筹资方式选择合适的来源渠道，例如，向银行借款应具体到××银行。 **第10条　筹资过程设计** 完成上述工作后，财务主管应指导投融资专员进行筹资过程的设计工作，为选择的筹资方式确定具体的日程安排与进度要求。 **第11条　筹资方案编制** 投融资专员协助财务主管，综合上述设计结果，开展筹资方案的编制工作，并将方案提交给财务总监审核。 **第12条　筹资方案审批** 财务总监仔细分析筹资方案的设计内容，审查方案的可行性，发掘各种问题与缺陷，并责令投融资专员进行正确的修正工作，在确定方案通过后，正式签字生效。方案的审批根据筹资数量的不同，有如下两种情况。 1. 筹资金额在____万元以下时，由财务总监负责审批签字。 2. 筹资金额在____万元及以上时，财务总监审批后，还需总经理审核签字方能生效。
第4章 **筹资执行**	**第13条　筹资方案实施** 筹资方案通过审批后，财务主管应合理分工，为选择的各种筹资方式和渠道配置相应的负责人员，并指导其工作，有效落实方案的具体实施。 **第14条　手续办理与合同签订** 筹资过程中的各项手续一定要规范齐全。需要签订合同时，财务主管应及时组织谈判小组，进行合同条款的协商工作，并依据达成的共识草拟合同文本，在获得财务总监与总经理审批后，组织合同的签订事宜。 **第15条　筹集资金收款** 合同签订后，出纳员应按约定期限，办理资金的收款业务，在确认资金全面到位后，编制收款凭证。出纳员如果发现资金与合同约定数目不相符时，应及时告知财务主管。财务主管需与对方取得联系，询问真实状况，并采取有效应对措施。 **第16条　资金的核算与账务处理** 核算会计根据收款凭证，及时完成资金的核算工作，总账会计则应做好相关账务处理。
第5章 **筹资管控**	**第17条　成本预算控制** 筹资方案设计完成后，财务主管应对方案的预计成本进行估算，为其设置合理的预算值，并将预算要求明确为方案的具体内容。

制度名称	企业筹资管理制度				
制度版本		受控状态	□ 受控　□ 非受控	制度编号	

第5章 筹资管控	投融资专员应定期对筹资活动的实际成本进行核算统计，确保实际发生的各类成本有效控制在预算之内。 **第18条　过程监督控制** 财务主管应切实担负其筹资活动的监督控制工作，确保筹资过程中的各类行为符合进度要求，且规范合理，对于错误或违反规定的行为要及时予以制止、纠正。此外，财务主管还应定期将筹资活动的进展状况制作成书面报告，提交给财务总监审查。 **第19条　风险规避控制** 筹资方案设计完成后，财务主管应对筹资活动可能存在的各类风险进行识别与评估，为其拟定相应的规避控制措施，并将措施明确为筹资方案的具体内容，指导投融资专员在实际的筹资工作中加以落实。 **第20条　特殊情况控制** 1. 由于特殊情况，导致投资方案需要变更时，财务主管应及时明确要求，对筹资方案进行调整，在获得财务总监审批后，按照新方案执行筹资工作。 2. 由于特殊情况，导致企业的经营计划发生变更，以致筹集的资金出现不足趋势时，财务总监应及时明确不足额度，指导财务主管及时制定新的筹资方案，在资金短缺之前，快速完成欠缺资金的筹集工作。 3. 由于特殊情况，导致经营计划发生变更，以致筹集的资金出现富余闲置时，财务总监可暂时将其补充为企业的流动资金，用于其他正当途径，并切实保证资金的使用安全。
附则 第6章	**第21条**　本制度由财务部负责制定，并每年修改一次，经总经理签字后立即生效颁布。 **第22条**　本制度的解释权归财务部所有，总经理对于该制度享有废止的权力。

编制部门		审批人员		审批日期	

6.3.2　企业投资管理制度

制度名称	企业投资管理制度				
制度版本		受控状态	□ 受控　□ 非受控	制度编号	

总则 第1章	**第1条**　目的 为了规范公司的投资行为，加强公司的投资管理，提高资金的利用效率与安全性，保障投资效益的顺利实现，特制定本制度。 **第2条**　适用范围 本制度适用于公司各种对外投资活动的管理工作。 **第3条**　职责分工 1. 财务部负责制度的编写工作，并根据实际情况，定期进行制度的更新与修正。 2. 审计部负责投资项目的审计工作。 3. 财务总监负责投资项目的决策与方案、报告等相关文件的审批。 4. 财务主管负责组织进行投资项目的可行性分析，指导投融资专员编制可行性报告与设计投资方案，并负责组织投资方案的论证与投资效益的评估。 5. 投融资专员负责投资可行性的具体分析工作与投资方案的具体设计工作。

制度名称	企业投资管理制度				
制度版本		受控状态	□ 受控　□ 非受控	制度编号	

总则 第1章	**第4条**　投资原则 1．投资活动必须遵守国家法律、法规，并符合国家产业政策。 2．投资活动必须符合公司的中长期发展战略目标。 3．投资活动必须规模适度、量力而行，不能影响公司主营业务的发展。
细则 第2章 投资决策	**第5条**　投资机会的发现 　投融资专员应定期关注市场变化，实际发现适合的投资机会，并将发现的投资机会详细呈报给财务主管。 **第6条**　投资机会的甄别 　财务主管对发现的投资机会进行甄别与筛选，从中选择较为合理的投资机会，并将甄别结果与详细说明等形成报告，提交财务总监审核。 **第7条**　投资项目的初选 　财务总监对报告内容进行分析，判断甄别与筛选的合理性，对不合理的投资机会予以剔除，以此确定初选的投资项目。 **第8条**　投资的可行性分析 　财务主管组织投融资专员，对初选投资项目的可行性进行分析，并依据分析结果编制可行性分析报告，提交财务总监审核。 **第9条**　投资项目的确立 　财务总监通过审核分析结果，对初选投资项目进行进一步的筛选，最终确立投资项目。
第3章 投资设计	**第10条**　投资方案的设计 　财务主管依据确立的投资项目，指导投融资专员进行投资方案的设计工作。 **第11条**　投资方案的论证 　财务主管组织相关人员对设计完成的投资方案进行论证，并对投资方案中存在的不合理之处加以修正完善。投资方案在通过论证后，财务主管应将其连同论证报告一并提交给财务总监审核。投资方案的论证主要包括如下内容。 1．投资方案的可行性。 2．投资方案的成本与效益。 3．投资方案的风险。 **第12条**　投资方案的审批 　财务总监详细审核论证报告与修正后的投资方案，再确认其合理性与经济性后，进行签字审批。投资方案的审批根据投资额度的不同，有如下两种情况。 1．投资额度在＿＿＿万元以下时，由财务总监负责审批签字。 2．投资额度在＿＿＿万元及以上时，财务总监审批后，还需总经理审核签字方能生效。 **第13条**　投资方案的实施 　投资方案通过审批后，财务主管应带领投融资专员正式实施该方案。
第4章 投资控制	**第14条**　投资运作控制 　财务主管应指导并监督投融资专员做好投资项目的维护工作，确保投资项目的正常运作。此外，财务主管还应定期将投资项目的进度、成本、收益等状况总结为书面报告，并提交给财务总监审查。

制度名称	企业投资管理制度				
制度版本		受控状态	□ 受控　□ 非受控	制度编号	

<table>
<tr><td rowspan="1">第4章
投资控制</td><td>

第15条　投资风险控制

财务主管应带领投融资专员切实落实投资项目的风险控制工作，并定期分析投资项目的安全状况，及时发现不合理之处，并加以有效应对。

第16条　投资变更控制

1．投资方案一旦实施便不允许随意变更，财务主管根据实际需求，需要对投资方案进行变更时，应向财务总监提交申请，并详细说明原因，经其审批通过后，才能开展变更工作。

2．无论是财务主管的变更申请，还是企业高层的变更决策，变更后的投资方案需重新进行论证分析，在确认合理并通过审批后，方能实施。

第17条　投资审计控制

审计部应按要求完成投资活动的审计工作，具体的审计内容包括但不限于如下四项。

1．投资合同及相关的协议文件。

2．操作行为的合法性与规范性。

3．投资成本与收益的相关账目与报表。

4．各级人员的权责履行状况。
</td></tr>
</table>

附则 第5章	第18条　本制度由财务部负责制定，并每年修改一次，经总经理签字后立即生效颁行。 第19条　本制度的解释权归财务部所有，总经理对于该制度享有废止的权力。

编制部门		审批人员		审批日期	

6.3.3　企业筹资方案范例

××企业筹资方案

编　　号：　　　　编制部门：　　　　审批人员：　　　　审批日期：＿＿＿年＿月＿日

一、筹资背景

随着公司的不断发展壮大，现有的生产能力已无法满足生产经营需求。为此，公司高层管理人员决定扩大生产，通过引进大量设备，扩展车间规模，增添人员配置等方式，提高生产能力。经估算，该项业务预计需要资金＿＿＿万元。

二、筹资要求

公司高层要求，此次筹资活动的资金额度为＿＿＿＿万元，且筹集资金需在＿＿＿＿年＿月＿日之前完全到位，为此公司将为筹资活动提供成本支持，预算为＿＿＿＿元。

三、筹资设计

根据筹资要求，此次筹资活动的具体内容设计如下。

1．筹资结构。

（1）长期资金：短期资本＝8：2。

（2）权益资本：负债资本＝3：7。

2．筹资方式。

本次筹资活动的具体筹资方式如下表所示。

筹资方式说明表

筹资方式	筹资来源	资金	占比	备注
向银行长期借款	××银行	____万元	50%	清偿期限，利息等（略）
向银行短期借款	××银行	____万元	20%	清偿期限，利息等（略）
吸收直接投资	××企业	____万元	30%	控制权，报酬等（略）
合计		____万元	100%	——

3．筹资实施。

筹资活动的具体实施过程如下。

（1）____年__月__日，正式与××银行办理长期借款业务，并核实清偿期限、利息等相关事项是否与要求相符合。长期借款业务需在____年__月__日之前完成所有手续，资金需在____年__月__日之前全部到位，出纳员、核算会计与总账会计应做好相应的收款、核算、记账工作。

（2）____年__月__日，正式与××银行办理短期借款业务，并核实清偿期限、利息等相关事项是否与要求相符合。短期借款业务需在____年__月__日之前完成所有手续，资金需在____年__月__日之前全部到位，出纳员、核算会计与总账会计应做好相应的收款、核算、记账工作。

（3）____年__月__日，正式与××公司展开投资协商，双方就控制权与报酬等问题进行谈判。协商谈判工作需在____年__月__日之前完成，并确保控制权与报酬等事项的共识结果符合要求。投资合同的签订需在____年__月__日之前完成，资金需在____年__月__日之前全面到位，出纳员、核算会计与总账会计应做好相应的收款、核算、记账工作。

四、筹资管控

为保障筹资工作的顺利完成，相关的筹资管控措施如下。

（一）成本管控

1．成本核算。

本次筹资活动主要采取向银行借款与吸收直接投资两种方式，其相关成本核算如下。

（1）长期借款利息总额的核算结果为____元。

（2）长期借款的业务手续费核算结果为____元。

（3）短期借款利息总额的核算结果为____元。

（4）短期借款的业务手续费核算结果为____元。

（5）与投资者的协商、谈判、合同编制、合同签订、礼仪宴会等活动成本核算结果为____元。

2．成本分析。

上述成本总计____元，成功控制在预算之内。

（二）风险管控

1．风险评估。

此次筹资活动可能存在的风险、原因及影响程度如下表所示。

风险评估说明表

序号	风险说明	产生原因	影响程度
1	银行借款无法按期偿还	公司的经营或资金周转出现问题	视公司的实际经营的资金周转状况而定，严重时，可能导致破产
2	与投资企业谈判破裂	相关事项未能达成共识	造成资金无法得到按期筹集，影响公司经营计划的正常进行
3	控制权的分散使公司的经营受到影响	投资者利用获取的控制权做出了不正确的经营干涉	造成原定的经营计划发生改变，使经营效益产生波动

2．应对措施。 针对上述风险，此次筹资活动将采取如下所示的应对措施。 （1）准确估算经营效益，预先储备流动资金以供不时之需。 （2）投资谈判需谨慎进行，并应善用各种谈判技巧，对于无法到达成共识的事项，可经过高层协商，做出适当让步。 （3）公司应事先准备好其他筹资方案，一旦投资谈判破裂，以便及时寻找其他资金来源。 （4）关于控制权问题，双方在谈判时应对其进行明确规定，并设置相应的限制条款，以规范投资者的控制权使用。

实施对象：　　　　　　　　　　　　　　　　　　　实施日期：＿＿＿年＿＿月＿＿日

6.3.4　筹资可行性研究报告

筹资可行性研究报告框架

××领导：

　　财务部按要求于＿＿＿年＿＿月＿＿日至＿＿＿年＿＿月＿＿日期间，对公司的××筹资项目进行了可行性研究分析，并依据研究结果编制可行性研究报告，具体内容如下所示。

一、筹资概况

1．公司现状。（具体内容略）

2．筹资原因。（具体内容略）

3．筹资说明。（具体内容略）

二、研究过程总结

1．职责分工。（具体内容略）

2．进度安排。（具体内容略）

3．资料依据。（具体内容略）

三、市场调研结果

1．各银行的贷款规定，具体包括额度、偿还期限、利息等。（具体内容略）

2．具有投资意向的政府、企业或外商。（具体内容略）

3．融资租赁的供应状况。（具体内容略）

4．其他。（具体内容略）

四、公司现状分析结果

1．公司目前具备的可流动资金。（具体内容略）

2．公司目前的经营状况。（具体内容略）

3．公司的长、短期偿债能力。（具体内容略）

4．公司不具备发行股票或债券的条件。（具体内容略）

5．公司的资产实力所能借贷的资金额度。（具体内容略）

6．其他。（具体内容略）

五、财务可行性分析结果

1．公司综合实力可以承担要求的筹资额度标准。

2．公司的偿债能力能够满足长、短期的借款需求。

3．公司的经营状况能够承担利息成本，并以吸引部分投资。

六、综合经济效益分析结果

1．对筹资成本与筹资项目预期收益进行分析，判断该筹资项目值得进行。

2．具体的数据、指标等。（具体内容略）

七、风险分析结果

1．该筹资项目可能存在的各类风险。（具体内容略）

2．各类风险的发生概率与影响程度。（具体内容略）

3．各类风险的应对措施，以及措施的有效性、可行性与经济性。（具体内容略）

八、可行性研究结论

综合上述分析结果，该筹资方案的可行性满足公司的实际要求，且经济效益良好，对公司的战略发展具有促进意义。然而，该筹资项目依旧存在的较多风险，需要特别注意。

九、可行性研究建议

1．该筹资项目总体符合要求，建议立项实施。

2．该筹资项目需设计完善的筹资方案，合理选择筹资方式与筹资渠道，以尽量缩减成本。

3．筹资项目实施需加强风险管控，各项应对措施应全面落实。

财务部

____年__月__日

6.4　筹资与投资工具表单

6.4.1　筹资需求分析表

编号：　　　　　　　　　　　单位：元　　　　　　　　　　日期：____年__月__日

项目		上年期末实际	占销售额的百分比	本年计划
资产	流动资产			
	非流动资产			
	合计			
负债	短期借款			
	应付票据			
	应付账款			
	应付利息			
	长期借款			
	合计			
所有者权益	实收资本			
	资本公积			
	留存收益			
	股东权益			
	合计			
融资需求合计				

6.4.2　投资效益分析表

投资类别	□ 购置更换设备		□开发新产品		□ 技术改造		□ 财务投资	
投资方案说明								
投资有效期限		预计开始日期		利息计算方式		负责部门		
投资收益分析	年度	投资收益说明	收益来源或性质	当期收益金额	累计收益总额	当期投资金额	累计投资总额	净利益
	合计							
	填表说明	填写投资款项及收益性质的说明	收益名称或资金来源及利息	填写预定收益金额	当期收益总额加本期利息及收益	填写预定投资金额	前期投资总额加本期投资、利息	收益总额减投资额
回收期限		利益总额		投资价值	□ 良好	□ 尚可	□ 不佳	

6.4.3　投资盈亏统计表

编号：　　　　　　　　　　　　　　　　　　统计时期：____年__月__日至____年__月__日

日期	当月投资成本	当月投资收益	月盈亏额	月盈亏比例	累积月盈亏额	累积月盈亏比例
____年__月						
____年__月						
____年__月						
____年__月						

6.4.4　筹资成本利润分析表

编号：　　　　　　　　　　　　　　　　　　　　　填表日期：____年__月__日

分析项目 ＼ 对比分析期	____年__月	____年__月	差量
所有者权益			
负债筹资			
筹资总额			
息税前利润			
减：利息等负债筹资成本			
税前利润			
减：所得税			

分析项目 \ 对比分析期	___年__月	___年__月	差量
税后利润			
减：应交特种基金			
提取盈余公积			
本年实现的可分配利润			
本年资本利润率			
本年负债筹资成本率			

6.4.5 融资结构弹性分析表

金额单位：万元

项目		年初数	年末数	差异
弹性融资	流动负债			
	长期借款			
	应付债券			
	未分配利润			
	盈余公积（公益金）			
	弹性融资合计			
非弹性融资	长期应付款			
	实收资本			
	资本公积			
	盈余公积（非公益金部分）			
	非弹性融资合计			
总融资弹性	融资合计			
	资本结构弹性			

第 7 章

成本费用管理会计实务

7.1 成本费用管理维度

7.1.1 采购成本管理重点

采购成本管理是指对与采购原材料部件相关的物流费用的管理，包括采购订单费用、采购计划制订人员的管理费用、采购人员管理费用等。采购成本管理主要通过采购事前规划、事中执行、事后考核这三个方面进行，具体说明如图 7-1 所示。

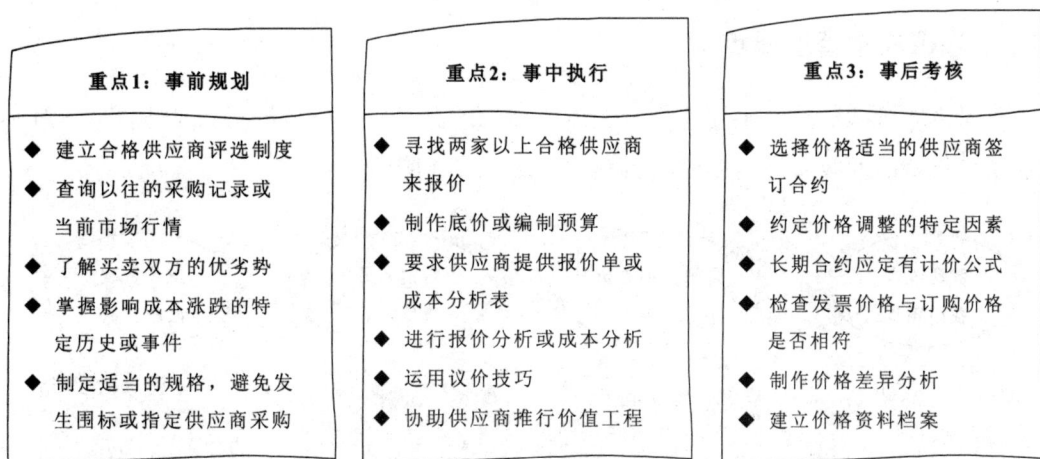

重点1：事前规划	重点2：事中执行	重点3：事后考核
◆ 建立合格供应商评选制度 ◆ 查询以往的采购记录或当前市场行情 ◆ 了解买卖双方的优劣势 ◆ 掌握影响成本涨跌的特定历史或事件 ◆ 制定适当的规格，避免发生围标或指定供应商采购	◆ 寻找两家以上合格供应商来报价 ◆ 制作底价或编制预算 ◆ 要求供应商提供报价单或成本分析表 ◆ 进行报价分析或成本分析 ◆ 运用议价技巧 ◆ 协助供应商推行价值工程	◆ 选择价格适当的供应商签订合约 ◆ 约定价格调整的特定因素 ◆ 长期合约应定有计价公式 ◆ 检查发票价格与订购价格是否相符 ◆ 制作价格差异分析 ◆ 建立价格资料档案

图 7-1 采购成本管理重点

7.1.2 生产成本管理重点

生产成本管理是指企业生产经营过程中各项成本核算、成本分析、成本决策和成本控制等一系列科学管理行为的总称，这四大管理事项的说明如图 7-2 所示。

成本核算

成本核算是将企业在生产经营过程中发生的各种耗费按照一定对象进行分配和归集，以计算总成本和单位成本。成本核算是否正确，直接影响企业成本分析、决策、控制等工作，同时也对成本决策和经营决策正确与否产生重大影响

成本决策

成本决策是根据成本计划或既定的目标，在成本预测的基础上，拟定出各种降低成本的可行性方案，通过对各方案进行分析计算，从中选出经济效益和社会效益最佳的方案，使目标成本最优化的过程

生产成本管理重点

成本分析

成本分析是对实际发生成本与标准成本之间产生差异的性质因素以及每种原因造成的影响，揭示成本差异的构成，针对具体情况采取相应的措施，及时纠正偏差

成本控制

成本控制是对企业生产经营活动中所发生的各项耗费，以及影响成本的各种因素加以管理，发现其与目标成本的差距，及时采取相应的措施加以调节和干预，以保证成本目标的实现

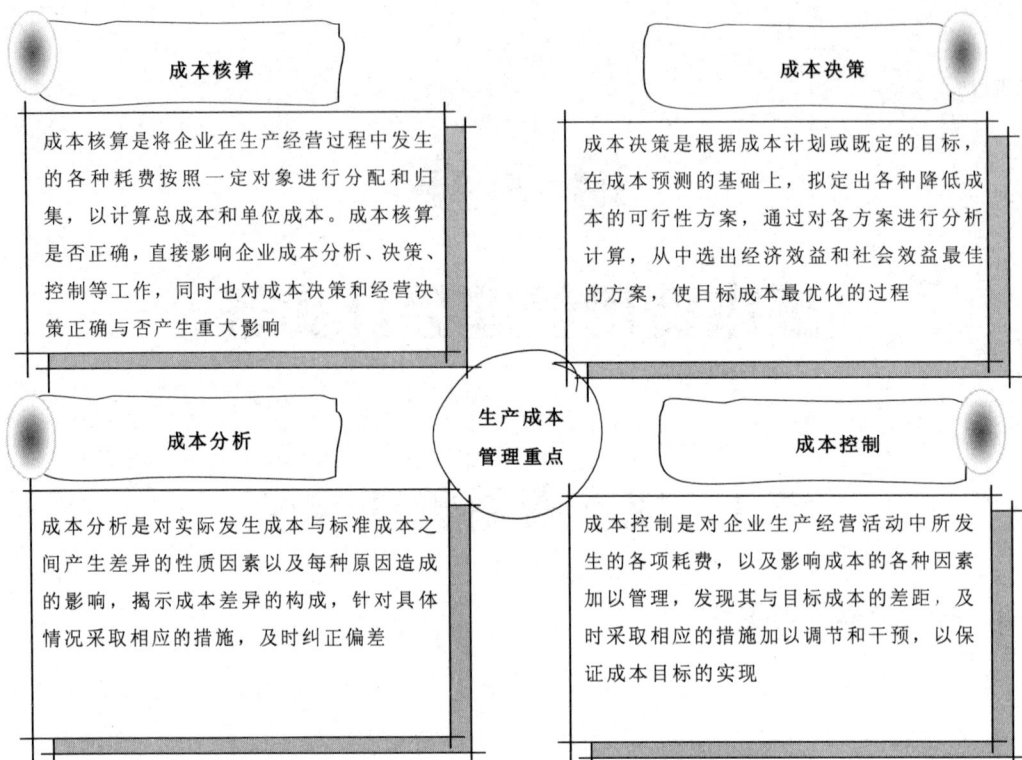

图 7-2　生产成本管理重点

7.1.3　营销成本管理重点

营销成本管理的重点主要包括营销成本费用的预算、分析与控制，同时要加强对客户信用和货款的回收管理控制，其具体说明如图 7-3 所示。

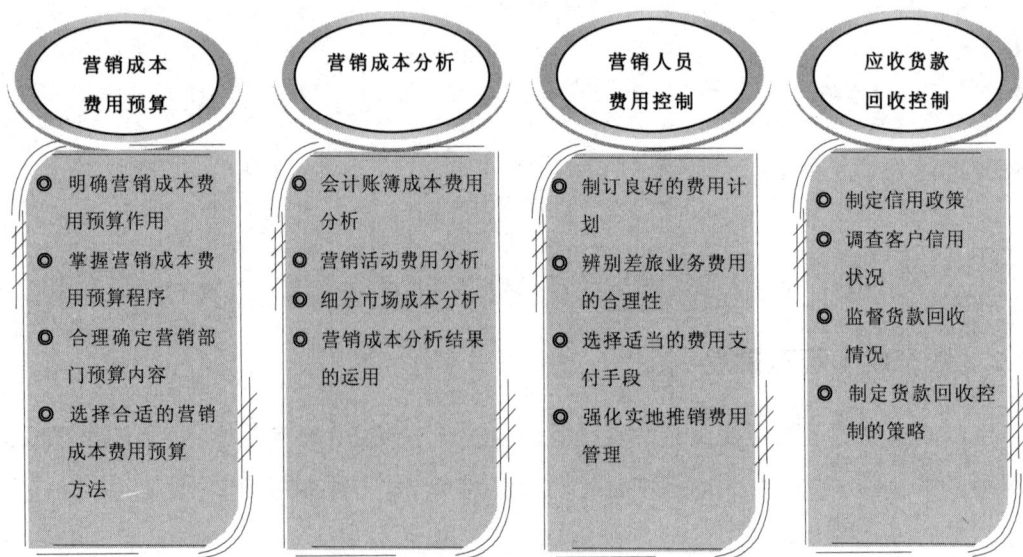

营销成本费用预算	营销成本分析	营销人员费用控制	应收货款回收控制
◎ 明确营销成本费用预算作用 ◎ 掌握营销成本费用预算程序 ◎ 合理确定营销部门预算内容 ◎ 选择合适的营销成本费用预算方法	◎ 会计账簿成本费用分析 ◎ 营销活动费用分析 ◎ 细分市场成本分析 ◎ 营销成本分析结果的运用	◎ 制订良好的费用计划 ◎ 辨别差旅业务费用的合理性 ◎ 选择适当的费用支付手段 ◎ 强化实地推销费用管理	◎ 制定信用政策 ◎ 调查客户信用状况 ◎ 监督货款回收情况 ◎ 制定货款回收控制的策略

图 7-3　营销成本管理重点

7.1.4 管理费用控制重点

管理费用是企业成本费用的重要项目之一，管理费用的高低直接影响企业管理成本和管理效率的高低。企业管理费用的控制重点，主要包括费用预算管理、制定费用控制标准、建设费用管理体系、控制费用支出、费用使用监督等五方面内容，具体说明如图 7-4 所示。

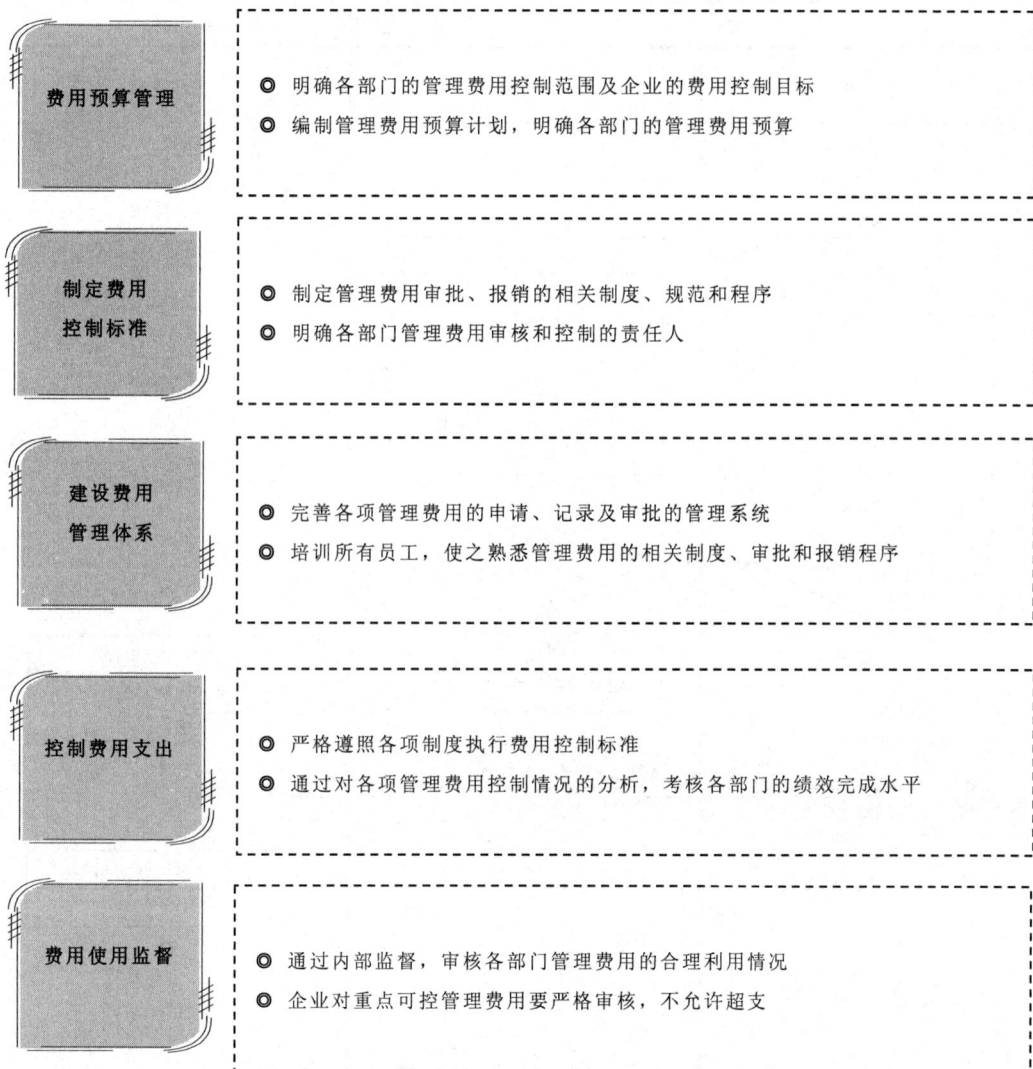

| 费用预算管理 | ◎ 明确各部门的管理费用控制范围及企业的费用控制目标 |
| | ◎ 编制管理费用预算计划，明确各部门的管理费用预算 |

| 制定费用控制标准 | ◎ 制定管理费用审批、报销的相关制度、规范和程序 |
| | ◎ 明确各部门管理费用审核和控制的责任人 |

| 建设费用管理体系 | ◎ 完善各项管理费用的申请、记录及审批的管理系统 |
| | ◎ 培训所有员工，使之熟悉管理费用的相关制度、审批和报销程序 |

| 控制费用支出 | ◎ 严格遵照各项制度执行费用控制标准 |
| | ◎ 通过对各项管理费用控制情况的分析，考核各部门的绩效完成水平 |

| 费用使用监督 | ◎ 通过内部监督，审核各部门管理费用的合理利用情况 |
| | ◎ 企业对重点可控管理费用要严格审核，不允许超支 |

图 7-4 管理费用控制重点

7.2 成本费用管理流程

7.2.1 成本预算编制流程

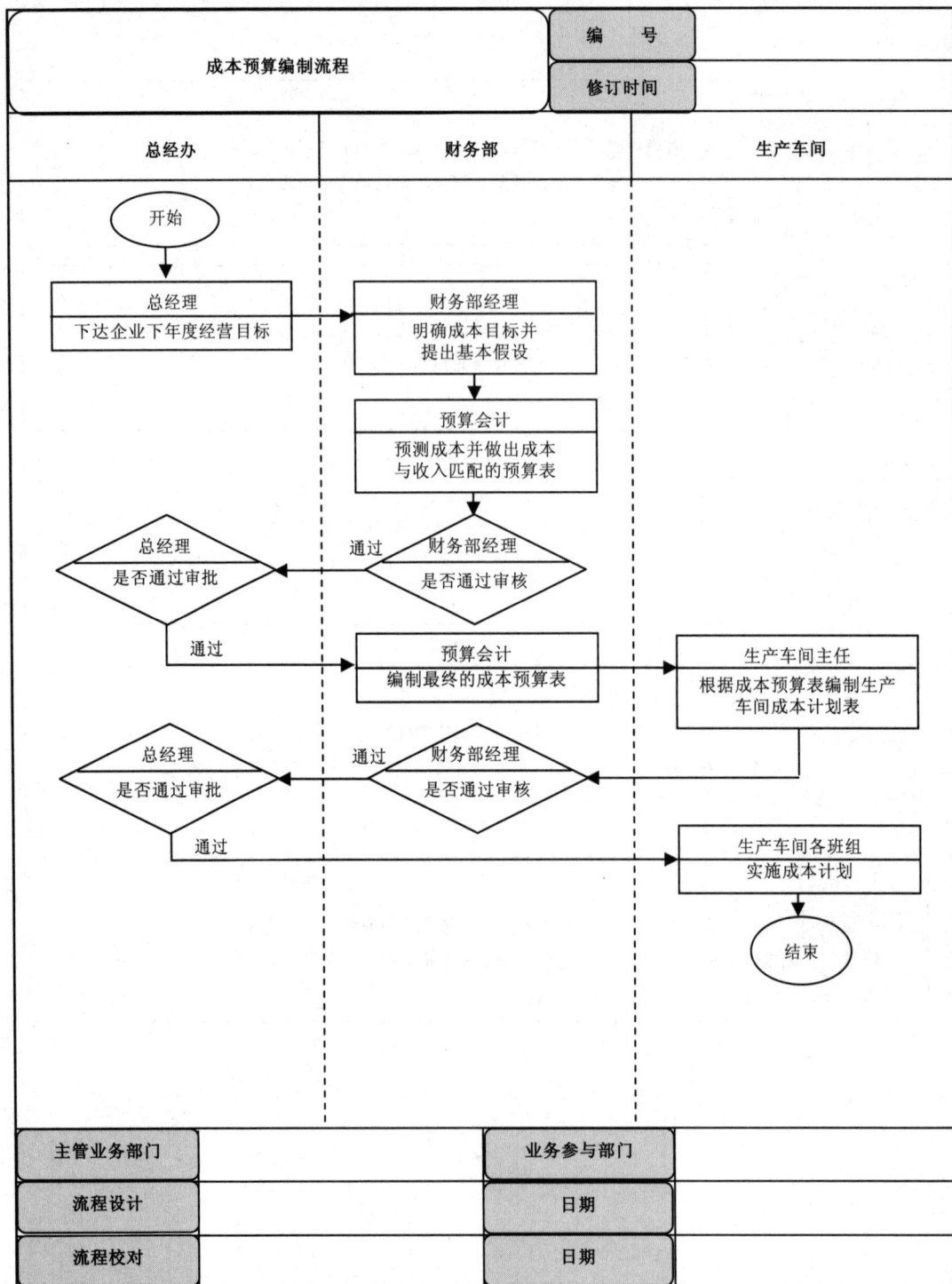

成本预算编制流程	编 号	
	修订时间	

总经办	财务部	生产车间

开始

总经理
下达企业下年度经营目标

财务部经理
明确成本目标并
提出基本假设

预算会计
预测成本并做出成本
与收入匹配的预算表

总经理
是否通过审批 ← 通过 ← **财务部经理**
是否通过审核

通过

预算会计
编制最终的成本预算表

生产车间主任
根据成本预算表编制生产
车间成本计划表

总经理
是否通过审批 ← 通过 ← **财务部经理**
是否通过审核

通过

生产车间各班组
实施成本计划

结束

主管业务部门		业务参与部门	
流程设计		日期	
流程校对		日期	

124

7.2.2 生产成本核算流程

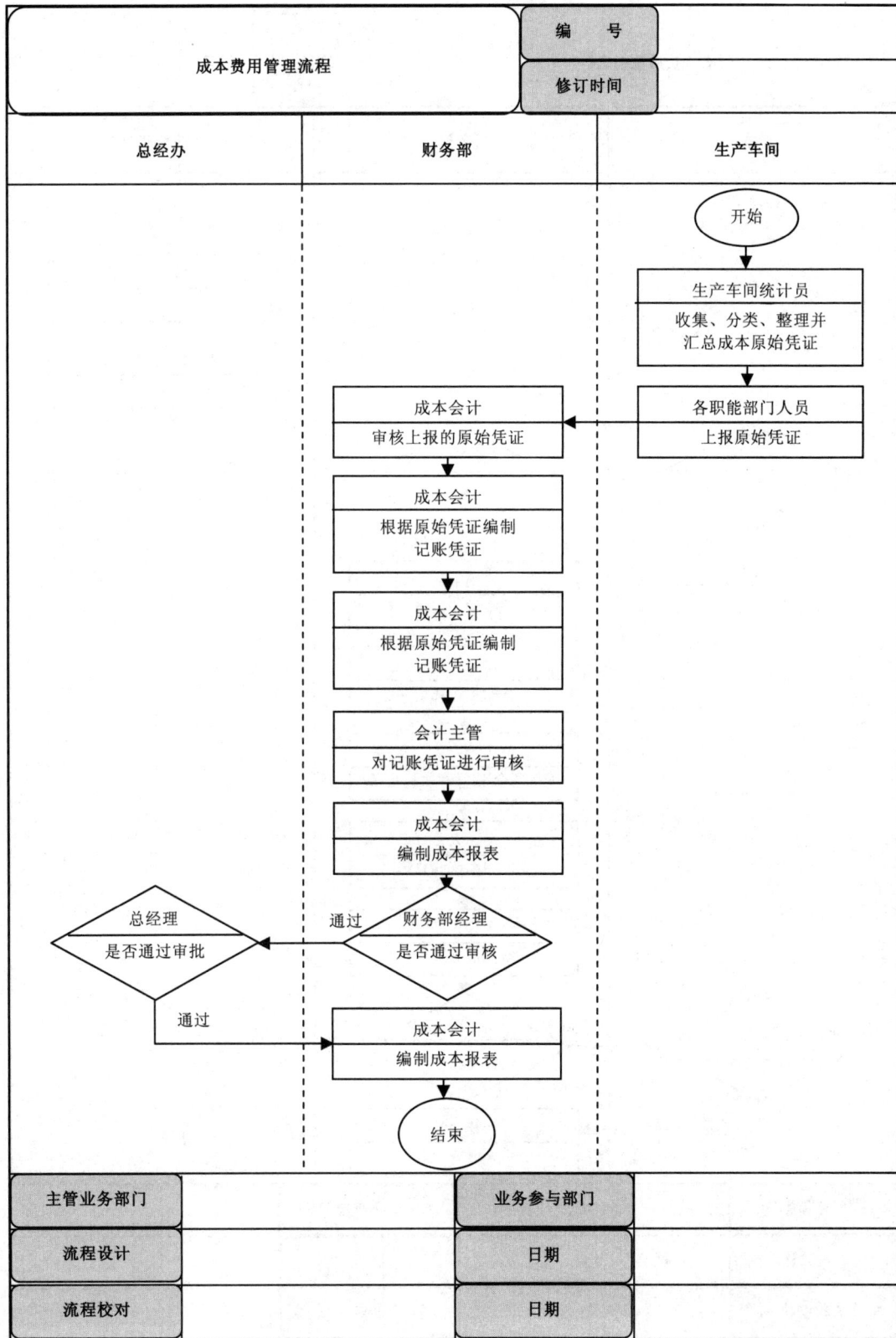

成本费用管理流程	编　号	
	修订时间	

总经办	财务部	生产车间

```
                                          开始

                                   生产车间统计员
                                   收集、分类、整理并
                                   汇总成本原始凭证

                    成本会计                各职能部门人员
                    审核上报的原始凭证  ◄──    上报原始凭证

                    成本会计
                    根据原始凭证编制
                    记账凭证

                    成本会计
                    根据原始凭证编制
                    记账凭证

                    会计主管
                    对记账凭证进行审核

                    成本会计
                    编制成本报表

      总经理        通过   财务部经理
      是否通过审批  ◄──    是否通过审核

      通过          成本会计
                    编制成本报表

                       结束
```

主管业务部门		业务参与部门	
流程设计		日期	
流程校对		日期	

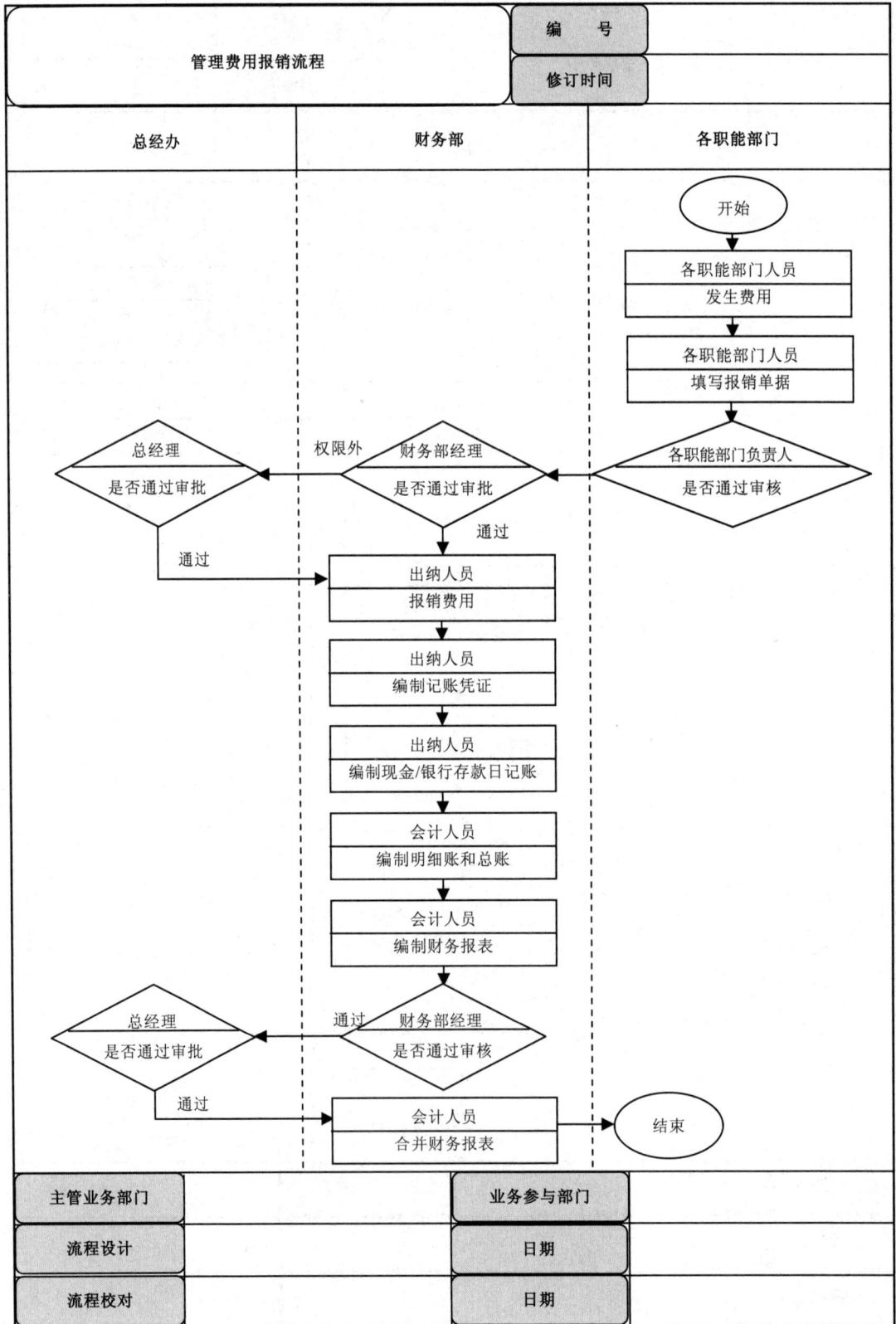

7.2.3 管理费用报销流程

| 管理费用报销流程 | 编　号 | |
| | 修订时间 | |

总经办	财务部	各职能部门

```
开始
  ↓
各职能部门人员
发生费用
  ↓
各职能部门人员
填写报销单据
  ↓
各职能部门负责人
是否通过审核
```

```
总经理            权限外   财务部经理
是否通过审批  ←──────  是否通过审批  ←── 各职能部门负责人
                              是否通过审核
  │通过                    │通过
  └──────────→  出纳人员
                报销费用
                  ↓
                出纳人员
                编制记账凭证
                  ↓
                出纳人员
                编制现金/银行存款日记账
                  ↓
                会计人员
                编制明细账和总账
                  ↓
                会计人员
                编制财务报表
                  ↓
总经理      通过   财务部经理
是否通过审批 ←──── 是否通过审核
  │通过
  └──────→ 会计人员
           合并财务报表  →  结束
```

主管业务部门		业务参与部门	
流程设计		日期	
流程校对		日期	

126

7.2.4 成本差异管理流程

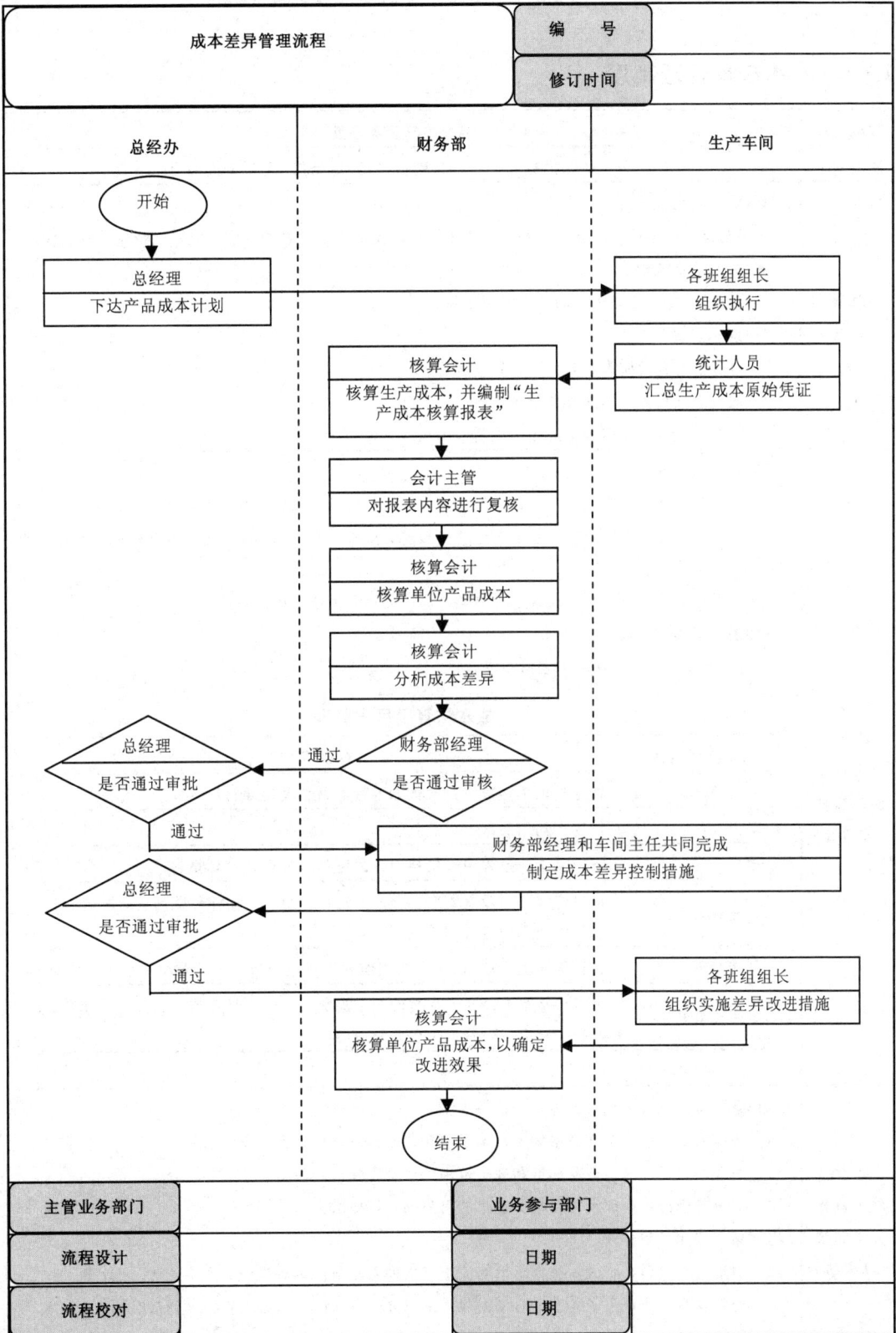

成本差异管理流程	编　号	
	修订时间	

总经办	财务部	生产车间

开始

总经理
下达产品成本计划

各班组组长
组织执行

统计人员
汇总生产成本原始凭证

核算会计
核算生产成本，并编制"生产成本核算报表"

会计主管
对报表内容进行复核

核算会计
核算单位产品成本

核算会计
分析成本差异

总经理
是否通过审批

通过

财务部经理
是否通过审核

通过

财务部经理和车间主任共同完成
制定成本差异控制措施

总经理
是否通过审批

通过

各班组组长
组织实施差异改进措施

核算会计
核算单位产品成本，以确定改进效果

结束

主管业务部门		业务参与部门	
流程设计		日期	
流程校对		日期	

7.3 成本费用控制措施

7.3.1 成本核算管理制度

制度名称	成本核算管理制度				
制度版本		受控状态	□ 受控　□ 非受控	制度编号	
总则 **第1章**	**第1条　目的** 为规范公司成本核算工作，加强公司成本管理，保证成本信息的真实、完整，特制定本制度。 **第2条　适用范围** 本制度适用于对公司成本的核算管理工作。 **第3条　职责分工** 1．财务部是公司成本核算的归口管理部门。 2．成本会计负责成本的具体核算工作。 3．生产部负责配合财务部及相关人员成本核算工作。				
细则 **第2章** **成本核算** **对象和核** **算项目**	**第4条　成本核算对象** 1．产成品。指已经完成生产过程，并已经验收合格入库可供出售的产品。 2．在制品。指月终尚未完工或虽已完工但尚需等待检验等原因，不具备入库条件的各种形态的在制品。 3．对耗用一种原料生产出两种以上分类产品应分别列为成本核算对象。 **第5条　成本核算项目** 成本核算项目主要包括如下表所示内容。 **成本核算项目一览表** {{TABLE2}}				
第3章 **成本核算** **方法和核** **算程序**	**第6条　成本核算依据** 1．国家颁布的《企业会计准则》，本公司制定的"公司内部会计核算制度"。 2．有关的消耗定额、开支标准和开支范围的政策文件。 3．充分考虑公司内部经营特点、经营的内外部环境要求。 **第7条　成本核算方法** 1．对能直接归属某个成本核算对象的成本直接列入相应成本对象的成本中。 2．对涉及两个及以上成本核算对象的成本采用分配办法归集，分别根据具体情况按人员比例、工作量比例分摊。				

成本核算项目一览表

成本核算项目	具体说明
原材料	指经过加工构成产品实体的各种原材料及主要材料
动力	指生产耗用的水、电、气、风等
燃料	指产品生产过程中直接耗用各种固体、液体、气体燃料
辅助材料	指生产过程中投入的有助于产品形成的材料，如各种助剂、添加剂、生产过程中使用的包装物等
制造费用	包括下属生产车间、部门为组织和管理生产所发生的各项间接生产费用
生产人员薪酬	指直接从事产品生产人员的职工薪酬，具体包括工资（含奖金、津贴、补贴）、社会保险费、住房公积金等

制度名称	成本核算管理制度				
制度版本		受控状态	□ 受控 □ 非受控	制度编号	

<table>
<tr><td rowspan="1">第4章
成本核算
程序</td><td>

第8条　通用核算程序

1．按成本发生项目进行归集，归集过程中保持成本核算与实际生产经营进程的一致性。

2．正确划分生产经营用、非生产用，按权责发生制进行核算。凡应由本期负担的支出，均应全部计入本期成本；凡应由分摊负担的支出，通过"长期待摊费用"等科目进行核算。

第9条　分类核算程序

1．生产成本核算。

（1）根据各部门统计资料和原始记录，收集、确定各种产品的生产量、入库量、自制半成品、在产品盘存量及材料、工时、动力消耗等数据，应确保数据的准确性、规范性和有效性。

（2）根据基本生产车间、辅助生产车间和规定的成本费用项目对发生的一切生产费用进行归集。

（3）将归集的费用予以结算和分配，能够确定由某一成本核算对象负担的，直接计入该成本核算对象；由几个成本核算对象共同负担的，按照产量等合理的分配标准，在有关成本核算对象之间进行分配。

（4）期末有在制品产品时，应将归集起来的生产成本按产值在完工产品和在制品之间分配，从而计算出完工产品的总成本和单位成本。

2．材料成本核算。

（1）材料成本主要包括材料购买价格、运杂费、装卸费、定额内的合理损耗、入库前的加工、整理及挑选费用等。

（2）材料采用实际成本核算，按加权平均法计算出库成本。

（3）凡直接用于产品生产的材料和自制半成品，直接计入各产品成本；不能直接认定的，按产值进行分配。

3．燃料和动力成本核算。

燃料及动力按实际成本计入产品成本，能直接认定用于产品生产的燃料及动力的，直接计入各产品成本；不能直接认定的，按产值分配。

4．直接职工薪酬成本核算。

直接从事产品的生产人员的薪酬，直接计入各产品成本；不能直接认定的，按产值进行合理分配。

5．制造费用核算。

为生产产品和提供劳务而发生的各项间接生产费用，通过"制造费用"科目归集，凡能直接认定用于产品生产的制造费用，直接计入各产品成本；不能直接认定的，按产值进行合理分配。

6．辅助生产成本核算。

辅助生产车间生产的水、电、气及提供的劳务等发生的各项间接费用，通过相对应的成本要素归集。

7．在制品成本核算。

（1）对于各月之间变动不大、在制品数量较少、生产周期较短的情况，不计算在制品成本。

（2）对于各月之间变动较大、在制品数量较多、生产周期较长的情况，计算在制品成本。
</td></tr>
<tr><td>第5章
成本核算
分析</td><td>

第10条　成本核算分析内容

1．根据成本目标检查和评估实际执行情况，分析成本实际与计划差异的原因。

2．找出影响成本的因素和降低途径，提出改进建议挖掘潜力，提高经济效益。

第11条　成本核算分析方法
</td></tr>
</table>

制度名称	成本核算管理制度				
制度版本		受控状态	□ 受控　　□ 非受控	制度编号	
第5章 成本核算 分析	1．通过分析收入利润率、成本利润率等指标，评估成本的实际情况。 2．根据材料、燃料、电力、折旧、工资及其他各项成本的变化情况，通过同主要消耗定额和开支标准进行对比，计算各因素的影响程度。 3．通过将实际成本与计划成本相比较，检查成本计划的执行程度。 4．通过将本年成本主要指标与去年同期和历史最好水平相比较，观察成本变动趋势。 **第12条**　成本核算分析实施 成本核算分析采取日常的、定期的、专项的、动态的等多种形式。 1．日常分析主要用于控制支出进度。 2．定期分析主要用于较全面的分析，为下一步改进管理提供信息资料。 3．专题分析主要用于针对某项成本的突出问题进行调查，分析研究，及时扭转偏差。 4．动态分析主要用于分析任务等因素变化对成本的影响及变动趋势。				
附则 第6章	**第13条**　本制度由财务部负责解释和修改。 **第14条**　本制度自发布之日起实施。				
编制部门		审批人员		审批日期	

7.3.2　制造费用归集办法

制度名称	制造费用归集办法				
制度版本		受控状态	□ 受控　　□ 非受控	制度编号	

第1条　目的。

为规范制造费用归集内容，合理划分公司生产成本，特制定本办法。

第2条　适用范围。

本办法适用于公司制造费用的归集管理工作。

第3条　职责分工。

财务部是制造费用归集的归口管理部门。

第4章　制造费用实行公司和各分厂的二级核算管理。

第5条　财务部设置"制造费用"科目进行制造费用总分类核算，同时按分厂经营特点设置二级科目、按17个项目设置三级科目进行明细分类核算。制造费用项目说明如下表所示。

制造费用项目说明表

序号	项目		具体内容
1	人员费用	工资	车间管理人员、技术人员、辅助生产人员等的工资
		福利费	车间管理人员、技术人员、辅助生产人员工资总额的　　%提取职工福利费
2	折旧费		车间使用的房屋、建筑物、机器设备等固定资产按照规定计提折旧费
3	修理费		车间所使用的固定资产和低值易耗品进行日常修理所耗用的各种费用，以及按规定提取或摊销的大修理费用
4	租赁费		车间租入固定资产所支付的租金费用

制度名称		制造费用归集办法					
制度版本		受控状态		□ 受控	□ 非受控	制度编号	

序号	项目	具体内容
5	机物料消耗	非直接用于产品、劳务的一般消耗材料，包括工艺过程中不能制定消耗定额的零星辅助材料和设备维护材料
6	低值易耗品摊销	车间使用的低值易耗品的摊销费，主要包括工装、磨具、仪器、办公家具等的耗损及摊销费
7	水电费	车间日常管理中发生的水、电费用
8	办公费	车间耗用的文具、印刷、邮电、办公用品等费用
9	差旅费	车间人员因公外出发生的差旅费
10	运输费	车间为组织生产，装运部件、产品而发生的运输费用，包括分厂、车间自备运输车辆所发生的费用
11	保险费	车间的固定资产、流动资产进行财产保险所支付的保险费用
12	技术资料费	车间为改进工艺、提高质量与劳动生产率、节约原材料而进行的小型技术改造措施所发生的设计费和制图费等费用，包括分厂生产设计部门的日常经费
13	试验检验费	车间对材料、产品进行分析、化验、试验、检验、检测等发生的费用
14	劳动保护费	车间发生的诸如工作服、工作鞋、清凉饮料及不构成固定资产的安全装置、卫生设备、通风装备等方面的费用和各项劳动保护装置的维护费
15	在产品盘亏和毁损	车间发生的材料、半成品等在产品的盘亏、毁损
16	停工损失	车间因季节性生产和大修理期间停工所发生的损失
17	其他费用	车间发生的不属于以上项目的其他间接费用

第6条 各分厂发生的办公费、差旅费、试验检验费、技术资料费等费用，凭分厂会计开具的"内部资金结算单"到财务部报销，由分厂会计和财务部分别归集记入"制造费用"科目。

第7条 各分厂发生的机务料消耗、劳动保护费等费用，月末以材料核算组编制的"材料消耗汇总表"和分厂会计开具的"内部资金结算单"为依据，由分厂会计和财务部分别归集记入"制造费用"科目。

第8条 各分厂发生的折旧费、水电费、工资、福利费等费用，以财务部开具"特种转账传票"或分厂会计开具的"内部资金结算单"为依据，由分厂会计和财务部分别归集记入"制造费用"科目。

第9条 制造费用按分厂、车间或工段归集后，应由各分厂、车间或工段生产的全部产品或劳务来负担。根据公司产品生产特点和成本计算方法，分厂选择合适的方法进行制造费用的分配工作。

第10条 本办法由财务部制订、修改和解释。

第11条 本办法自颁布之日起施行。

编制部门		审批人员		审批日期	

7.3.3 管理费用控制制度

制度名称	管理费用控制制度				
制度版本		受控状态	□ 受控 □ 非受控	制度编号	

总则 **第1章**	**第1条 目的** 为加强对公司管理费用的管理，有效控制管理费用的支出，特制定本制度。 **第2条 适用范围** 本制度适用于对公司管理费用的管控工作。 **第3条 职责分工** 管理费用的归口管理部门为各个职能部门，管理费用中的变动费用项目由财务部分解落实到有关部门，固定费用项目按性质归口到各职能部门。 **第4条 术语解释** 管理费用是指公司为组织和管理生产经营活动而产生的各项费用，包括管理部门在公司经营管理中发生的费用、由公司统一负担的经费以及其他需要记入该科目的各项费用等。
细则 **第2章** **管理费用** **核算控制**	**第5条 科目设置** 1. 财务部设置"管理费用"一级科目进行总分类核算，该科目期末余额在利润表中反映。 2. 财务部设置"管理费用"二级明细科目进行各部分的明细核算，具体的明细科目如下表所示。 **管理费用明细科目表**

管理费用明细科目表

明细科目分类	明细科目	科目内容
管理部门发生的各项费用支出	职工薪酬	◇ 核算公司职能部门管理人员的工资及奖金
	折旧费	◇ 核算公司管理部门的各项固定资产按照规定计提的折旧费
	办公费	◇ 管理部门文具、印刷、邮电等的办公用品的费用
	差旅费	◇ 管理人员的因公出差发生的各项费用
	低值易耗品摊销	◇ 发生在管理部门中的低值易耗品的摊销费用
	水电费	◇ 管理部门内发生的水费、电费
由企业统一负担的各项经费	工会经费	◇ 公司工会活动需要的各项费用支出
	董事会费	◇ 董事会在执行其职能过程中所发生的各种费用
	业务招待费	◇ 公司招待外来客人花费的餐饮、公关等费用
	技术转让费	◇ 使用非本公司的技术专利而向其他单位和个人支付费用
	诉讼费	◇ 公司因起诉或应诉而发生的各项费用
税费	房产税	◇ 公司为房屋资产支付的各项费用
	印花税	◇ 公司为合同、营业账簿等须缴纳的税费
	土地使用税	◇ 税务部门根据土地面积所征收的税
其他	存货盘盈	◇ 在盘点过程中盘盈的存货记入"管理费用"贷方
	存货盘亏	◇ 在盘点过程中盘亏的存货记入"管理费用"借方

第6条 账务处理

在费用发生时应借记"管理费用"，贷记有关科目。如，计提管理部门人员的职工薪酬应做的账务处理是借记"管理费用"，贷记"应付职工薪酬"。

制度名称	管理费用控制制度				
制度版本		受控状态	□ 受控　□ 非受控	制度编号	

第3章 **预支管理** **费用控制**	**第7条**　预支手续 有关人员在预支管理费用时，应按照以下程序进行预支。 1．预支款项的申请人填写"费用预支申请单"。 2．部门经理对"费用预支申请单"进行审核，如同意便在该申请单上签字确认。 3．财务部经理审核"费用预支申请单"，评估所需款项的用途、金额等是否合理，并在相应的栏内签署审批意见。 4．预支金额高于＿＿＿元的申请，需经公司总经理签字确认。 **第8条**　预支限额 每次预支金额不高于人民币＿＿＿元，各部门的费用预支应不超过本部门预算标准额度。 **第9条**　不按时还款的说明 对于无故未按时还款的员工，公司将按照国家基准贷款利率收取利息并从员工工资中抵扣，不归还预支款的员工下次不得再借，特殊情况须经财务部经理审核、总经理审批后方可办理。 **第10条**　预支款项剩余说明 如职工预支的管理费用使用后有剩余，职工应将剩余的款项如数交还财务部。 **第11条**　预支费用的报销 所有预支须在一个月内进行报销，确有特殊情况需要延期的，必须在到期前到财务部说明情况，并在"费用预支申请单"上注明，经公司总经理签批后，方可延期。
第4章 **管理费用** **报销审批** **控制**	**第12条**　管理费用报销的归口管理部门 各项管理费用在报销时，均须归口管理部门审核，管理费用的归口管理部门如下表所示。 **管理费用的归口管理部门汇总表** 表内容见下

管理费用的归口管理部门汇总表

归口管理部门	管理费用项目
行政部	办公费、通信费、低值易耗品、报刊资料费用、印刷费、水电费、物业管理费、办公用计算机设备及相关配件的管理费用
公关部	公示形象广告费和其他宣传费用
人力资源部	工资、福利费、职工培训费、劳动保险费及各种与员工福利有关的费用
财务部	固定资产折旧、工会经费、印花税、房产税、审计咨询费、坏账损失、手续费等
备注	其他未涉及费用的报销审批权应归以上某一部门实施

第13条　报销期限说明

1．公司管理费用报销遵循"及时报销"原则。当月费用应当月报销，如遇特殊情况费用可以跨月报销。

2．管理费用报销多延迟一个月，报销比例降低5%。

3．报销延迟六个月以上，公司不再予以报销。

第14条　报销规范

职工在报销管理费用过程中，应遵守以下三条规范。

1．职工报销管理费用时应写明所属部门和款项的具体用途，便于财务部进行分类核算。

2．职工报销管理费用时应向财务部人员提供必要的原始凭证，禁止以白条抵账。

3．对于使用虚假发票进行报销的职工，一经发现，处以票面金额五倍以上的罚款。

制度名称		管理费用控制制度				
制度版本		受控状态	□ 受控	□ 非受控	制度编号	

第4章 管理费用 报销审批 控制	**第15条** 管理费用报销流程 1. 所有报销单据均需在费用发生后五日内提出报销要求，填写"费用报销申请单"。 2. 部门主管和经理对"费用报销申请单"进行审核，审核的内容包括费用类别、费用额度、费用期限等，并在"费用报销申请单"的相应位置签字，审核期限为一天。 3. 财务部对"费用报销申请单"进行财务审核，包括费用的合理性、费用的标准等，审核期限为一天。 4. 对于"特批单"，需由财务部审核，报总经理签字后方为有效。 5. 财务部出纳人员通知报销人员领取报销费用，费用领取人员需在领取单上签字。 6. 财务部出纳人员要对费用的报销情况进行登记，填写"费用报销登记表"。 **第16条** 管理费用项目的报销标准 主要管理费用项目的报销标准，如下表所示。

主要管理费用项目报销标准一览表

项目名称	报销标准
业务招待费	◇ 招待费用在1 000元以上的应事先填写"费用申请单"，报总经理审核签字后交财务部，财务部审核时应对照已收到的"特批单" ◇ 员工因工作需要所支付的业务招待费在报销时应向部门经理、审核人员主动说明，并由经办人及部门经理在该张发票背后签字
午餐补助费	◇ 员工因工作需要不能回公司就餐的，可凭发票每人每餐报销____元 ◇ 外出联系工作，应乘坐公交车辆，按实报销。若有特殊情况，经部门经理事先同意后方可乘坐出租车辆，报销时须在发票上写明出发地、目的地
办公用品采购费	◇ 申购物品须事先填制"物品申购单"，经部门经理、办公室签字后交财务部，物品单价在300元以上（含300元）的，须总经理审核签字，未经审批擅自购买者，不得报销 ◇ 购买物品原则上由办公室办理，专业用品自行购买，到办公室办理登记后财务核报
手机费	◇ 基层主管手机费的报销额度为____元/月，部门经理手机费的报销额度为____元/月，高层管理人员手机费的报销额度为____元/月

	第17条 保存报销单据 财务部对报销单据根据公司财务部相关规定应及时入账，并按照分类汇总的方法，对各类费用单据和原始凭证进行分类保存。
第5章 管理费用 考核	**第18条** 考核主体 管理费用的考核工作由财务部和人力资源部共同负责，财务部经理指定专门财务主管对各部门的管理费用的使用支出情况进行定性、定量的评价；人力资源部负责绩效考评和奖惩处理。 **第19条** 考核办法 1. 管理费用的考核时间为每季度一次，年底将对全年的管理费用进行考评。 2. 考核人员应对管理费用按部门进行分解，并与部门绩效和人员绩效相挂钩。不同部门绩效考评和奖惩办法由人力资源部确定，财务部只负责将管理费用的考核结果移交人力资源部。

制度名称	管理费用控制制度				
制度版本		受控状态	□ 受控 □ 非受控	制度编号	
附则 第6章	第20条 本制度由财务部负责制定，总经理办公室负责审批。 第21条 本制度自____年__月__日开始正式执行。				
编制部门		审批人员		审批日期	

7.3.4 人工费用控制方案

人工费用控制方案

编　号：　　　　编制部门：　　　　审批人员：　　　　审批日期：____年__月__日

一、目的

为有效控制人工费用开支，合理控制人工费用，加强对人工费用的规范化管理，特制定本方案。

二、适用范围

本方案适用于对公司所有人工费用开支的控制工作。

三、相关释义

人工费用主要指职工薪酬，即公司为获得职工提供的服务而给予职工各种形式的报酬及其他相关支出。

四、人工费用范围

人工费用的范围包括工资总额、职工福利费、社会保险费、住房公积金、工会经费、职工教育费、非货币性福利以及辞退福利等。

五、人工费用核算控制

（一）考勤记录

考勤记录作为计算计时工资、加班加点工资、病假工资、夜班津贴的主要依据，由人力资源部按月登记职工出勤情况的原始记录。考勤记录可反映每名职工在每个月份的出勤时间、缺勤时间及缺勤原因等。

（二）产量和工时记录

1. 产量和工时记录是登记每名职工或生产班组在工作时间内完成工作数量、质量和完成这些工作量所耗工作时间的原始记录。

2. 产量和工时记录是计算计件工资、分配制造费用及计算产品制造成本的依据。产量和原始记录的样式如下表所示。

产品产量和工时记录单

生产车间：　　　　　　　　　　　　　　　　　　　　　　　日期：____年__月__日

产品 名称	班组 名称	生产 人员	机器 设备	领用 材料	完成 产品数量	工时		废料原因		计件 单价
						实际工时	定额工时	料废	工废	

（三）其他原始记录

其他原始记录包括停工通知单、奖金及津贴分配表、废品通知单等。

六、工资及福利费的控制

（一）工资及福利费费用的归集

工资及福利费用的归集建立在工资核算的基础上，公司通过编制"工资结算单"和"工资结算汇总表"对工资和福利费用进行归集。

（二）工资及福利费用的分配

工资及福利费用的分配需计算生产车间同时生产多种产品时各产品应负担的生产工人工资及福利费用数，其分配方法如下。

1. 计时工资制。

在以计时工资作为分配基础的职工中，应当按生产工人加工产品时所消耗的实际工时进行分配，当实际的工时计算存在问题时，可按照定额工时比例进行计算。计算公式如下。

$$生产工人工资分配率 = \frac{本期发生的生产工人工资（费用）总额}{\sum 各产品生产耗用的定额工时} \times 100\%$$

2. 计件工资制。

计件工资按照已经完工的产品的数量和计件单价计算。因此，计件工资制下的工资计算需按照产品汇总即可计算出各种产品应负担的计件工资。

（三）编制工资及福利费用分配表和汇总表

1. 工资及福利费用分配表的格式如下表所示。

工资及福利费用分配表

应借账户	员工姓名	生产工时	分配率	应负担的工资	应负担的福利费	合计
合计						

2. 工资及福利费用分配汇总表的格式如下表所示。

工资及福利费用分配汇总表

分配对象	应负担的工资	应负担的福利费	合计
××车间			
××车间			
行政部			
人力资源部			
技术部			
设备部			
合计			

七、其他人工费用的管理

1. 其他人工费用主要包括社会保险费、住房公积金、工会经费和职工教育经费等，这类费用的管理主要根据公司所在省（市）的工资管理制度和相关人力资源管理政策进行定期核算和缴纳，并及时进行会计处理。

2. 财务部成本会计和核算会计按月为单位进行这类费用的汇总和计算，并将计算结果上报财务部经理。

实施对象：　　　　　　　　　　　　　　　　　　　　　　　实施日期：＿＿＿＿年＿＿月＿＿日

7.4 成本费用工具表单

7.4.1 生产成本核算表

生产工单：　　　　产品名称：　　　　规格：　　　　出产数量：　　　　缴库单编号：

耗用直接原料	原料名称	规格	领料单号码	单位	数量	单价	金额	耗用直接物料	物料名称	领料单号码	规格	单位	数量	单价	金额
合 计							—	合 计							—

生产单位	日期	工时数	工资率	金额	工时数	分摊率	金额	项目	金额	备注
								直接原料		
								直接物料		
								直接人工		
								已分配费用		
合 计			——			——		合 计		

缴库记录			出库记录				备 注
缴库日期	缴库单号	缴库数量	日期	厂商	发票号码	数量	

经理：　　　　　　会计：　　　　　　制表人：

7.4.2 材料成本明细表

理论成本							实际成本							目标成本						
使用材料	材料名称	用料比例	数量	单价	金额	结构比例	使用材料	材料名称	用料比例	数量	单价	金额	结构比例	使用材料	材料名称	用料比例	数量	单价	金额	结构比例
小计							小计							小计						

7.4.3 人工成本统计表

编号：　　　　　　填表日期：____年__月__日　　　　　　金额单位：元

本月人数	编制人数	男__人，女__人，共计__人	津贴	职务津贴	____元
	编制内人数	男__人，女__人，共计__人		加班津贴	____元
	编制外人数	男__人，女__人，共计__人		交通津贴	____元
	合 计	男__人，女__人，共计__人		其他津贴	____元

编制内人员状况	应工作日数	____日	奖金	合　　计	____元
	缺勤总日数	____日		效率奖金	____元
	出勤总日数	____日		年终奖金	____元
	出　勤　率	____%		不休假奖金	____元
	加班总时数	____时		其他奖金	____元
	加　班　率	____%		合　　计	____元
人事动态	新进	男	____人	其他支出	劳保费（公司负担）	____元
		女	____人		工伤医药费	____元
		合计	____人		抚恤金支出	____元
		新进率	____%		贺奠金支出	____元
	离职	男	____人		退休金支出	____元
		女	____人		资遣费支出	____元
		合计	____人		福利金支出	____元
		离职率	____%		职训金支出	____元
月薪	编制内人员	____元		训练费支出	____元
	编制外人员	____元		其　　他	____元
	合　　计	____元		合　　计	____元
人事费用率		____%	人事费用总计		____元
人均费用率		____%	每人平均人事费		____元

核准人：　　　　　　　复核人：　　　　　　制表人：

7.4.4　成本费用控制表

编号：　　　　　　　　　　　　　　　　　　　　　　　日期：____年__月__日

| 期间
科目 | 本月
实际 | 本年
累计 | 预算 | | 预算达成率 | | 备注 |
			本月	本年累计	本月（%）	本年累计（%）	
销货收入							
代销收入							
销货收入合计							
直接原料							
直接人工							
制造费用							
销货成本合计							
员工薪资							
办公用品							
交通费用							
保险费用							

期间\科目	本月实际	本年累计	预算		预算达成率		备注
			本月	本年累计	本月（%）	本年累计（%）	
公关费用							
通信费用							
差旅费用							
费用合计							

核准人： 复核人： 制表人：

第 8 章

财务稽核会计实务

8.1 财务稽核管理维度

8.1.1 会计制度稽核重点

会计制度是指企业对商业交易和财务往来在账簿中进行分类、登录、归总，并进行分析、核实和上报结果的制度，是进行会计工作所应遵循的规则、方法、程序的总称。企业制定的会计制度应是《中华人民共和国会计法》、国家统一的会计制度的补充及说明，不应与国家统一的会计制度相抵触。在稽核企业会计制度时，应注意以下重点内容，具体说明如图 8-1 所示。

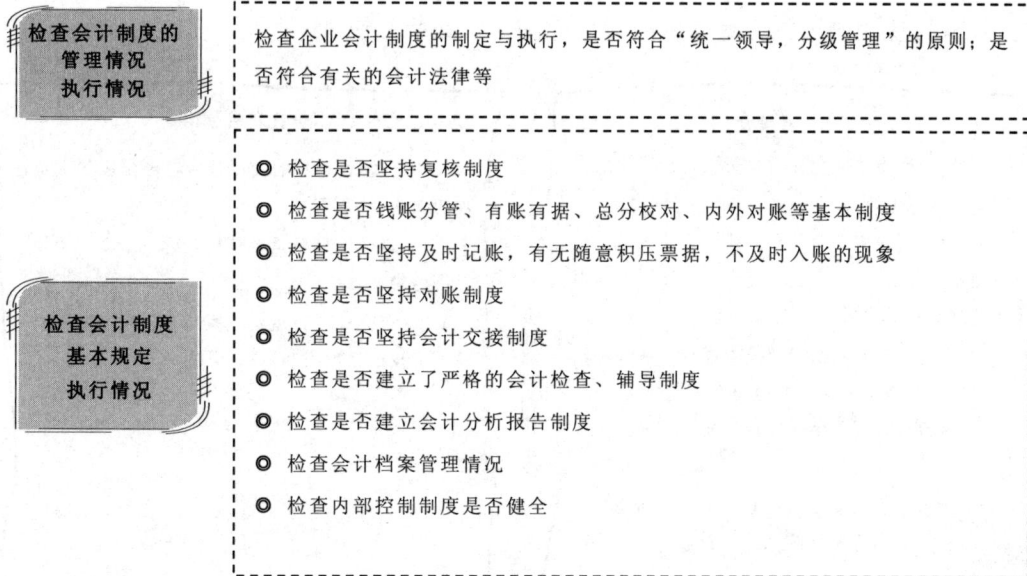

检查会计制度的管理情况执行情况

检查企业会计制度的制定与执行，是否符合"统一领导，分级管理"的原则；是否符合有关的会计法律等

检查会计制度基本规定执行情况

◎ 检查是否坚持复核制度

◎ 检查是否钱账分管、有账有据、总分校对、内外对账等基本制度

◎ 检查是否坚持及时记账，有无随意积压票据，不及时入账的现象

◎ 检查是否坚持对账制度

◎ 检查是否坚持会计交接制度

◎ 检查是否建立了严格的会计检查、辅导制度

◎ 检查是否建立会计分析报告制度

◎ 检查会计档案管理情况

◎ 检查内部控制制度是否健全

图 8-1 会计制度稽核重点

8.1.2 会计凭证稽核重点

会计凭证是记录经济业务、明确经济责任、据以登记会计账簿的书面证明文件。稽核会计凭证，是对经济业务进行日常监督，保证会计信息正确、合理、合法的重要环节。会计凭证稽核包括对原始凭证和记账凭证的稽核，具体的稽核重点如图8-2所示。

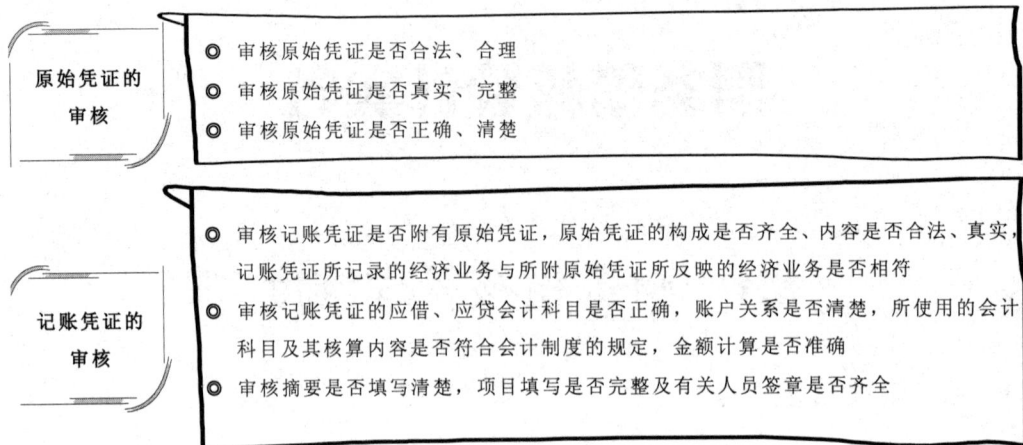

原始凭证的审核
- 审核原始凭证是否合法、合理
- 审核原始凭证是否真实、完整
- 审核原始凭证是否正确、清楚

记账凭证的审核
- 审核记账凭证是否附有原始凭证，原始凭证的构成是否齐全、内容是否合法、真实，记账凭证所记录的经济业务与所附原始凭证所反映的经济业务是否相符
- 审核记账凭证的应借、应贷会计科目是否正确，账户关系是否清楚，所使用的会计科目及其核算内容是否符合会计制度的规定，金额计算是否准确
- 审核摘要是否填写清楚，项目填写是否完整及有关人员签章是否齐全

图8-2 会计凭证稽核重点

8.1.3 会计科目稽核重点

会计科目是指为了满足会计确认、计量和报告的需要，根据企业内部管理和外部信息的需要，对会计要素进行分类的项目。对会计科目的稽核主要体现在对会计科目设置和会计科目使用的稽核，具体稽核重点如图8-3所示。

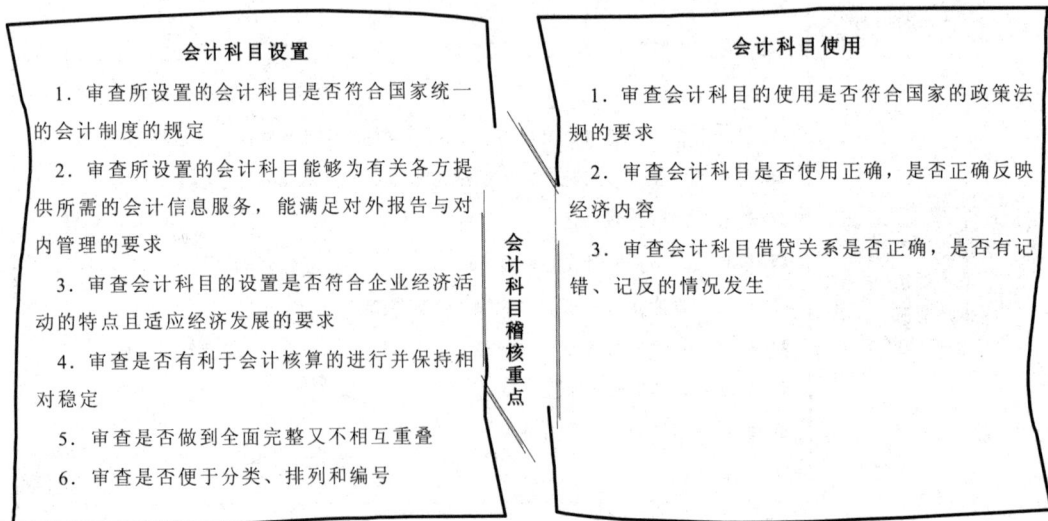

会计科目设置

1．审查所设置的会计科目是否符合国家统一的会计制度的规定

2．审查所设置的会计科目能够为有关各方提供所需的会计信息服务，能满足对外报告与对内管理的要求

3．审查会计科目的设置是否符合企业经济活动的特点且适应经济发展的要求

4．审查是否有利于会计核算的进行并保持相对稳定

5．审查是否做到全面完整又不相互重叠

6．审查是否便于分类、排列和编号

会计科目使用

1．审查会计科目的使用是否符合国家的政策法规的要求

2．审查会计科目是否使用正确，是否正确反映经济内容

3．审查会计科目借贷关系是否正确，是否有记错、记反的情况发生

会计科目稽核重点

图8-3 会计科目稽核重点

8.1.4　会计报表稽核重点

会计报表是根据日常会计核算资料定期编制的，综合反映企业某一特定日期财务状况和某一会计期间经营成果、现金流量的总结性书面文件。对会计报表进行稽核主要应从其真实性、完整性、一致性、及时性和可比性五个方面进行，具体说明如图 8-4 所示。

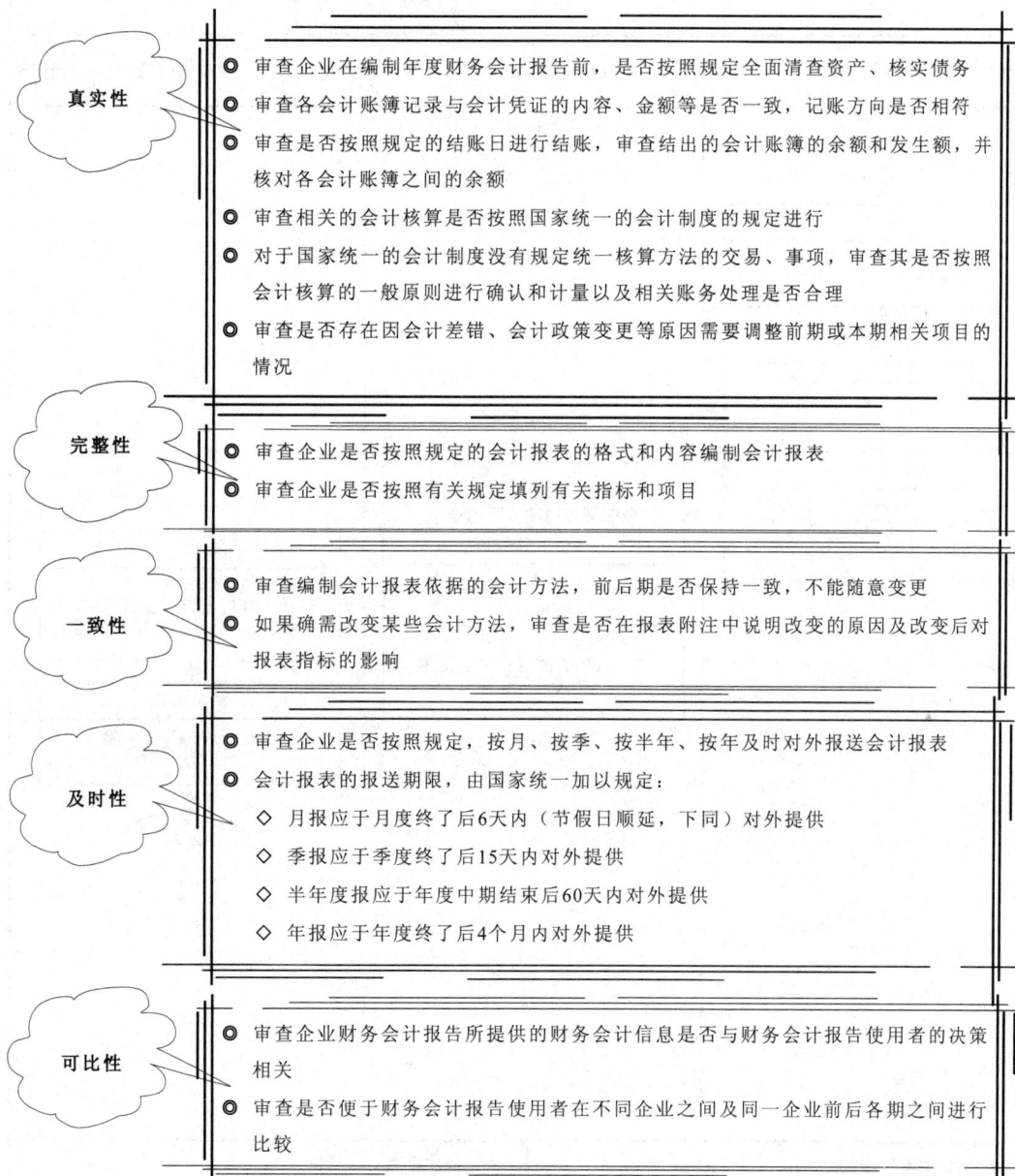

真实性
- 审查企业在编制年度财务会计报告前，是否按照规定全面清查资产、核实债务
- 审查各会计账簿记录与会计凭证的内容、金额等是否一致，记账方向是否相符
- 审查是否按照规定的结账日进行结账，审查结出的会计账簿的余额和发生额，并核对各会计账簿之间的余额
- 审查相关的会计核算是否按照国家统一的会计制度的规定进行
- 对于国家统一的会计制度没有规定统一核算方法的交易、事项，审查其是否按照会计核算的一般原则进行确认和计量以及相关账务处理是否合理
- 审查是否存在因会计差错、会计政策变更等原因需要调整前期或本期相关项目的情况

完整性
- 审查企业是否按照规定的会计报表的格式和内容编制会计报表
- 审查企业是否按照有关规定填列有关指标和项目

一致性
- 审查编制会计报表依据的会计方法，前后期是否保持一致，不能随意变更
- 如果确需改变某些会计方法，审查是否在报表附注中说明改变的原因及改变后对报表指标的影响

及时性
- 审查企业是否按照规定，按月、按季、按半年、按年及时对外报送会计报表
- 会计报表的报送期限，由国家统一加以规定：
  - ◇ 月报应于月度终了后6天内（节假日顺延，下同）对外提供
  - ◇ 季报应于季度终了后15天内对外提供
  - ◇ 半年度报应于年度中期结束后60天内对外提供
  - ◇ 年报应于年度终了后4个月内对外提供

可比性
- 审查企业财务会计报告所提供的财务会计信息是否与财务会计报告使用者的决策相关
- 审查是否便于财务会计报告使用者在不同企业之间及同一企业前后各期之间进行比较

图 8-4　会计报表稽核重点

8.2 财务稽核管理流程

8.2.1 财务稽核管理流程

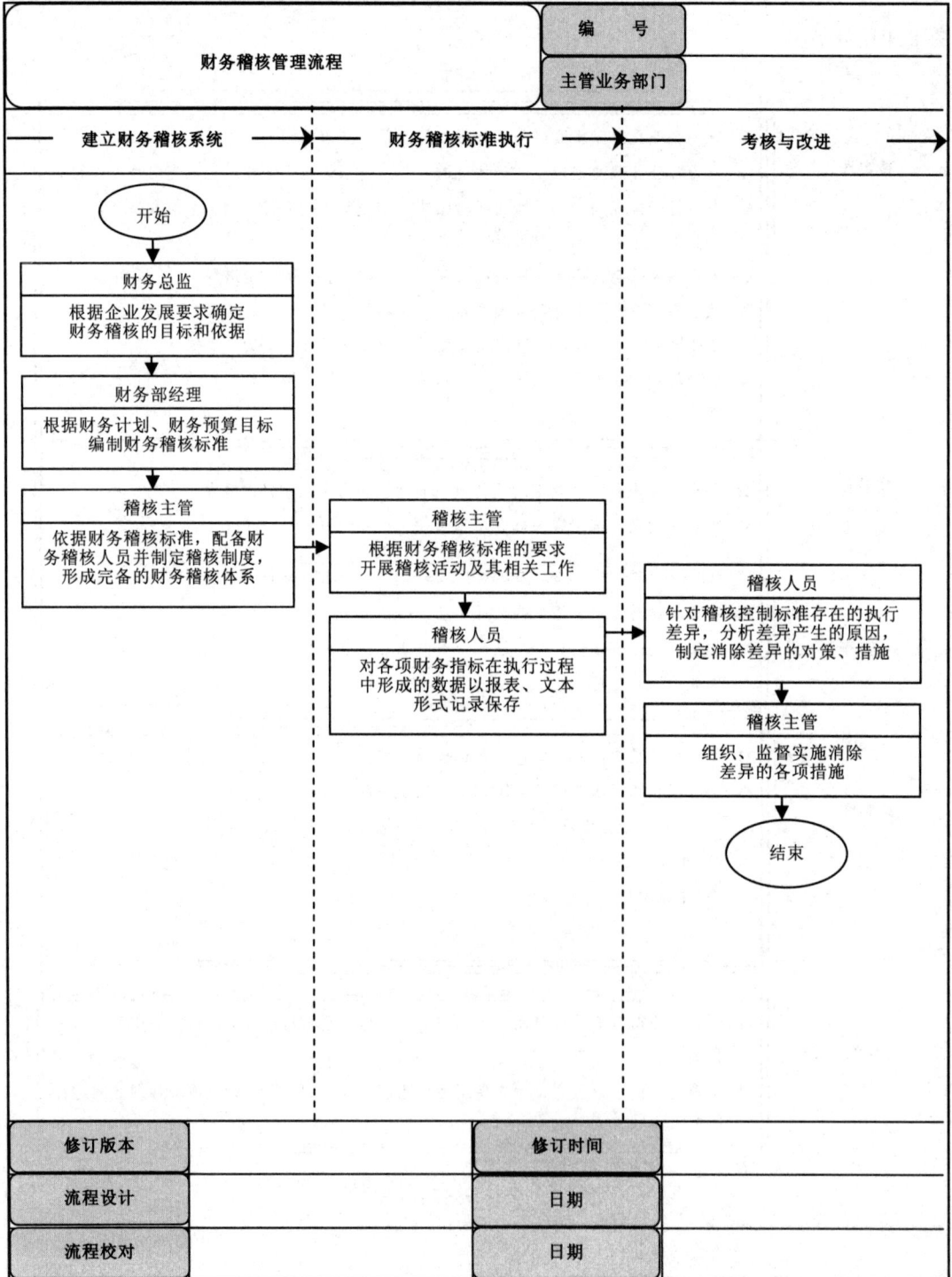

| 财务稽核管理流程 | 编　号 | |
| | 主管业务部门 | |

建立财务稽核系统 ➤	财务稽核标准执行 ➤	考核与改进 ➤

开始

财务总监
根据企业发展要求确定
财务稽核的目标和依据

财务部经理
根据财务计划、财务预算目标
编制财务稽核标准

稽核主管
依据财务稽核标准，配备财
务稽核人员并制定稽核制度，
形成完备的财务稽核体系

稽核主管
根据财务稽核标准的要求
开展稽核活动及其相关工作

稽核人员
对各项财务指标在执行过程
中形成的数据以报表、文本
形式记录保存

稽核人员
针对稽核控制标准存在的执行
差异，分析差异产生的原因，
制定消除差异的对策、措施

稽核主管
组织、监督实施消除
差异的各项措施

结束

修订版本		修订时间	
流程设计		日期	
流程校对		日期	

8.2.2 银行账户核对流程

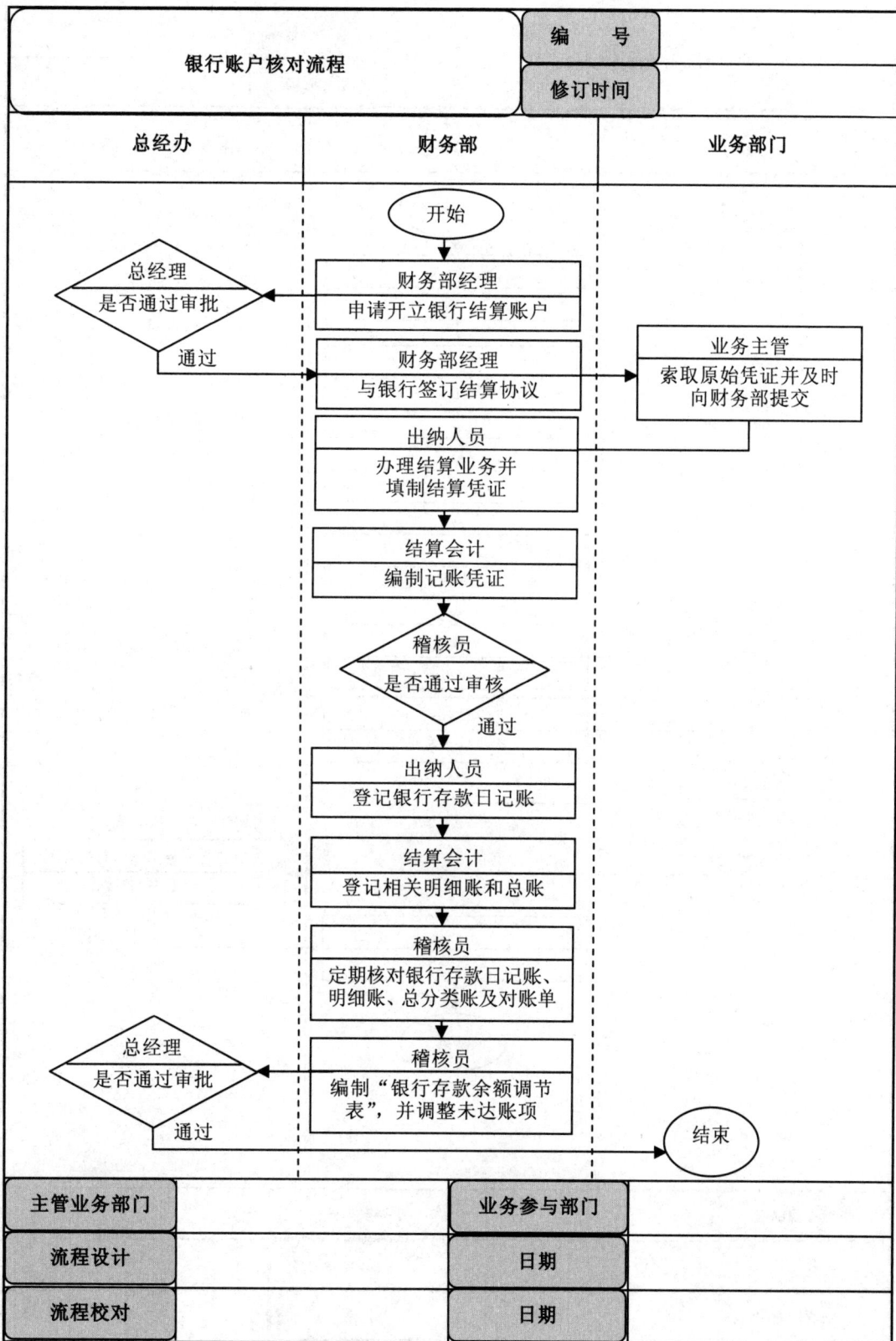

| 银行账户核对流程 | 编　　号 | |
| | 修订时间 | |

总经办	财务部	业务部门

开始

总经理
是否通过审批

财务部经理
申请开立银行结算账户

通过

财务部经理
与银行签订结算协议

业务主管
索取原始凭证并及时
向财务部提交

出纳人员
办理结算业务并
填制结算凭证

结算会计
编制记账凭证

稽核员
是否通过审核

通过

出纳人员
登记银行存款日记账

结算会计
登记相关明细账和总账

稽核员
定期核对银行存款日记账、
明细账、总分类账及对账单

总经理
是否通过审批

稽核员
编制"银行存款余额调节
表"，并调整未达账项

通过

结束

主管业务部门		业务参与部门	
流程设计		日期	
流程校对		日期	

8.2.3 固定资产清查流程

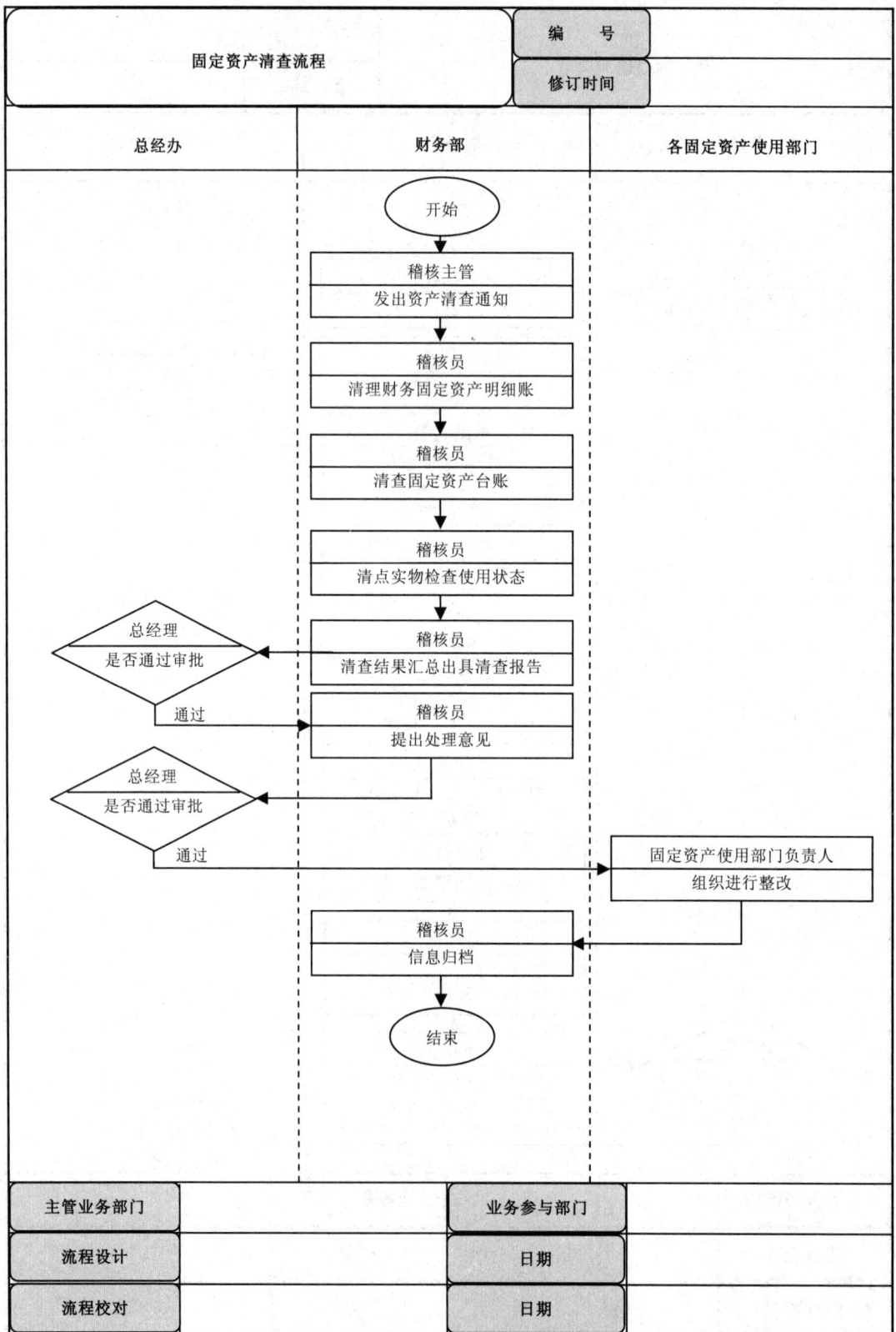

| 固定资产清查流程 | 编　　号 | |
| | 修订时间 | |

总经办	财务部	各固定资产使用部门

```
                        ┌─────────┐
                        │  开始   │
                        └────┬────┘
                             ▼
                    ┌──────────────────┐
                    │     稽核主管     │
                    │  发出资产清查通知 │
                    └────────┬─────────┘
                             ▼
                    ┌──────────────────┐
                    │     稽核员       │
                    │ 清理财务固定资产明细账 │
                    └────────┬─────────┘
                             ▼
                    ┌──────────────────┐
                    │     稽核员       │
                    │   清查固定资产台账 │
                    └────────┬─────────┘
                             ▼
                    ┌──────────────────┐
                    │     稽核员       │
                    │ 清点实物检查使用状态 │
                    └────────┬─────────┘
                             ▼
      ◇───────────◇   ┌──────────────────┐
      │  总经理    │◀──│     稽核员       │
      │是否通过审批 │   │ 清查结果汇总出具清查报告 │
      ◇───────────◇   └──────────────────┘
            │通过       ┌──────────────────┐
            └─────────▶│     稽核员       │
                       │   提出处理意见    │
                       └────────┬─────────┘
      ◇───────────◇            ▼
      │  总经理    │◀───────────┘
      │是否通过审批 │
      ◇───────────◇
            │通过                          ┌──────────────────┐
            └─────────────────────────────▶│ 固定资产使用部门负责人 │
                                           │   组织进行整改    │
                                           └────────┬─────────┘
                       ┌──────────────────┐        │
                       │     稽核员       │◀───────┘
                       │   信息归档        │
                       └────────┬─────────┘
                                ▼
                          ┌─────────┐
                          │  结束   │
                          └─────────┘
```

主管业务部门		业务参与部门	
流程设计		日期	
流程校对		日期	

8.3 财务稽核控制措施

8.3.1 会计稽查管理制度

制度名称	会计稽核管理制度				
制度版本		受控状态	☐ 受控 ☐ 非受控	制度编号	
总则 第1章	**第1条** 目的。 为建立现代企业制度，完善公司财务制度体系，加强会计基础规范工作，维护《会计法》等法律法规的顺利实施，特制定本制度。 **第2条** 适用范围。 本制度适用于公司会计稽查管理工作。 **第3条** 职责分工。 1．会计机构、会计人员对公司的经济业务进行事前审核和事后复核，实现会计监督，以充分发挥会计的职能作用。 2．会计核算岗位规定会计人员一岗多人的，制单人不得兼复核，一人多岗的可以兼任。				
细则 第2章 对原始凭证的审核、复核和监督	**第4条** 由会计人员对原始凭证进行审核、复核。入账前应根据公司制定的预算标准，审批资料，付款程序，文件及其他规定，复核其合理性、合法性、真实性及准确性。 **第5条** 对不真实、不合法的原始凭证不予受理，对弄虚作假、严重违法的原始凭证，在不予受理的同时，予以扣留，并及时向主管领导报告，查明原因并追究当事人责任。 **第6条** 对记载不准确、不完整的原始凭证，应予以退回，要求经办人员更正，补充。				
第3章 对会计账簿的管理监督	**第7条** 对所有会计账簿根据其性质不同指定专人登记，并定期检查、核对，发现问题及时处理，做到账证、账账、账实、账表相符。 **第8条** 出纳人员不得兼管稽核、会计档案保管和收入、费用、债权债务账目登记工作。				
第4章 对实物、款项的监督	**第9条** 坚持"管钱不管账，管账不管钱"的原则，出纳人员除现金、银行日记账外，不得兼管稽核，会计档案保管和收入、费用、债权债务账目的登记工作。出纳人员应严格执行《会计法》中的现金管理制度，登记银行存款账、现金日记账，对会计凭证进行序时登记，做到日清月结，及时与银行核对，月末会同会计人员编制银行余额调节表。 **第10条** 由办公室指定专人对财产物资进行登记管理，严格执行财产的收发领用制度，建立"财产物资台账"，并分别注明购买日期、产地、金额、数量、存放地点、保管人等。 **第11条** 对账簿记录与实物、款项不符时，应当按照国家有关规定进行处理。 **第12条** 对超出会计机构、会计人员职权范围的，应当立即向本单位领导报告，请求查明原因，做出处理。 **第13条** 认真执行财产清查制度，分清责任，保护公共财产的安全，完整。				
第5章 对财务收支的监督、审核	**第14条** 对审批手续不全的财务收支，应当退回，要求补充、更正。 **第15条** 对违反规定不纳入单位统一会计核算的财务收支，应当制止和纠正。 **第16条** 对违反国家统一的财政、财务、会计制度规定的财务收支，不予办理。 **第17条** 对认为是违反国家统一的财政、财务、会计规定的财务收支，应当制止和纠正；制止和纠正无效的，应当向单位领导人提出书面意见请求处理。 **第18条** 对严重违反国家利益和社会公众利益的财务收支，应当向主管单位或者财政、审计、税务机关报告。				

制度名称	会计稽核管理制度				
制度版本		受控状态	□ 受控　□ 非受控	制度编号	
第6章 **其他监督事项**	**第19条**　会计机构、会计人员对违反单位内部会计管理制度，以及单位制定的预算、财务计划、经济计划、业务计划等的经济活动实行监督。				
	第20条　必须依照法律和国家有关规定接受财政、审计、税务机关等单位的监督，如实提供会计凭证、会计账簿、会计报表和其他会计资料以及有关情况，不得拒绝、隐匿、谎报。				
附则 **第7章**	**第21条**　本制度由财务部负责制定，总经理办公室负责审批。				
	第22条　本制度自＿＿＿年＿＿月＿＿日开始正式执行。				
编制部门		审批人员		审批日期	

8.3.2 财务稽核盘点方案

财务稽核盘点方案

编　号：　　　　　编制部门：　　　　　审批人员：　　　　　审批日期：＿＿＿年＿＿月＿＿日

一、目的

为加强对公司的财务管理工作，规范财务盘点实施程序及要求，准确地反映公司当前的财务状况，核对、修正财务数据，特制定本方案。

二、适用范围

本方案适用于对公司财务盘点的具体实施工作。

三、财务盘点的原则

财务盘点的原则包括如下表所示的三个方面。

财务盘点的原则

原则	具体说明
全面盘点	采取全面盘点方式，全面盘点公司所有有形资产
静态盘点	盘点开始后应停止财务的进出及转移工作
精确计量	所有盘点数据必须以实际清点、磅秤或换算的确定资料为依据，不得以猜想数据、伪造数据进行登记

四、盘点范围

本次财务盘点是对公司存货、资金以及各种长期有形资产进行全面盘点，具体包括如下几项内容。

1．存货盘点，包括原材料、在制品、产成品、外协加工物料、下脚料等的盘点。

2．资金盘点，包括现金、票据、有价证券、租赁契约的盘点。

3．长期有形资产的盘点，包括以下三项内容。

（1）固定资产，包括土地、建筑物、机器设备、运输设备、生产器具等资本支出购置的资产。

（2）保管资产，凡属固定资产性质，但以费用报支的各项设备。

五、盘点人员

稽核经理依照盘点种类，填写"盘点人员编组表"，呈总经理核定后公布实施。具体人员安排及职责说明如下表所示。

盘点人员安排及职责说明表

盘点人员	担任人	具体职责
总盘人	稽核经理	任盘点工作的总指挥,负责督导盘点执行及对异常事项进行裁决
主盘人	稽核员	负责实际的盘点工作
协盘人	各归口管理部门人员	负责盘点时物品的搬运及整理工作
会盘人	财务部指派	负责会点及记录工作,与盘点人分段核对、确认数据
复盘人	稽核主管	负责初盘结果的复核工作
监盘人	总经办人员	监督盘点工作的执行情况

六、盘点要求

本次财务盘点的工作人员须遵循以下管理要求。

1. 所有参加盘点的人员,必须深入了解本身的工作职责及准备事项。

2. 盘点人员盘点当日一律停止休假,必须依规定时间提早到达指定的工作地点,向该组复盘人报道,接受工作盘点。如因特殊原因而需另找代理人,应事先报备核查,否则以旷工论处。

3. 盘点使用的单据、报表的所有内容如有修改,须经稽核经理签字确认后生效,否则须追究其责任。

4. 盘点人员超时工作,可报加班或经主管核准轮流编排补休。

七、盘点时间

本次盘点日期为____年__月__日。

八、盘点准备

(一)盘点表格准备

财务部根据财务的类别设计盘点表格,并提交财务总监审核。

(二)待盘物的准备

财物各归口管理部门应将盘点的财物及盘点用具预先准备妥当。

1. 存货的堆置应力求整齐、集中、分类准确,同时予以标示。

2. 现金、有价证券及租赁契约等应按类别整理并列明清单。

3. 各项财产卡要依编号顺序事先准备恰当,以备盘点。

(三)财务准备

财务部应于盘点前将各项财务账册登载完毕。

1. 因特殊原因无法按时完成的,应利用“结存调整表”,将尚未入账的有关单据(如缴库单、领料单、退料单、交运单、收料单等)的账面数调整为正确的账面结存数。“结存调整表”一式两联,第一联送归口管理部门,第二联财务部留存。

2. 盘点期间已收料而未办妥入账手续者,另行分别存放并予以标示。

九、实物盘点

实物盘点依照以下程序进行。

1. 经总经理批准,财务部签发盘点通知,并召集各部门的盘点负责人召开盘点协调会议。

2. 盘点人与会盘人在协盘人的协助下实施盘点。

3. 会盘人依据实际盘点数翔实填写“盘点统计表”,每隔一段时间核对一次,核对无误后在表上互相签名确认,并将该表编列同一流水号码,各自存一联备日后查核。

4. 盘点完毕,盘点人员负责汇总“盘点统计表”,以此填写“盘存表”,一式两联,第一联由归口管理部自存,第二联交财务部,供核算盘点盈亏金额。

5. 财务部根据"盘存表"填写"盘点盈亏报告表"（一式三联），送归口管理部门填列差异原因的说明及对策。

6. 归口部门将填写完毕的"盘点盈亏报告表"送回财务部汇总。

7. 财务部将整理完毕的"盘点盈亏报告表"呈财务总监、总经理审阅，请其给出处理意见。

8. 财务部根据处理意见进行账项调整。

十、现金、票据及有价证券盘点

现金、票据及有价证券盘点应遵循以下四点要求。

1. 现金及票据的盘点应在盘点当日下午结账后进行。

2. 盘点前要先将现金存放处封锁，于核对账册后开启，由盘点人与资金管理人员共同盘点。

3. 盘点人根据实际盘点数翔实填写"现金（票据）盘点报告表"。

4. 核对认定有价证券及各项所有权，盘点人根据实际盘点数翔实填写"有价证券盘点报告表"，经双方签字后呈核。如有出入，须立即呈报总经理批示。

十一、其他项目的盘点

1. 外协加工料品，由各外协加工料品归口管理部门人员会同盘点人员共同赴外盘点，填写"外协加工料品盘点表"（一式三联），并由代加工商签字确认。"外协加工料品盘点表"的第一联留存归口管理部门，第二联留存财务部，第三联留存总经理室。

2. 销货退回的成品，应于盘点前办妥退货手续（含验收及列账）。

3. 资产管理部应将新增加土地、房屋的所有权证的影印本送交财务部核查。

十二、账面错误处理

1. 账目有误。

账面数量如漏账、记错、算错、未结账或账面记载不清，记账人员应视情节轻重予以警告以上处分，情节严重者呈报总经理议处。

2. 自行涂改账目。

账面数字如有涂改，未盖章、未签章、未签证等，凭证未整理难以查核或有虚构数字者，均由直接主管签报总经理议处。

十三、奖惩措施

1. 进行盘点的工作人员须依照本方案的规定，切实遵照办理。表现优异者，经主盘人签报可给予奖励。

2. 违反本方案，视其情节轻重，由主盘人签报人力资源部议处。

实施对象：　　　　　　　　　　　　　　　　　　　　实施日期：____年__月__日

8.3.3　内部稽核管理规范

制度名称	内部稽核管理规范				
制度版本		受控状态	□ 受控　　□ 非受控	制度编号	

第1条 为提升公司财务管理质量，特制定本规范。

第2条 公司稽核人员依据国家各项方针政策、财务法规的规定，以及财务会计制度、会计核算办法以及岗位责任书，对公司的会计核算等业务活动进行内部稽核、监督和检查。

第3条 稽核人员应对有关规章制度、法律法规和岗位责任书以及各项操作规程的执行情况进行监督，发现问题应及时反映，督促相关部门和人员严格按照规章制度执行。

第4条 稽核人员负责对前一天所发生的各项会计业务的真实性、准确性、合法性、有效性进行全面稽核督查。

制度名称	内部稽核管理规范				
制度版本		受控状态	□ 受控　□ 非受控	制度编号	

第5条　稽核人员负责对账簿、报表以及计算机中储存的各项会计资料和数据、文件的专项进行稽核工作。

第6条　稽核人员负责对各种重要的印鉴、印章的保管及使用情况进行审查。

第7条　稽核人员根据稽核工作中经常出现的问题，结合有关制度、操作规定和办法，进行分析研究，提出合理的解决建议和书面报告，并搞好财务稽核规范化建设。

第8条　稽核人员在稽核规程中，如发现有重大问题或疑问，要及时查明原因并及时向上级主管汇报，如遇到重大违章违纪问题和违法犯罪行为的，应立即向公司总经理汇报。

第9条　稽核人员在稽核工作完成后，应按时填写"事后稽核工作日记"，并详细记录稽核工作中提出的建议及处理结果。

第10条　稽核人员在做好常规性稽核工作的基础上，可根据工作需要采取下图所示四种稽核方式。

稽核方式说明表

稽核方式	具体说明
专项稽核	按规定的稽核目的和要求，在一定范围和时间内，针对某一会计事项或会计业务进行的重点稽核
全面稽核	按照稽核任务和范围要求，对某一时期某一处的全部会计业务活动进行的系统稽核
报送稽核	根据稽核计划和目标要求，通知被稽核处将所需检查的有关会计资料，在规定的时间内送达而进行的稽核
现场稽核	派出稽核人员到被稽核处对有关会计业务进行稽核检查

第11条　稽核人员每天必须对前一天发生的会计稽核业务进行常规性稽核，各类凭证稽核的重点如下。

1．会计凭证稽核的重点。

（1）各类凭证的经济内容是否符合国家政策或公司有关规定，是否真实合法。

（2）凭证内容各项要素是否完整。

（3）印鉴及有关签章是否齐全。

（4）数字，包括大小写、金额、日期是否准确有效。

（5）编制的会计凭证或划款凭证是否有合法的原始凭证作为附件或有填制依据。

（6）其他有关审批及经办人员签章是否齐全。

2．汇款凭证填制稽核重点。

检查汇款凭证填制和供货方合同是否金额相符，是否有会计主管的签章。

3．科目日结单和科目余额表的稽核重点。

（1）科目日结单科目与凭证数是否相符。

（2）科目余额表中借贷方发生额、科目余额是否正确。

4．记账凭证稽核重点。

（1）记账凭证使用是否正确，会计科目分录是否正确。

（2）核查是否有漏记、积压回单。

5．各类账簿和会计报表稽核重点。

（1）账簿及账户的使用是否正确，账簿的记载是否符合记账规则的要求。

（2）有关账簿和会计报表的数字与内容是否与账簿一致。

（3）会计报表之间有关数据及内容钩稽关系是否一致，上下期报表是否衔接，数字是否真实准确。

第12条　本规范自下发之日起执行，由财务部负责解释和修订。

编制部门		审批人员		审批日期	

8.3.4 会计内部牵制制度

制度名称	会计内部牵制制度				
制度版本	受控状态	□ 受控	□ 非受控	制度编号	

第1条 目的。

本着下列四大目的，根据《会计法》和公司财务会计管理制度，结合公司实际情况，特制定本制度。

1. 确保会计工作和会计信息的质量。

2. 分工明确，职权清晰。

3. 提高会计工作的效率。

4. 严肃财经纪律，确保财产物资和货币资金的安全、完整。

第2条 职责分工。

公司的财务管理与会计内部控制工作是在财务部经理的领导下，财务部具体负责公司各项财务管理、会计控制制度的建立健全工作，接受各相关部门及人员的监督。

第3条 财务部内部牵制制度应与岗位责任制、经济责任制相结合，遵循机构分离、职务分离、钱账分离、账物分离的基本原则。

第4条 记账人员应与经济业务事项和会计事项的审批人员、经办人员、财物保管人员的职责权限相互分离，相互制约。

第5条 财务公章由会计主管保管，法人私章、财务部经理私章和出纳人员私章由出纳人员保管。使用时由分管人员审核有关凭证后亲自盖章，严禁他人代盖。

第6条 各种印鉴（章）、空白凭证在上班时须妥善保管，下班时锁入保险柜。

第7条 所有银行结算凭证，由会计部和结算部统一购置，支票和支付密码要分人保管，使用人按规定领用并进行备查登记。

第8条 按规定填写或打印银行现金支票、转账支票。存根与票面内容须完全一致。由持章人审核后盖章，裁剪下存根，将支票交给出纳员办理。支票使用必须进行登记并由盖章人负全部责任。

第9条 作废支票由出纳人员交会计主管审核后进行备查登记，月末订在最后一张记账凭证后面，归档保管。

第10条 所有现金、银行存款收付业务均由会计人员审核制单（输机）后，交由出纳人员办理收付款业务。对于银行往来业务，在记账凭证上要注明原始凭证字号。

第11条 出纳人员应逐日逐笔登记现金日记账与银行存款日记账，并与计算机打印出的当日现金及银行存款余额表核对相符。

第12条 出纳人员无权编制或更改记账凭证，无权核对银行账，无权编制"银行存款余额调节表"。

第13条 会计科和结算部指定专人负责银行账的勾对，并编制"银行存款余额调节表"，于每月10日前将上月"银行存款余额调节表"交部门主管审阅；对于未达账项必须及时到银行查询并向主管报告。

第14条 严格执行库存现金限额管理，超限额现金应于当日送存银行，会计科可与结算部联合办理现金送存业务。

第15条 大额存单由会计主管登记备查账簿并负责保存；到期前应向财务部经理报告，需要转存的应及时办理转存。

第16条 会计主管要不定期抽查库存现金限额的执行、账款是否一致、对账是否及时等现金管理条例的落实情况。

第17条 当日凭证当日复核，会计主管应按顺序号逐一复核当日记账凭证；发现差错，及时通知记账（输机）人员按规定方法予以更正，并再次复核更正后的凭证；复核后的凭证方可登记机内账簿。输机人员和复核人员须在凭证上签字盖章。

第18条 对计算机上机操作密码要严格管理，严禁未经授权人员操作会计软件。

制度名称	会计内部牵制制度				
制度版本		受控状态	□ 受控 □ 非受控	制度编号	

第19条 会计科和结算部工作人员应避免接触与本人工作无关的资产。非财务处工作人员严禁进入会计部和结算部的柜台内。

第20条 会计人员应及时整理、装订各类凭证、账簿、会计报表等资料，并检查有无缺损，然后交档案室保管。

第21条 未经保管人员同意，任何人不得随意查阅会计档案；如需查阅已归档的会计资料，必须由两人以上同时进行，并确保会计资料的完整性。

第22条 本制度由财务部负责制定、修改和解释。

编制部门		审批人员		审批日期	

8.4 财务稽核工具表单

8.4.1 财务状况控制表

填写日期：＿＿＿年＿月＿日

应收账款		应付账款	
昨日余额		昨日余额	
本日销货	+	本日发票付账	+
本日退货折让	−	折让退回	+
现金销货	−	支付票据	−
货款收回	−	支付现金	−
本日余额		本日余额	
应收票据：		应付票据	
昨日余额	张	昨日余额	张
本日收入	+张	本日支付票据	+张
本日兑现	−张	本日到期	−张
本日余额	张	本日余额	张

银行	昨日结存	本日存入	本日支出	本日结存	明日应付款
合计					

核准人： 复核人： 制表人：

8.4.2 资金调度控制表

单位：元

年		收　入						支　出						银行存款余额
月	日	押汇收入	现销收入	应收票据	贴现贷款	……	收入合计	应付票据	水电薪资	利息支出	偿还贷款	……	支出合计	

核准人：　　　　　　　　复核人：　　　　　　　　制表人：

8.4.3 资产盘点报告表

部门（区域、库位）：　　　　　　填制日期：＿＿＿年＿月＿日　　　　编号：

品名	编号	规格	单位	账面数量	盘点数量	盘盈		盘亏		差异原因说明	拟处理对策及建议
						数量	金额	数量	金额		

主管审核人：　　　　　　　　　　　报告人：

8.4.4 应收账款监控表

填写日期：＿＿＿年＿月＿日

客户名称	上月应收账款	本月出货	本月减项				本月底应收账款
			回款	退回	折让	合计	
合计							

核准人：　　　　　　　　复核人：　　　　　　　　制表人：

第 9 章

税务管理会计实务

9.1 税务管理维度

9.1.1 税务筹划管理重点

税务筹划管理是指企业为达到减轻税收负担和实现税收零风险的目的，在税法允许的范围内对企业的经营、投资、理财、组织、交易等各项活动进行事先安排的过程。税务筹划管理重点主要包括四个方面的内容，具体如图 9-1 所示。

熟悉相关法律法规	制定纳税筹划方案	方案的选择和实施	控制纳税方案的运行
◉ 学习和掌握国家税法精神 ◉ 熟悉税法执法环境 ◉ 掌握政策尺度，并与税务机关做好沟通工作	◉ 分析业务背景 ◉ 进行可行性分析 ◉ 应纳税额的计算 ◉ 各因素变动分析 ◉ 敏感分析	◉ 选择短期内节税最多的纳税筹划方案 ◉ 选择成本更低或节税效果更好的税务计划 ◉ 选择实施起来便利或风险较小的方案	◉ 跟踪纳税方案的执行情况 ◉ 确保纳税筹划方案贯彻执行 ◉ 当经营中出现变化时，应当判断是否改变纳税筹划计划

图 9-1 税务筹划管理重点

9.1.2 税金核算管理重点

税金核算管理是指企业对经营过程中应缴纳税金的核计结算管理工作。税金核算管理重点主要包括三个方面的内容，具体如图 9-2 所示。

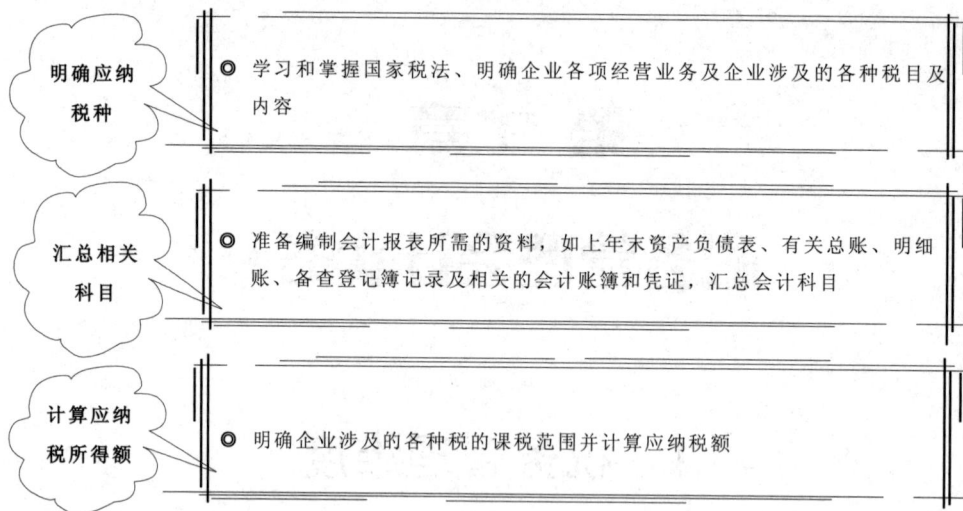

图 9-2　税金核算管理重点

9.1.3　纳税申报管理重点

纳税申报指企业在发生法定纳税义务后，按照税法或税务机关相关行政法规所规定的内容，在申报期限内，以书面形式向主管税务机关提交有关纳税事项及应缴税款的法律行为。纳税申报管理的重点主要包括五个方面的内容，具体如图 9-3 所示。

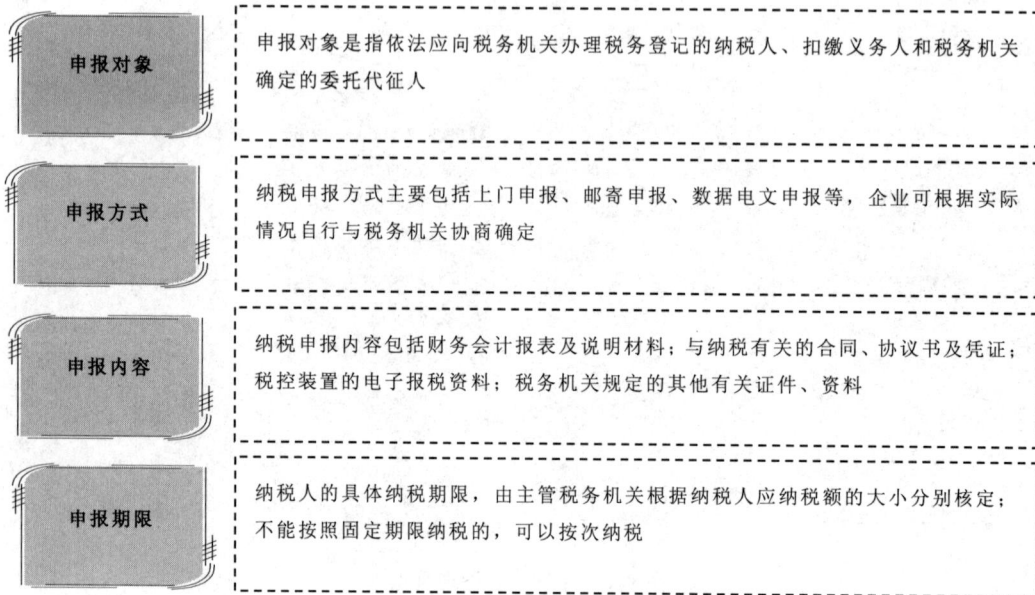

图 9-3　纳税申报管理重点

| 法律责任 | 纳税人或扣缴义务人未按照规定的期限办理纳税申报的，由国家税务机关责令限期改正，可以处以2 000元以下的罚款；逾期不改正的，可以处以2 000元以上1万元以下的罚款 |

图 9-3 纳税申报管理重点（续）

9.1.4 税务会计目标管理重点

税务会计作为会计的一个重要分支，既要以国家税法为准绳，认真履行纳税义务，又要在国家税法的允许范围内，寻求企业税收的利益。税务会计的目标是向税务会计信息使用者提供有助于税务决策的会计信息。税务会计目标管理重点主要包括六方面内容，具体如图 9-4 所示。

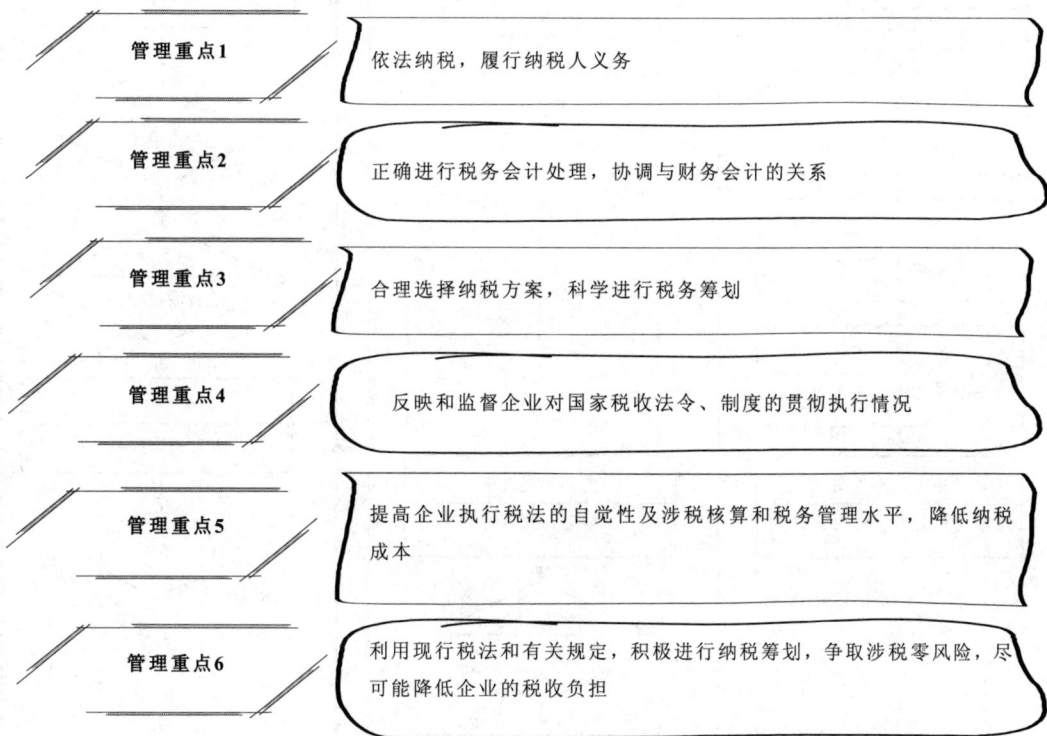

管理重点1　依法纳税，履行纳税人义务

管理重点2　正确进行税务会计处理，协调与财务会计的关系

管理重点3　合理选择纳税方案，科学进行税务筹划

管理重点4　反映和监督企业对国家税收法令、制度的贯彻执行情况

管理重点5　提高企业执行税法的自觉性及涉税核算和税务管理水平，降低纳税成本

管理重点6　利用现行税法和有关规定，积极进行纳税筹划，争取涉税零风险，尽可能降低企业的税收负担

图 9-4 税务会计目标管理要点

9.2 税务管理流程

9.2.1 税务筹划管理流程

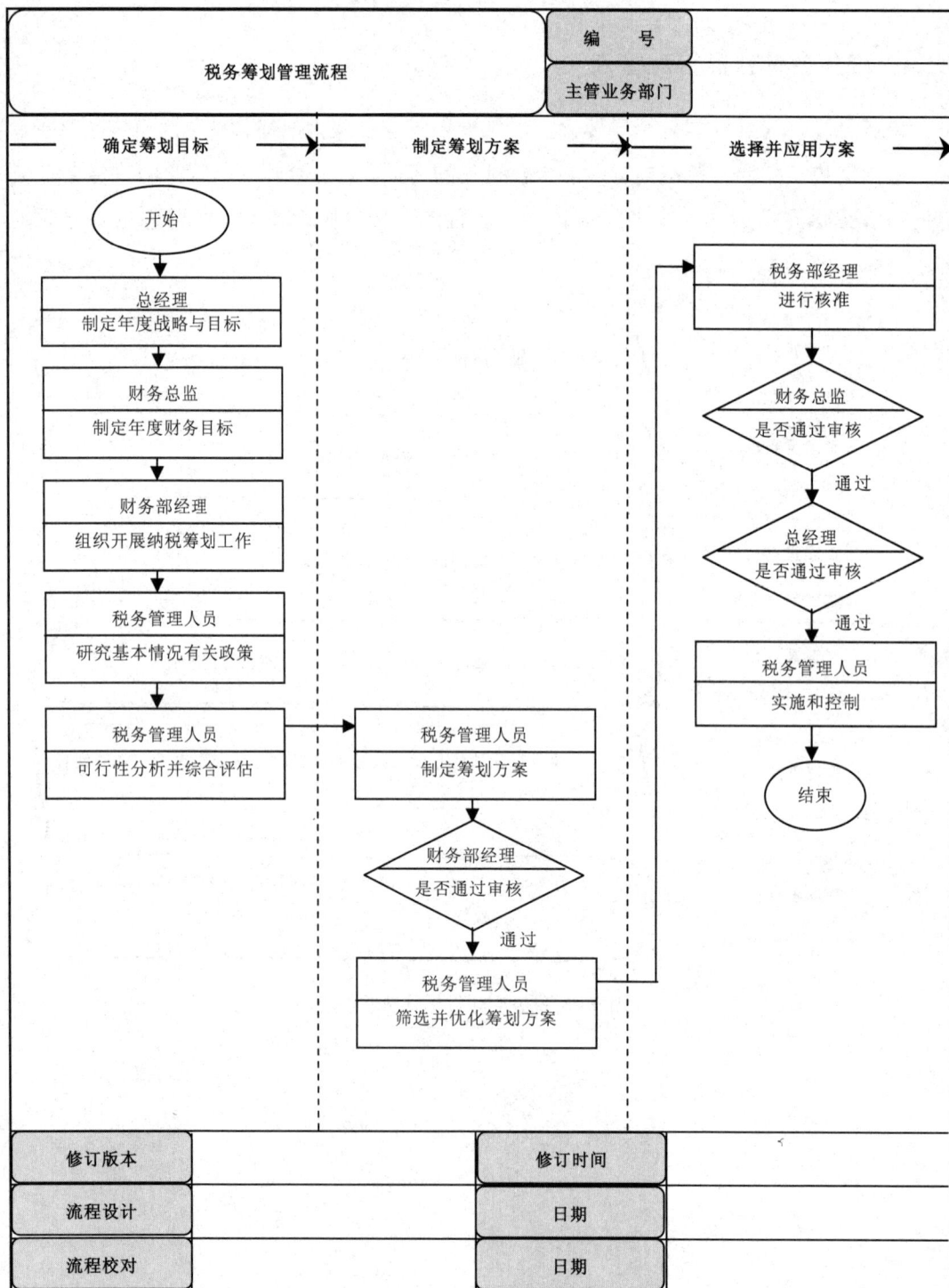

税务筹划管理流程	编　号	
	主管业务部门	

确定筹划目标 ➤	制定筹划方案 ➤	选择并应用方案 ➤

开始

总经理
制定年度战略与目标

财务总监
制定年度财务目标

财务部经理
组织开展纳税筹划工作

税务管理人员
研究基本情况有关政策

税务管理人员
可行性分析并综合评估

税务管理人员
制定筹划方案

财务部经理
是否通过审核
　通过

税务管理人员
筛选并优化筹划方案

税务部经理
进行核准

财务总监
是否通过审核
　通过

总经理
是否通过审核
　通过

税务管理人员
实施和控制

结束

修订版本		修订时间	
流程设计		日期	
流程校对		日期	

158

9.2.2 税金核算管理流程

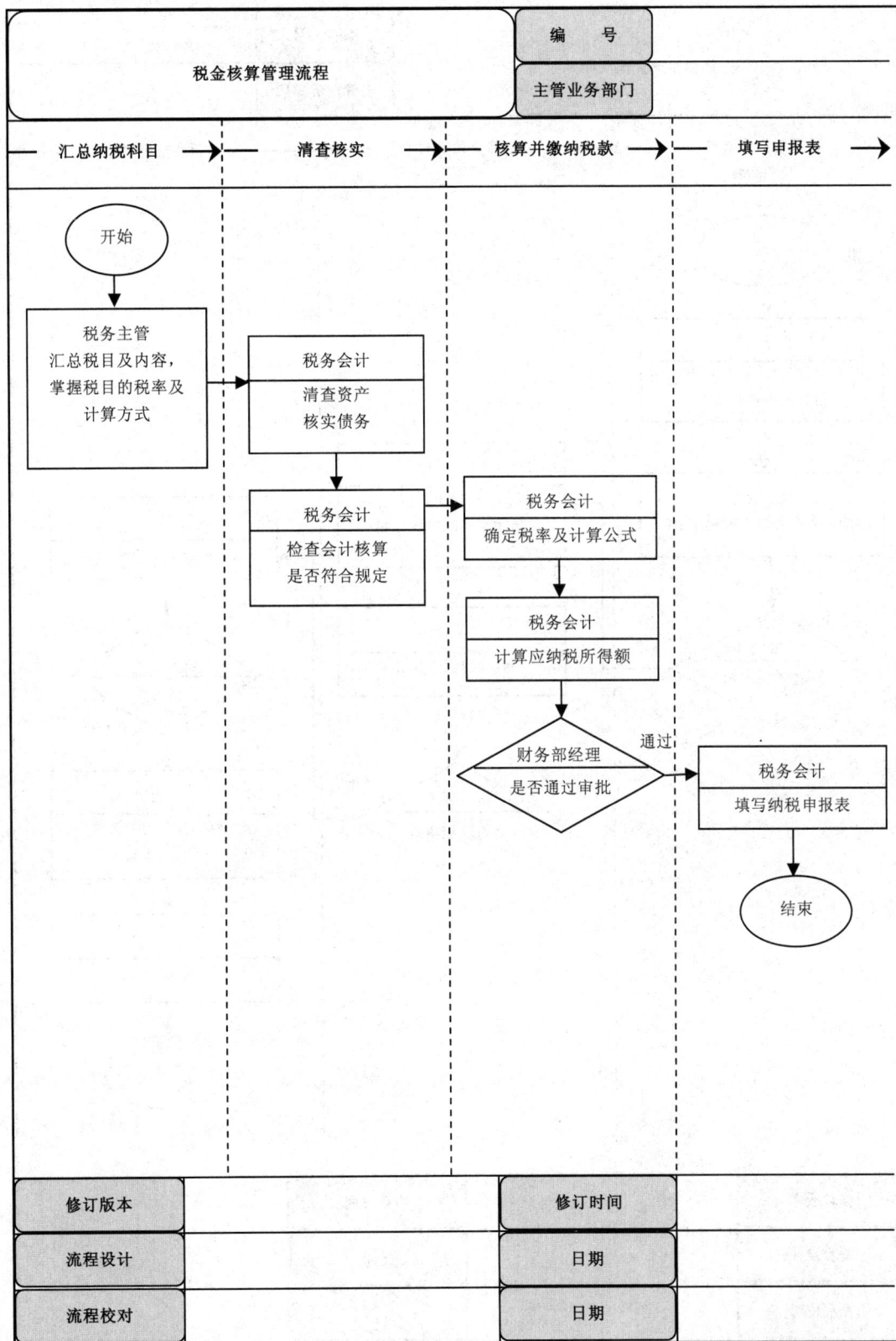

税金核算管理流程	编　　号	
	主管业务部门	

汇总纳税科目 →	清查核实 →	核算并缴纳税款 →	填写申报表 →

开始

税务主管
汇总税目及内容，
掌握税目的税率及
计算方式

税务会计
清查资产
核实债务

税务会计
检查会计核算
是否符合规定

税务会计
确定税率及计算公式

税务会计
计算应纳税所得额

财务部经理
是否通过审批 —通过→

税务会计
填写纳税申报表

结束

修订版本		修订时间	
流程设计		日期	
流程校对		日期	

9.2.3 纳税申报管理流程

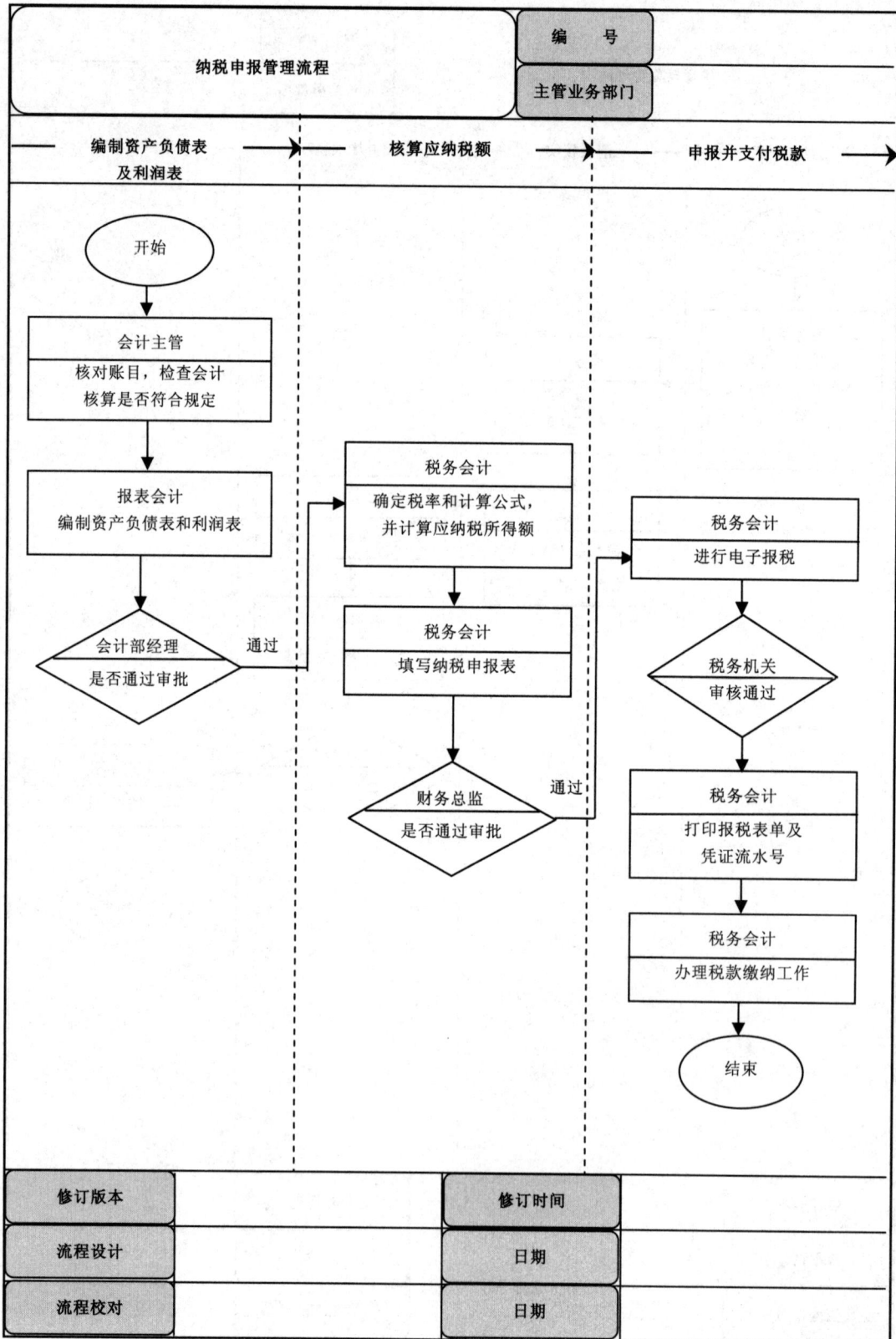

| 纳税申报管理流程 | 编　号 | |
| | 主管业务部门 | |

| 编制资产负债表及利润表 | 核算应纳税额 | 申报并支付税款 |

开始

会计主管
核对账目，检查会计核算是否符合规定

报表会计
编制资产负债表和利润表

会计部经理
是否通过审批 —— 通过

税务会计
确定税率和计算公式，并计算应纳税所得额

税务会计
填写纳税申报表

财务总监
是否通过审批 —— 通过

税务会计
进行电子报税

税务机关
审核通过

税务会计
打印报税表单及凭证流水号

税务会计
办理税款缴纳工作

结束

修订版本		修订时间	
流程设计		日期	
流程校对		日期	

9.3 税务管理控制措施

9.3.1 企业税务管理制度

制度名称	企业税务管理制度				
制度版本		受控状态	☐ 受控　☐ 非受控	制度编号	
总则 第1章	**第1条**　目的。 为加强公司税务管理工作，确保公司合法经营、诚信纳税，特制定本制度。 **第2条**　适用范围。 本制度适用于公司总部及公司所属子公司。 **第3条**　职责分工。 1．财务总监负责审批相关税务制度及纳税筹划方案并监督和指导其具体实施。 2．财务经理负责审核相关税务制度及纳税筹划管理方案，监督相关方案执行并定期向财务总监汇报执行情况。 3．税务主管在财务部经理授权下推进并实施企业的税务计划，审核、汇总企业各类税务报表并上报财务经理。 4．税务专员按时向税务机关申报纳税，及时掌握国家、地方的财税政策，协助税务主管做好传达工作。				
细则 第2章 税务登记管理	**第4条**　税务登记制度又称"纳税登记制度"，是纳税人在开业、歇业前及生产经营期间发生有关变动时，在法定时间内就其经营情况向所在地的税务机关办理书面登记的一项基本制度。 **第5条**　公司自成立领取营业执照起30日内，财务部应执有关证件，向税务机关申报办理税务登记。 **第6条**　当公司税务登记内容发生变化时，财务部门应及时到工商行政部门和税务行政部门办理变更登记手续。 **第7条**　公司相关部门应按照财税部门规定使用税务登记证件，财税登记证件不得转借、涂改、损毁、买卖和伪造。				
第3章 账簿及凭证 管理	**第8条**　账簿、凭证是纳税人记录生产经营活动，进行经济核算的主要工具，也是税务机关确定应纳税额，进行财务监督和税务检查的重要依据。 **第9条**　财务部必须按照国家有关法律、行政法规和国务院财政、税务主管部门的规定设置账簿。这里所指的账簿包括总账、明细账、日记账及其他辅助账簿。 **第10条**　财务部按照政府税务部门定的规定印制发票。 **第11条**　财务部必须按国家财税部门的规定保管账簿、记账凭证、完税凭证及其他有关资料。				
第4章 发票管理	**第12条**　发票的领用。 1．发票统一由公司财务部到税务机关领购后交给相关部门使用。 2．设"发票领用登记簿"，领取发票时要填写领用日期、数量、发票起止号及经手人等内容。 3．确定专人负责发票管理、领、退、开具等日常工作。 4．发票只限在本单位合法经营范围内使用，不准向本公司外的单位和个人转让和出售。				

制度名称			企业税务管理制度			
制度版本		受控状态	□ 受控	□ 非受控	制度编号	
第4章 **发票管理**	**第13条** 发票的填制。 1. 发票必须在发生经营业务确认收入时填开，没有经营业务时一律不得开具发票。 2. 取得发票时，不得要求变更发票的用途和金额，要严格按照规定时限、号码顺序、逐栏填写，全部联次一次性如实开具，要求填写项目齐全、内容真实、字迹清楚并加盖公司财务专用章或发票专用章。 3. 不得转让、转借、代开发票；未经税务机关允许，不得拆本使用发票；不得自行扩大专业发票的使用范围。 4. 填写错误的发票不得丢弃，应加盖作废章或签写作废字样，并将其粘贴在存根上长期保存。 5. 建立发票使用登记制度，设置"发票使用登记簿"，并定期向主管税务机关报告发票使用情况。 **第14条** 发票的保管。 1. 税务专员负责发票的领用和保管工作。 2. 发票必须严格按照税务机关的规定进行保管，不得丢失和擅自损毁；若发票丢失，相关负责人应及时书面报告主管税务机关并在报刊和电视等传播媒体上声明作废。 3. 已经开具的发票存根和"发票使用登记簿"应至少保存五年，期满报经税务机关查验后销毁。 4. 财务人员应积极配合税务机关的检查工作，检查时，已开具的发票调出应开具借用单，需调出空档发票查验时应开付收据。					
第5章 **纳税申报管理**	**第15条** 纳税申报是纳税人发生纳税义务后，按照规定期限和内容就纳税事宜向税务机关提出书面报告的一种法定行为。 **第16条** 财务部在办理纳税申报时应如实填写纳税申报表。纳税申报表的主要内容包括税种、税目、应纳税项目或者应代扣代缴、代收代缴税款项目、适用税率或者单位税额、计税依据，扣除项目及标准等。 **第17条** 财务部必须按法律法规的规定向财税部门报送有关报表及资料。 **第18条** 每季度结束后的__日，财务部应根据公司性质填报所属税务机关要求的报表，并直接到银行缴纳税款。 **第19条** 每年度的公司所得税汇算清缴工作，各相关单位于每年__月__日前（税务机关另有规定的除外）自行到税务机关申报，多退少补，注明补退原因。					
第6章 **税务评估管理**	**第20条** 财务部必须在纳税申报期间结束后__日内，将当期纳税申报表原件一份，资产负债表、利润表各一份，完税凭证或缴款书及付款审批表复印件各一份，报送上级主管。 **第21条** 财务部必须每月__日前根据公司营业收入对每月税收缴纳情况进行预测，并将预测表报送上级主管，以便尽快组织、调度缴税资金。 **第22条** 当月如遇到税款额较大、资金较紧张的情况，财务部必须每月__日前到税务机关办理延期纳税申请。 **第23条** 计划外的特殊税务处理事项必须由总经理审批。 **第24条** 财务部负责办理各种税收优惠政策及董事会利润分配所需要的完税证明，办理后要把相关资料报送总经理办公室备案。					

制度名称	企业税务管理制度				
制度版本		受控状态	□ 受控　□ 非受控	制度编号	
第7章 税务检查管理	**第25条**　税务主管应每月至少检查一次税收情况，出具税收检查报告及解决建议。检查结果应报财务总监办公室备案，财务总监有权对纳税情况进行检查。 **第26条**　财务部应依法接受税务机构检查，并如实反映情况，提交相关资料，不得拒绝和隐瞒。 **第27条**　接受税务机构检查时，如发现问题，有关人员应及时通知上级主管，以便及时协调解决问题。检查结果复印件须报财务部备案存查，并报财务总监办公室备案。				
第8章 奖惩管理	**第28条**　税务专员必须按照税务机关规定的期限办理纳税申报，逾期未申报致使税务机关罚款并缴纳滞纳金的，其罚款、滞纳金由当事人承担。 **第29条**　税务专员必须保管好完税凭证和税收缴款书的原件，税收缴款卡、发票专用章，防止丢失，需要时由经办人领用，否则一切后果由当事人负责。				
第9章 附则	**第30条**　本制度由公司财务部负责解释。 **第31条**　本制度自颁布之日起执行。				
编制部门		审批人员		审批日期	

9.3.2　税务发票管理制度

制度名称	税务发票管理制度				
制度版本		受控状态	□ 受控　□ 非受控	制度编号	
总则 第1章	**第1条**　目的。 为了加强和控制公司的发票管理工作，保证公司正常生产经营，根据税务机关制定的发票管理规定，结合本公司的实际情况，特制定本制度。 **第2条**　适用范围。 本制度适用于公司总部及公司所属子公司。 **第3条**　职责分工。 1. 公司发票管理部门为财务部。财务部指定税务专员负责发票的购买、使用、回收、保管和检查工作，各发票使用部门和税务专员必须服从财务部的管理。 2. 销售发票的使用部门为公司销售部及其他经公司批准，有相对独立经营权的子公司、分公司和部门。 3. 公司所有使用、接触、保管发票的部门和个人必须遵守本制度。				
细则 第2章 发票的领用	**第4条**　领购发票由公司财务部根据使用情况，按照国家关于发票领购的有关规定，统一向税务部门购买后移交相关部门使用。 **第5条**　设"发票使用登记本"，领取时要记载领用日期、数量、发票起止号、经手人。 **第6条**　发票开具时，按照规定时限、号码顺序、逐栏填写，全部联次一次性如实开具，要求填写项目齐全、内容真实、字迹清楚并加盖公司财务专用章或发票专用章。 **第7条**　严禁将公司领购的增值税专用发票和普通发票向他人提供使用。 **第8条**　确定专人负责发票管理、领、退、开具等日常工作。				
第3章 发票的填制	**第9条**　填写发票时必须在发生经营业务确认收入时，没有经营业务一律不准开具发票。 **第10条**　取得发票时不得要求变更用途和金额，要严格按照规定的时限、号码顺序、逐栏填写，全部联次一次性如实开具，要求项目齐全、内容真实、字迹清楚并加盖单位财务专用章或发票专用章。				

中·小·微企业财务会计管理实务

制度名称	税务发票管理制度				
制度版本		受控状态	□ 受控　□ 非受控	制度编号	

第3章 **发票的填制**	**第11条**	不得转借、转让、代开发票，未经税务机关批准，不得拆本使用发票，不得自行扩大专业发票的使用范围。
	第12条	建立发票使用登记制度，设置发票登记簿，并定期向主管税务机关报告发票使用情况。
	第13条	填写错误的发票不得丢弃，应加盖作废章或签写作废字样后，粘贴在存根上长期保存。
第4章 **发票的保管**	**第14条**	发票专管员负责发票的领用和保管。
	第15条	发票的存放和保管严格按照税务机关的规定办理，不得丢失和擅自损毁，如有丢失当日书面报告主管税务机关并在报刊和电视等传播媒体上声明作废。
	第16条	已经开具的发票存根和发票登记簿保存5年，期满报经税务机关查验后销毁。
	第17条	已缴销或使用完毕的发票，根据业务发生时间顺序按会计档案管理制度规定进行保管。
	第18条	税务机关进行检查必须出示税务检查证，财务人员应积极配合，税务人员检查时，需将已开具的发票调出时应开具借用单，需调出空档发票查验时，应当开付收据。
第5章 **发票的作废** **与缴销**	**第19条**	开具专用发票当月，发生销货退回、开票有误等情形，收到退回的发票联、抵扣联符合作废条件的，按作废处理；开具时有误的，可及时作废。
	第20条	发票的缴销应当严格按照有关规定办理，经办人续购发票前，需持已使用完的发票存根、在规定期限内未使用或未使用完的发票及"发票领购簿"，向主管税务机关报验缴销。
第6章 **发票的检查** **及盘点**	**第21条**	发票应当由责任人妥善保管。
	第22条	财务部应指定专人开展发票定期及不定期盘点工作，认真检查"发票领购簿"，做到账实相符。
附则 **第7章**	**第23条**	本制度解释权归财务部所有。
	第24条	本制度自颁布之日起执行。
编制部门		审批人员		审批日期	

9.3.3 所得税纳税筹划方案

所得税纳税筹划方案

编　号：　　　　编制部门：　　　　审批人员：　　　　审批日期：＿＿＿年＿＿月＿＿日

一、筹划目的

为达成以下三点目的，特制定本方案。

1. 使本公司直接减少税负。

2. 递延税负，获得资金的时间价值。

3. 维护本公司合法权益。

二、纳税筹划管理人员职责

纳税筹划管理人员的职责说明如下表所示。

纳税筹划管理人员职责说明表

纳税筹划管理人员	职责说明
财务总监	负责纳税筹划管理方案的审批及监督工作，并指导纳税筹划管理方案的实施
财务经理	审核税务主管拟定的纳税筹划方案，监督纳税方案的执行并定期向财务总监汇报执行情况，审阅税务主管提交的税务筹划管理方案
税务主管	拟定纳税筹划管理方案，定期向财务经理汇报纳税筹划方案的实施情况
税务专员	收集整理资料，协助税务主管拟定纳税筹划管理方案，并负责相关单据的保管和归档工作

三、所得税纳税筹划方案实施流程

所得税纳税筹划方案的实施流程如下图所示。

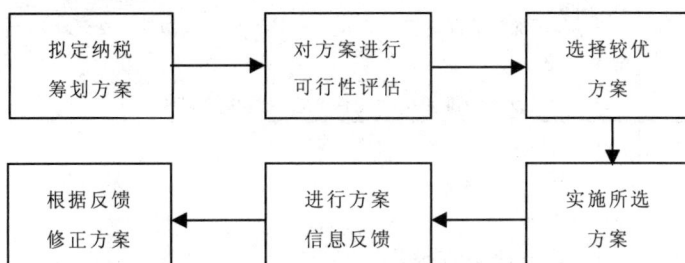

所得税纳税筹划方案实施流程图

四、所得税纳税筹划各阶段内容

（一）建立阶段所得税纳税筹划内容

建立阶段所得税纳税筹划管理内容如下表所示。

建立阶段所得税纳税筹划管理内容一览表

管理内容	管理说明
组织形式的选择	1．企业组织选择形式分为三类：即公司制企业、合伙制企业和业主制企业 2．公司制企业要缴纳企业所得税，同时，税后利润分配给股东之后还要缴纳股东个人所得税、印花税、营业税或增值税、城建税、城镇土地使用税、房产税等 3．合伙制企业缴纳合伙人个人所得税、印花税、增值税、城建税、教育费附加等 4．业主制企业缴纳业主个人所得税、印花税、增值税、城建税、教育费附加等
地点的选择	1．在我国经济特区、经济技术开发区、高新技术产业开发区、沿海经济开放区、保税区、国家确定的革命根据地、少数民族地区、边远地区、贫困地区、旅游度假区、西部开发区实行的是低税率 2．规模较小的公司，注册地点可以在城市、乡镇与农村之间进行筹划

（二）投资阶段所得税纳税筹划内容

投资阶段所得税纳税筹划管理内容如下表所示。

投资阶段所得税纳税筹划管理内容一览表

管理内容	管理说明
投资方向的选择	使投资项目的追加边际成本等于其边际收益的项目
投资伙伴的选择	要考虑合作伙伴的税收待遇和实力

（三）筹资阶段所得税纳税筹划内容

公司的资金有两种，即权益资金和借入资金。权益资金需要支付固定的利息和股息，没有抵税作用，资金成本相对较高；而借入资金的利息可以在税前列支，具有抵税作用，资金成本相对较低，因此公司应尽可能使用借入资金。

（四）经营阶段所得税纳税筹划内容

经营阶段所得税纳税筹划管理内容如下表所示。

经营阶段所得税纳税筹划管理的内容一览表

管理内容	管理说明
采购纳税筹划	1．在采购谈判时，谈判价格应以不含税价格为主 2．在签订"购销合同"时，应注意收发货方式和收付款时间 3．公司购置的固定资产进项税额是不可以抵扣的，要正确区分是固定资产还是低值易耗品 4．动产设备的维修费和配件的进项税额可以抵扣
销售纳税筹划	1．纳税人采取较低的定价，降低应纳税额 2．在较低价格情况下，公司可向购买方提出提前付款、签订长期合同等优惠条件 3．确立销售时间的方式 ① 采取预收货款方式销售货物的，销售时间为货物发出的当天 ② 委托其他纳税人代销货物的，销售时间为收到代销清单的当天 ③ 采取银行提供按揭贷款销售的，销售时间为银行办理按揭贷款转账的当天 ④ 采取直接收款方式销售货物的，不论货物是否发出，销售时间均为收到销售额或索取销售额的依据并将提货单交给买方的当天
设立下属机构形式的纳税筹划	1．公司预计该下属机构在下一阶段内亏损，设立分公司可以冲减总公司的利润，降低公司税收负担 2．公司预计该下属机构在下一阶段内盈利，设立子公司，并且公司新设的子公司有机会享受国家的税收优惠政策，可以降低公司的税收负担

9.3.4 营业税纳税筹划方案

营业税纳税筹划方案

编　号：　　　　编制部门：　　　　审批人员：　　　　审批日期：＿＿＿年＿＿月＿＿日

一、筹划目的

为加强对公司营业税的管理工作，确保公司合法经营，诚信纳税，贯彻营业税制，顺应国家产业政策发展的需要，特制定本方案。

二、筹划依据

营业税的营业额一般按照以下原则确定。

1．以纳税企业提供应税劳务向对方收取的全部价款和价外费用作为营业额。价外费用包括向对方收取的手续费、基金、集资费、代收款项、代垫款项及各种性质的价外收取。

2. 规定了一些项目的若干费用可扣除，如公司付给媒体的广告发布费可扣除等。

3. 如果纳税企业提供应税劳务、转让无形资产或者销售不动产价格明显偏低而无正当理由的，主管税务机关有权按下列顺序核定其营业额。

（1）按纳税企业当月提供的同类应税劳务或销售不动产的平均价格核定。

（2）按纳税企业最近时期提供的同类应税劳务或销售的同类不动产的平均价格核定。

（3）按下列公式组成计税价格：

$$计税价格 = \frac{营业成本或工程成本 \times (1 + 成本利润率)}{1 - 营业税税率}。$$

（4）纳税企业取得的外汇收入在计算营业额时，应当按外汇市场价格折合成人民币计算，其营业额的人民币折合率可以选择营业额发生的当天或当月1日的国家外汇牌价（原则上为中间价）。

三、筹划的税目及税率

现行营业税的税目有九个，具体税率分为四档，具体如下表所示。

筹划税目及税率一览表

税目	税率
交通运输业、建筑业、邮电业、文化体育业	3%
金融保险业	5%
服务业、转让无形资产、销售不动产	5%
娱乐业	20%

四、筹划分析说明

（一）营业税纳税筹划的基本思路

1. 纳税企业身份界定的筹划思路。

营业税暂行条例规定，只有发生在中华人民共和国境内的应税行为，才属于营业税的征税范围，而发生在中国境外的应税行为不属于营业税的税收管辖范围，也就不构成营业税纳税义务人。因此，公司可以通过各种灵活办法，将其行为转移到境外，从而避免成为纳税主体。

2. 营业额的筹划思路。

（1）营业税法规定，营业额为纳税人提供应税劳务、转让无形资产或者销售不动产向对方收取的全部价款和价外费用。价外费用包括向对方收取的手续费、基金、集资费、代收款项及其他各种性质的价外费用。

（2）同时，对服务业等部分行业根据其行业特点做出了具体规定，如广告代理以收取的全部价款和价外费用减去付给广告发布者的广告发布费后的余额为营业额。

（3）营业额作为营业税的计税基础，在纳税筹划中的基本思路应是尽量降低金额，尽量推迟入账时间。

3. 利用营业税的优惠政策的筹划思路。

（1）利用起征点。

在公司营业额接近起征点时，通过降价、少收费用或者歇业可以避免缴纳营业税，从而达到节税目的。营业税起征点的适用范围限于个人，幅度规定如下。

① 按期纳税的，为月营业额1 000至5 000元。

② 按次纳税的，为每次（日）营业额100元。

（2）利用税收减免政策。

公司可根据国家及地方税收减免的相关规定，合理规划生产经营项目，从而达到减免税的目的。

4. 对特殊经营行为的筹划思路。

（1）兼营销售行为。

① 兼营是指企业从事两个或两个以上税目的应税项目。由于所从事的不同税目营业额确定的标准不同，有些税目所适用的税率也不同，因此税法明确规定：对兼有不同税目的应税行为，应分别核算不同税目的营业额，对未按不同税目分别核算营业额的，从高适用税率。

② 因此，如果公司存在兼营行为，不论是对增值税应税货物或者劳务的兼营，还是对增值税应税货物或者劳务和营业税应税劳务的兼营，都必须分开核算，只有这样，才有可能减轻税负。

（2）混合销售行为。

① 营业税的混合销售行为是指一项既涉及营业税应税劳务又涉及货物的销售行为。

② 由于混合销售行为根据主营业务的不同而征收不同的税种，因此，这就为公司进行纳税筹划提供了空间。发生混合销售行为的纳税企业，应当考虑自己是否属于从事货物的生产、批发、零售的企业、企业性事业单位及个体经营者，或者是否属于从事货物的生产、批发、零售为主，兼营营业税应税劳务的企业、企业性事业单位及个体经营者。

③ 如果属于上述两种类型，则需要缴纳增值税；如果均不属于，则需要缴纳营业税。当然，公司也可以根据缴纳两种税所导致的税收负担的不同而进行适当调整，从而可以减轻自己的税收负担。

9.4 税务管理工具表单

9.4.1 应缴税费估算表

金额单位：万元

项 目	单 价	工程费	总 额	备 注
投资方向调节税				
市政建设费				
增加投资建设费				
集资管理费				
城市建设绿化费				
交通能源设备费				
供电用电负荷费				
供电管网补偿费				
教育事业配套费				
商品房营业税				
城市维护建设税				
综合开发管理费				
合 计				

9.4.2 税款缴纳记录表

年度：

金额单位：元

税款名称	缴纳税款处	标准	上月		下月		合计	备注
			日期	金额	日期	金额		
合 计	——	——	——		——			——

9.4.3 应缴增值税明细表

金额单位：元

项目	行次	本月数	本期累计数
1．应交增值税	1		
（1）年末未抵扣数（以"－"号填列）	2		
（2）应交增值税款项	3		
① 销项税额	4		
② 出口退税	5		
③ 进项税额转出	6		
④ 转出多交增值税	7		
（3）应交增值税借款	8		
① 进项税额	9		
② 已交税金	10		
③ 减免税项	11		
④ 出口抵减内销产品应纳税额（以"－"填列）	12		
⑤ 转出未交增值税	13		
（4）期末未抵扣数	14		
2．未交增值税	15		
（1）年初未交数（多交数以"－"填列）	16		
（2）本期转入数（多交数以"－"填列）	17		
（3）本期已交数	18		
（4）期末未交数（多交数以"－"号填列）	19		

9.4.4 营业税及附加预测表

预测时间：　　　　　　　　　公司名称：　　　　　　　　　金额单位：元

编号	项目	计税依据	适用税率	营业税金预测数
1	营业税			
2	消费税			
3	资源税			
4	城市维护建设税			
5	教育费附加			
合　　计		—	—	

公司负责人：　　　　　　　　财务负责人：　　　　　　　　制表人：

第 10 章

财务审计会计实务

10.1 财务审计管理维度

10.1.1 内部审计管理重点

内部审计是针对企业内部各项业务、管理活动所进行的检查、监督和评价活动，其目的在于确认各类业务、管理活动是否符合规范要求，从而保障企业的正常运行。

一般而言，企业在进行内部审计管理时，应重点关注图 10-1 所示的四项内容。

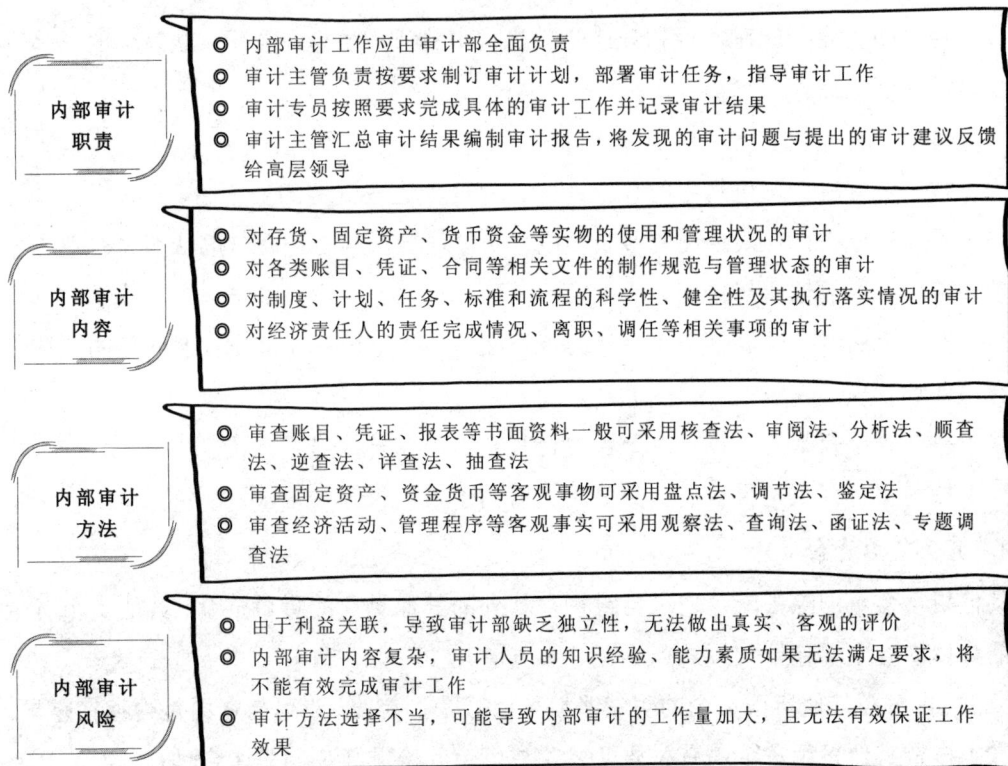

内部审计职责	◎ 内部审计工作应由审计部全面负责 ◎ 审计主管负责按要求制订审计计划，部署审计任务，指导审计工作 ◎ 审计专员按照要求完成具体的审计工作并记录审计结果 ◎ 审计主管汇总审计结果编制审计报告，将发现的审计问题与提出的审计建议反馈给高层领导
内部审计内容	◎ 对存货、固定资产、货币资金等实物的使用和管理状况的审计 ◎ 对各类账目、凭证、合同等相关文件的制作规范与管理状态的审计 ◎ 对制度、计划、任务、标准和流程的科学性、健全性及其执行落实情况的审计 ◎ 对经济责任人的责任完成情况、离职、调任等相关事项的审计
内部审计方法	◎ 审查账目、凭证、报表等书面资料一般可采用核查法、审阅法、分析法、顺查法、逆查法、详查法、抽查法 ◎ 审查固定资产、资金货币等客观事物可采用盘点法、调节法、鉴定法 ◎ 审查经济活动、管理程序等客观事实可采用观察法、查询法、函证法、专题调查法
内部审计风险	◎ 由于利益关联，导致审计部缺乏独立性，无法做出真实、客观的评价 ◎ 内部审计内容复杂，审计人员的知识经验、能力素质如果无法满足要求，将不能有效完成审计工作 ◎ 审计方法选择不当，可能导致内部审计的工作量加大，且无法有效保证工作效果

图 10-1　内部审计管理重点

10.1.2 货币资金审计重点

货币资金是企业资产的重要组成部分，货币资金审计便是针对企业货币资金收付与结存的真实性和合法性所进行的审计工作。

一般而言，企业在进行货币资金审计工作时，应重点完成以下三项内容。

1. 库存现金审计

库存现金即企业根据现金管理制度规定，为满足零星支付等需求而留用的现款。库存现金审计的具体内容主要包括如下八点。

（1）核查现行的现金管理制度是否合理，是否得到了严格的遵照执行。

（2）核查库存现金的账目与总额、账目与凭证、账目与账目之间是否相符。

（3）通过监盘库存现金，核查资产负债表中所列现金是否真实存在。

（4）核查库存现金的收付明细是否合理，是否存在贪污或挪用现象。

（5）核查库存现金的收付是否遵照规定程序，是否具备相应的收付凭证。

（6）核查库存现金的收付手续是否规范，凭证制作与账务处理是否符合要求。

（7）核查外币现金的折算方法是否符合规定，汇率计算是否正确。

（8）核查库存现金是否在资产负债表上得到了恰当披露。

2. 银行存款审计

银行存款即企业存放在银行和其他金融机构中的货币资金，银行存款审计的具体内容主要包括如下六点。

（1）核查银行存款的账目与余额是否相符。

（2）核查非银行金融机构中的存款占比，并分析这些资金的安全性。

（3）通过检查银行存款余额调节表，核查未提现支票与在途存款的状况，并追查未收款项和未付款项的性质与去向。

（4）核查定期存款或限定用途存款的合理性，关注是否存在被质押、冻结的款项或存放在境外的款项。

（5）核查外币存款的折算方法是否符合规定，汇率计算是否正确。

（6）核查银行存款是否在资产负债表上得到了恰当披露。

3. 其他货币资金审计

其他货币资金即除去库存现金与银行存款外的其他种类的货币资金，其他货币资金审计的具体内容主要包括如下六点。

（1）核查各类其他货币资金的明细账目与余额是否相符，账单与账面是否存在差异。

（2）核查其他货币资金的有关凭证，关注资金的来源与去向是否合理。

（3）核查其他货币资金中是否存在状态异常或存放在境外的款项。

（4）核查其他货币资金的处理程序是否规范，相关流通情况是否符合要求。

（5）涉及外币的其他货币资金，核查其汇率折算是否正确。

（6）核查其他货币资金是否在资产负债表上得到了恰当披露。

10.1.3 筹资投资审计重点

筹资投资是企业重要的资金活动，筹资投资的审计重点主要包括以下三项内容。

1. 负债筹资审计

负债筹资与权益筹资相比，具有限制小、速度快的优点，但也存在着较高的财务风险，因此需要进行重点审计。一般而言，负债筹资审计主要包括图 10-2 所示的三项内容。

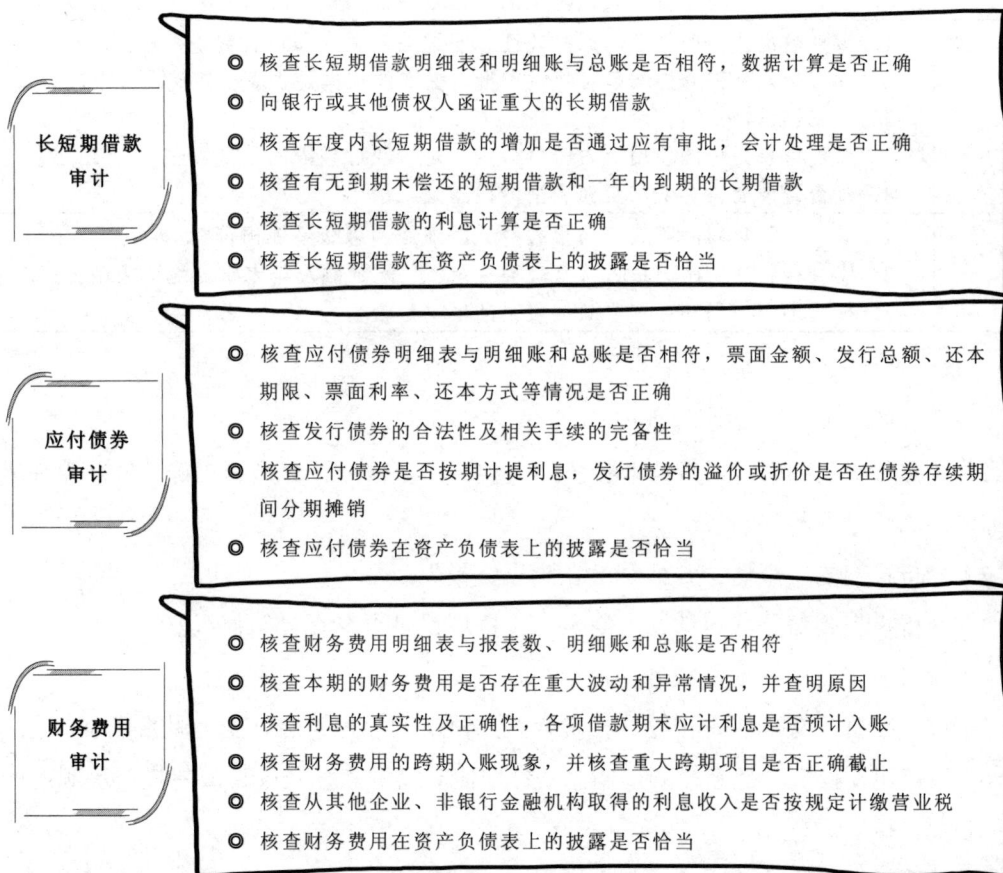

长短期借款审计
- 核查长短期借款明细表和明细账与总账是否相符，数据计算是否正确
- 向银行或其他债权人函证重大的长期借款
- 核查年度内长短期借款的增加是否通过应有审批，会计处理是否正确
- 核查有无到期未偿还的短期借款和一年内到期的长期借款
- 核查长短期借款的利息计算是否正确
- 核查长短期借款在资产负债表上的披露是否恰当

应付债券审计
- 核查应付债券明细表与明细账和总账是否相符，票面金额、发行总额、还本期限、票面利率、还本方式等情况是否正确
- 核查发行债券的合法性及相关手续的完备性
- 核查应付债券是否按期计提利息，发行债券的溢价或折价是否在债券存续期间分期摊销
- 核查应付债券在资产负债表上的披露是否恰当

财务费用审计
- 核查财务费用明细表与报表数、明细账和总账是否相符
- 核查本期的财务费用是否存在重大波动和异常情况，并查明原因
- 核查利息的真实性及正确性，各项借款期末应计利息是否预计入账
- 核查财务费用的跨期入账现象，并核查重大跨期项目是否正确截止
- 核查从其他企业、非银行金融机构取得的利息收入是否按规定计缴营业税
- 核查财务费用在资产负债表上的披露是否恰当

图 10-2　负债筹资审计的主要内容

2. 所有者权益审计

所有者权益审计的主要内容如表 10-1 所示。

表 10-1 　所有者权益审计的主要内容

审计项目	审计内容
实收资本（或股本）审计	1．核查注册资本是否符合国家法律和企业章程的有关规定，相关的审批、变更手续是否规范完备 2．核查实收资本（或股本）的真实性，明细表、原始凭证、会计账目和报表数是否相符 3．核查股东是否按规定的方式和比例出资 4．核查股票的发行、收回等交易活动是否合法规范，股份数量和账面数额的核对是否相符 5．核查实收资本（或股本）在资产负债表上的披露是否恰当
资本公积审计	1．核查资本公积形成的合法性，并核查明细表与会计记录、原始凭证和报表数是否相符 2．核查资本公积各项目的会计处理和使用是否正确合理 3．核查资本公积在资产负债表上的披露是否恰当
盈余公积审计	1．核查盈余公积明细表与原始凭证、明细账、总账和报表数是否相符 2．核查盈余公积的提取是否经过审批，提取的依据是否真实正确，提取项目是否完整，提取比例是否合法 3．核查盈余公积的使用是否符合规定，是否经过相应的审批程序 4．核查盈余公积在资产负债表上的披露是否恰当
未分配利润审计	1．核查未分配利润明细表与报表数、明细账和总账是否相符 2．核查利润分配比例是否符合有关规定，分配数额及年末未分配数额是否正确 3．核查未分配利润在资产负债表上的披露是否恰当

3．投资审计

投资审计的主要内容如下所示。

（1）核查投资明细表以了解企业投资的全貌，并复核加计数是否正确，核对明细表与明细账和总账是否相符。

（2）分析投资的安全性，并估计潜在的投资损失。

（3）分析投资收益的稳定性，判断重大投资项目是否存在异常情况。

（4）盘点投资资产并核查账务是否相符。

（5）核查投资入账价值是否符合投资合同、协议的规定，会计处理是否正确。

（6）核查短期投资和现金股利或利息、长期债券投资利息及长期股权投资股利的账务处理是否正确。

（7）核查长期投资的核算方法是否正确。

（8）核查投资的变动记录是否完整。

（9）检查短期股权投资是否已经发生跌价，长期股权投资是否已经发生减值，并检查是否准备予以计提。

（10）核查本期发生的重大股权变动，分析是否存在不等价交易。

（11）核查投资是否在资产负债表上得到了恰当披露。

10.1.4　成本利润审计重点

1. 成本审计重点

成本审计包括产品成本审计和期间费用审计两个部分，审计的重点内容如图 10-3 所示。

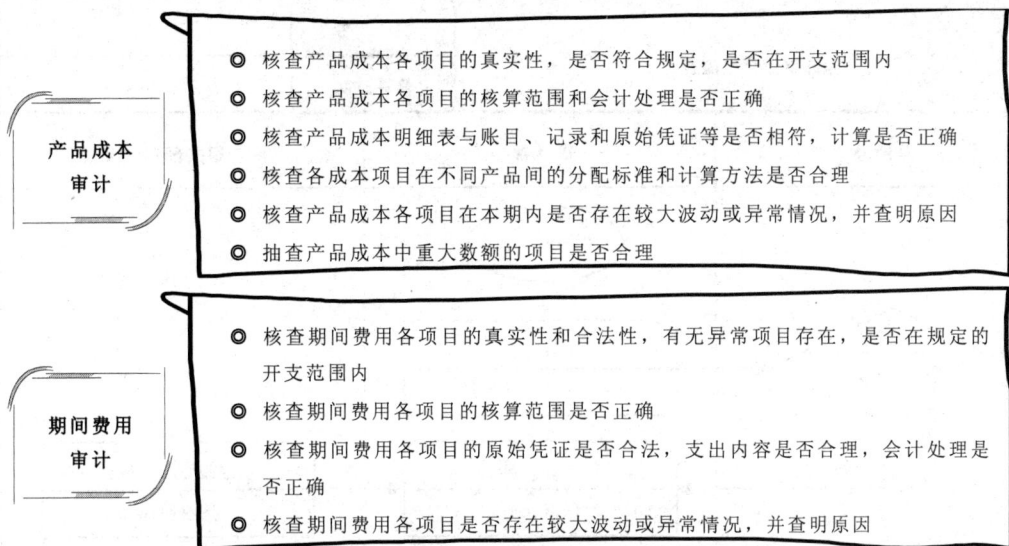

产品成本审计
- 核查产品成本各项目的真实性，是否符合规定，是否在开支范围内
- 核查产品成本各项目的核算范围和会计处理是否正确
- 核查产品成本明细表与账目、记录和原始凭证等是否相符，计算是否正确
- 核查各成本项目在不同产品间的分配标准和计算方法是否合理
- 核查产品成本各项目在本期内是否存在较大波动或异常情况，并查明原因
- 抽查产品成本中重大数额的项目是否合理

期间费用审计
- 核查期间费用各项目的真实性和合法性，有无异常项目存在，是否在规定的开支范围内
- 核查期间费用各项目的核算范围是否正确
- 核查期间费用各项目的原始凭证是否合法，支出内容是否合理，会计处理是否正确
- 核查期间费用各项目是否存在较大波动或异常情况，并查明原因

图 10-3　成本审计的重点内容

2. 利润审计重点

利润审计主要包括利润总额审计、净利润审计和利润分配审计三个部分，审计的重点内容如表 10-2 所示。

表 10-2　利润审计的重点内容

审计项目	审计内容
利润总额审计	1. 核查利润总额的核算范围、数据计算和会计处理是否正确 2. 核查营业利润的核算范围、数据计算和会计处理是否正确，主要营业利润、其他营业利润和成本费用审计有无发现异常问题 3. 核查投资收益的来源是否合法，是否得到了及时、正确入账，数据计算和会计处理是否正确，投资损失审计有无发现异常问题 4. 核查营业外收入的来源是否合法，是否得到了及时、正确入账，数据计算和会计处理是否正确，营业外支出审计有无发现异常问题
净利润审计	1. 核查所得税的计税依据是否合法正确 2. 核查所得税的税率和计算是否合法正确 3. 核查所得税的解缴是否及时规范 4. 核查净利润的数据计算和账务处理是否正确 5. 核查利润总额审计有无发现异常问题
利润分配审计	1. 核查可供分配利润的数额大小，审查其核算范围和数据计算是否正确 2. 核查利润分配顺序是否符合相关规定 3. 核查盈余公积的计提是否正确 4. 核查向投资者分配利润的合法性与真实性 5. 核查未分配利润的数额是否合理

10.2 财务审计管理流程

10.2.1 内部审计管理流程

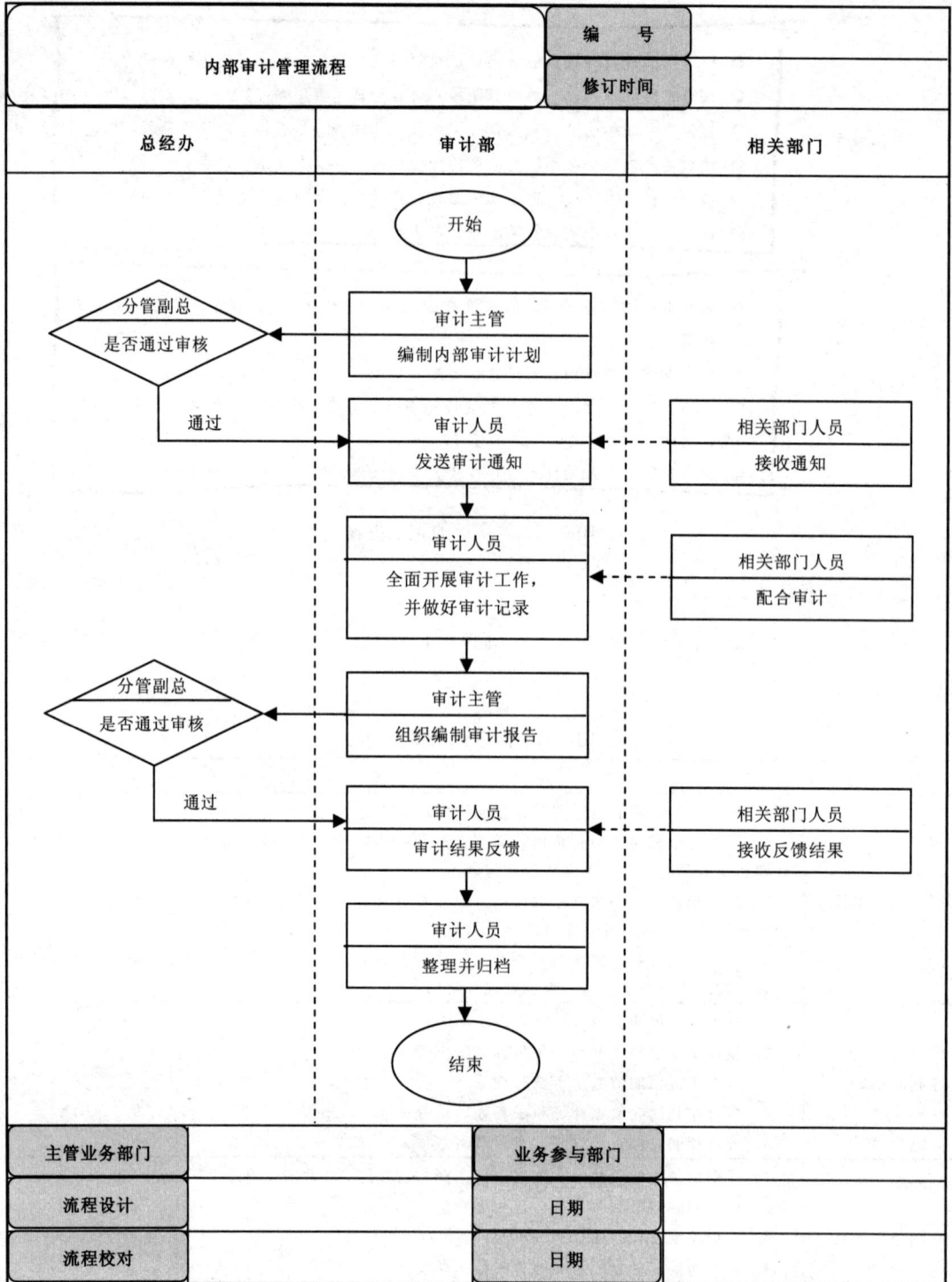

内部审计管理流程	编　号	
	修订时间	
总经办	审计部	相关部门

开始

审计主管
编制内部审计计划

分管副总
是否通过审核

通过

审计人员
发送审计通知

相关部门人员
接收通知

审计人员
全面开展审计工作，
并做好审计记录

相关部门人员
配合审计

审计主管
组织编制审计报告

分管副总
是否通过审核

通过

审计人员
审计结果反馈

相关部门人员
接收反馈结果

审计人员
整理并归档

结束

主管业务部门		业务参与部门	
流程设计		日期	
流程校对		日期	

10.2.2 货币资金审计流程

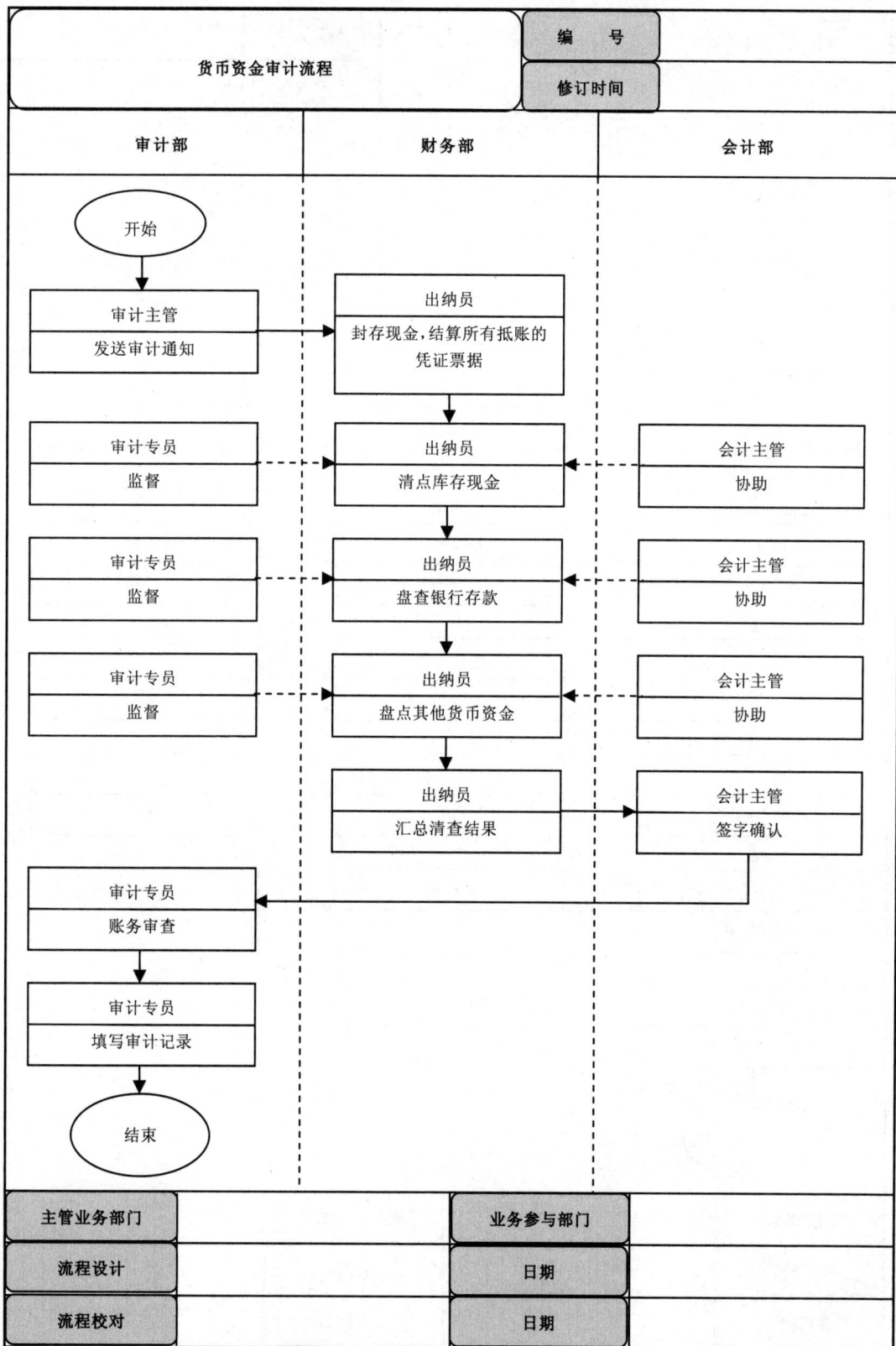

| 货币资金审计流程 | 编　号 | |
| | 修订时间 | |

审计部	财务部	会计部

```
        ┌─────────┐
        │  开始   │
        └────┬────┘
             ▼
```

审计主管	出纳员	
发送审计通知	封存现金,结算所有抵账的凭证票据	

审计专员	出纳员	会计主管
监督	清点库存现金	协助

审计专员	出纳员	会计主管
监督	盘查银行存款	协助

审计专员	出纳员	会计主管
监督	盘点其他货币资金	协助

	出纳员	会计主管
	汇总清查结果	签字确认

审计专员
账务审查

审计专员
填写审计记录

```
        ┌─────────┐
        │  结束   │
        └─────────┘
```

主管业务部门		业务参与部门	
流程设计		日期	
流程校对		日期	

10.2.3　长期投资审计流程

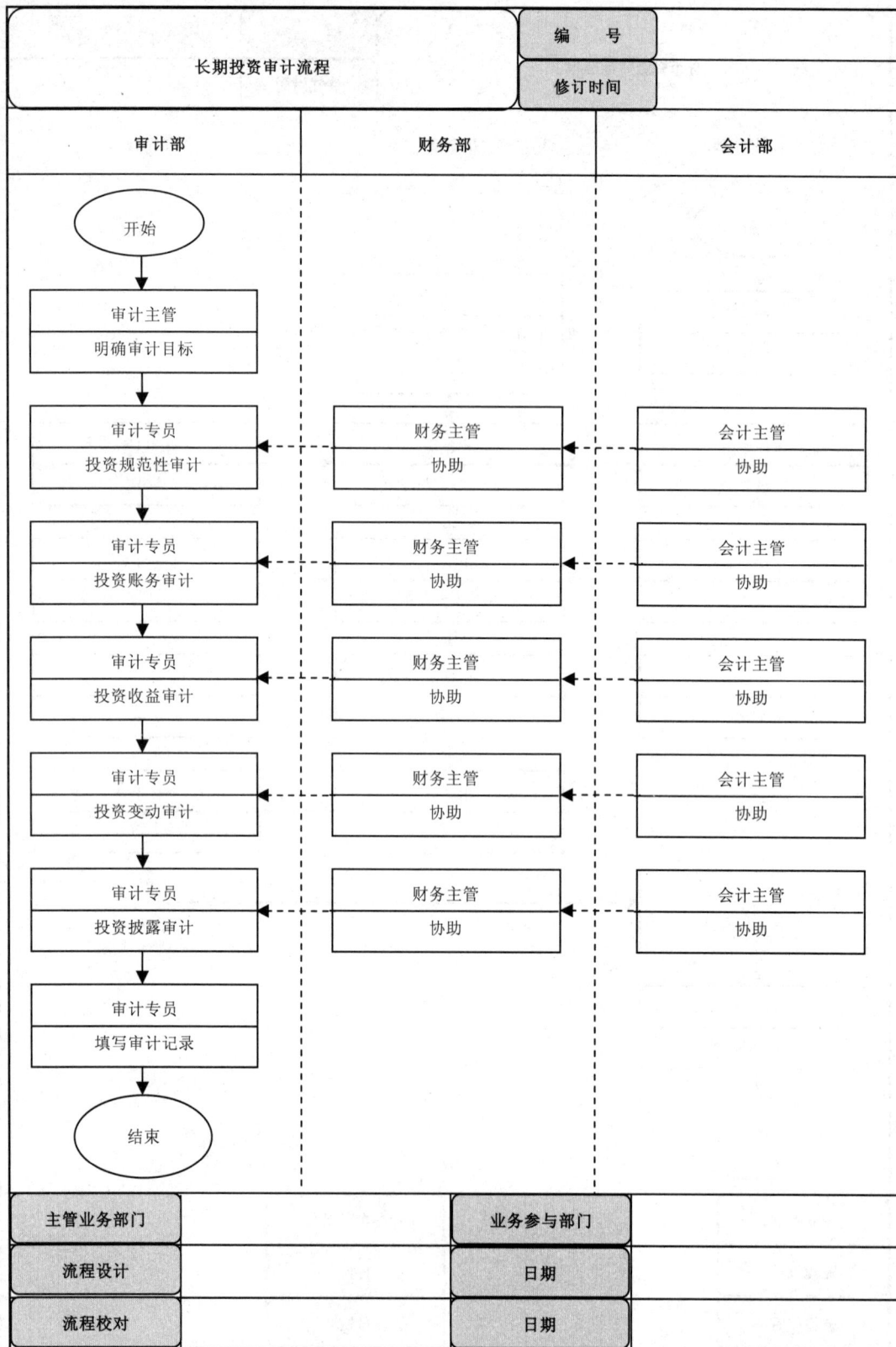

| 长期投资审计流程 | 编　号 | |
| | 修订时间 | |

审计部	财务部	会计部

```
                    ┌─────────┐
                    │  开始   │
                    └─────────┘
                         │
              ┌──────────────────┐
              │    审计主管      │
              │   明确审计目标   │
              └──────────────────┘
                         │
```

审计部	财务部	会计部
审计专员 投资规范性审计	**财务主管** 协助	**会计主管** 协助
审计专员 投资账务审计	**财务主管** 协助	**会计主管** 协助
审计专员 投资收益审计	**财务主管** 协助	**会计主管** 协助
审计专员 投资变动审计	**财务主管** 协助	**会计主管** 协助
审计专员 投资披露审计	**财务主管** 协助	**会计主管** 协助

```
              ┌──────────────────┐
              │    审计专员      │
              │   填写审计记录   │
              └──────────────────┘
                         │
                    ┌─────────┐
                    │  结束   │
                    └─────────┘
```

主管业务部门		业务参与部门	
流程设计		日期	
流程校对		日期	

10.2.4 利润审计工作流程

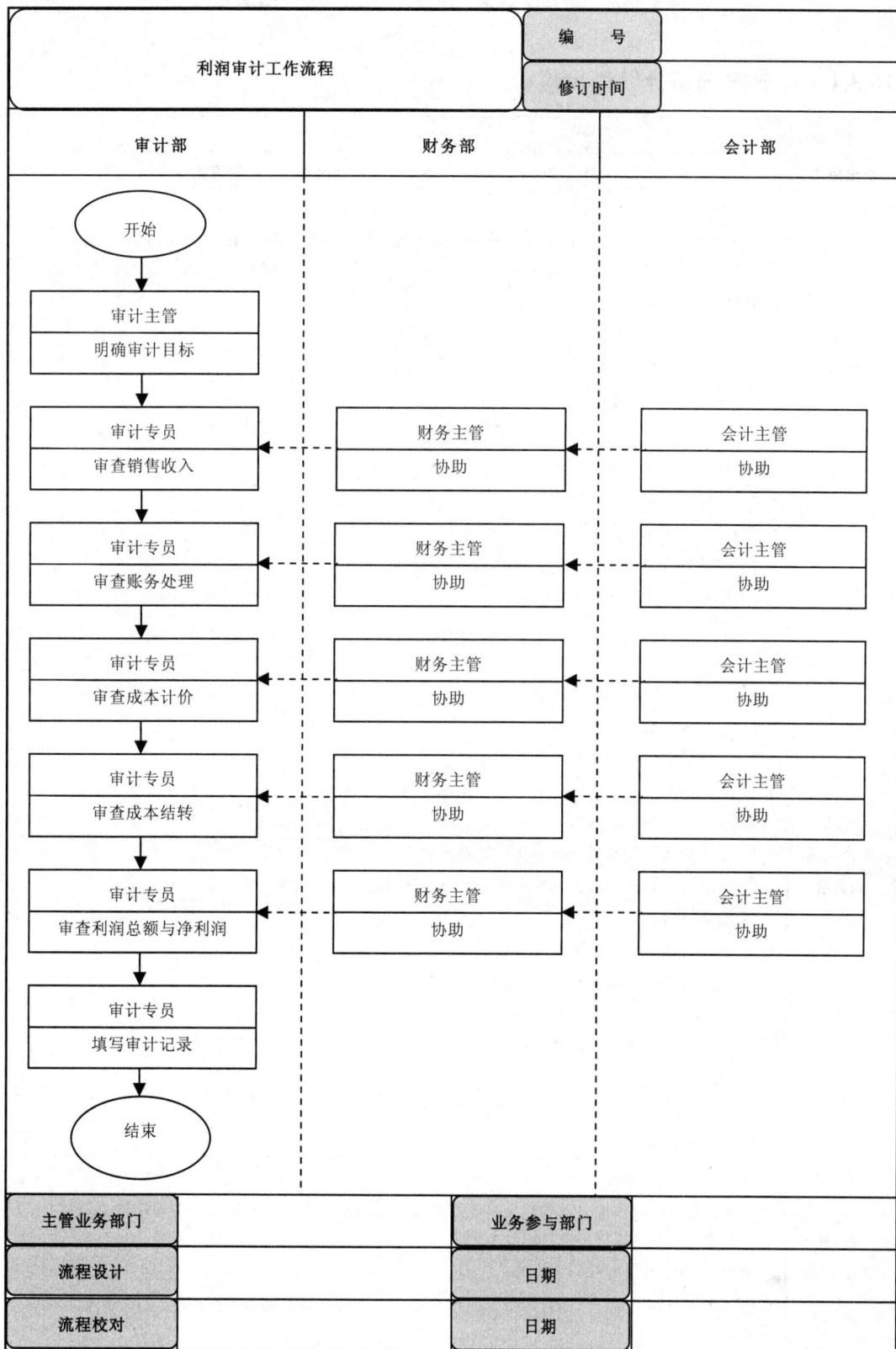

| 利润审计工作流程 | 编　　号 | |
| | 修订时间 | |

审计部	财务部	会计部

```
        ┌─────────┐
        │  开始   │
        └────┬────┘
             ↓
     ┌──────────────┐
     │   审计主管    │
     │  明确审计目标  │
     └──────┬───────┘
             ↓
```

| 审计专员 | 财务主管 | 会计主管 |
| 审查销售收入 | 协助 | 协助 |

| 审计专员 | 财务主管 | 会计主管 |
| 审查账务处理 | 协助 | 协助 |

| 审计专员 | 财务主管 | 会计主管 |
| 审查成本计价 | 协助 | 协助 |

| 审计专员 | 财务主管 | 会计主管 |
| 审查成本结转 | 协助 | 协助 |

| 审计专员 | 财务主管 | 会计主管 |
| 审查利润总额与净利润 | 协助 | 协助 |

| 审计专员 |
| 填写审计记录 |

```
        ┌─────────┐
        │  结束   │
        └─────────┘
```

主管业务部门		业务参与部门	
流程设计		日期	
流程校对		日期	

10.3 财务审计控制措施

10.3.1 企业内部审计管理制度

制度名称	企业内部审计管理制度				
制度版本		受控状态	□ 受控　□ 非受控	制度编号	

<table>
<tr><td rowspan="1">总　则
第1章</td><td>

第1条　目的

为了规范公司的内部审计工作，根据《审计法》和《中国内部审计准则》的相关规定，结合公司的实际情况，特制定本制度。

第2条　适用范围

本制度适用于公司内部审计的业务工作和管理活动。

第3条　职责分工

1．审计部全面负责公司的内部审计工作。

2．审计主管负责审计计划的制订和审计工作的指导，并按要求汇总审计结果编制审计报告。

3．审计人员负责内部审计的具体工作，并做好相应的审计记录。

4．各部门需全力配合审计工作，提供内部审计所需的各类资料。

</td></tr>
<tr><td rowspan="1">细　则
第2章
审计范围
和内容</td><td>

第4条　内部审计的范围

1．与财务收支有关的经济活动。

2．财务计划的执行和决算。

3．公司资产的使用、管理及保值增值情况。

4．基建工程预、决算的真实合法性。

5．国家相关财经法律、法规执行情况。

6．公司领导离任的经济责任。

7．各种管理活动、行政活动。

8．其他认定事项。

第5条　内部审计的内容

1．公司财务计划及其预算的执行与决算情况。

2．固定资产投资项目的立项、资金来源、预算、决算、竣工、开工。

3．资产管理情况。

4．经营成果，财务收支的真实性、合法性、效益性。

5．内部控制制度的健全性、严密性、有效性。

6．重要经济合同、契约的签订。

7．中高层管理人员的离任审计。

8．联营、合资、合作公司和项目投入的资金、资产使用及收益。

9．配合国家审计机关对公司及相关部门进行审计。

10．其他交办的审计事项。

</td></tr>
<tr><td rowspan="1">第3章
审计程序</td><td>

第6条　明确审计目标

审计主管首先应分析公司的年度审计计划与高层领导交办的相关任务，明确内部审计的工作目标，并将目标传达给审计部所有员工。

第7条　组建审计小组

审计主管根据内部审计的内容要求，抽调审计部相关人员组成临时的审计小组，负责内部审计工作。

</td></tr>
</table>

制度名称	企业内部审计管理制度				
制度版本		受控状态	□ 受控　□ 非受控	制度编号	

第8条　编制审计计划

审计主管根据审计目标与实际情况，编制审计计划，并将计划提交给财务总监审核，总经理审批。审计计划是内部审计工作的指导性文件，具体主要包括如下所示的六项内容。

1. 审计工作的名称和内容。

2. 审计工作的目标和要求。

3. 审计工作的职责分工情况。

4. 审计工作的程序和进度安排。

5. 审计工作底稿的索引号。

6. 其他相关内容。

第9条　发送审计通知

审计计划经审批通过后，审计主管应在审计工作正式开展的三个工作日以前，向被审计部门送达审计通知。审计通知应包含如下所示的八项内容。

1. 被审计部门的名称。

2. 审计的依据、范围、内容、方式和时间。

3. 审计组组长和其他成员名单。

4. 被审计部门配合审计工作的具体要求。

5. 被审计部门需要自查的内容、要求和期限。

6. 被审计部门需要准备并提供的相关资料。

7. 审计部门公章和签发日期。

8. 应当知会被审计部门的其他有关事项。

第10条　审计实施记录

审计通知发送后，审计小组应按审计计划要求，正式实施审计工作，并对各项审计内容的审计结果进行详细记录。

第11条　收集审计证据

审计证据是证明审计事项真相并作为审计结论基础的材料，包括各种书面证据、实物证据、视听证据、证言材料及鉴定结论和勘验笔录等。审计证据是审计报告的重要组成部分，审计小组在审计实施过程中应规范收集，并对其真实性、合法性进行鉴定。

第12条　编写审计报告

审计工作完成后，审计主管应汇总审计记录，编制审计报告，并将报告提交给财务总监和总经理审核审批。审计报告应包括如下所示的七项内容。

1. 审计对象、内容和依据。

2. 审计工作配置和过程的总结。

3. 对审计事项的客观评价。

4. 审计发现的有关问题。

5. 问题处理的审计建议。

6. 附录审计证据及相关说明。

7. 其他应当或需要说明的有关事项。

制度名称	企业内部审计管理制度				
制度版本		受控状态	□ 受控　□ 非受控	制度编号	
第4章 结果处理	**第13条**　审计报告审批 　　总经理应对呈报的审计报告进行详细分析，并对审计报告中提出的问题和处理建议出具审核意见。总经办负责将审计结果反馈给被审计部门，相关部门则负责落实审计处理决定。 **第14条**　审计结果复审 　　被审计部门对审计结果有异议的，应在接到审计结果反馈之日起10个工作日内向总经办申请复审，说明理由并提供证据。总经理对复审要求进行分析，并对复审申请做出批示。 **第15条**　资料整理归档 　　审计部应建立审计档案，并按照公司的相关规定，对审计资料进行归档管理。如下所示为审计档案的管理范围。 　　1．审计通知书和审计计划。 　　2．审计报告及其附件。 　　3．审计记录、审计工作底稿和审计证据。 　　4．反映被审计单位和个人业务活动的书面文件。 　　5．总经理对审计报告的审核意见以及相关的指示和批复。 　　6．审计处理决定及其执行情况报告。 　　7．复议申请报告及复议结果。 　　8．复审和后续审计的相关资料。 　　9．其他应当保存的资料文件。				
附则 第5章	**第16条**　本制度由财务部负责制定，并每年修改一次，经总经理签字后立即生效颁行。 **第17条**　本制度的解释权归财务部所有，总经理对于该制度享有废止的权力。				
编制部门		审批人员		审批日期	

10.3.2　应收款和负债审计细则

制度名称	应收款和负债审计细则				
制度版本		受控状态	□ 受控　□ 非受控	制度编号	
总则 第1章	**第1条**　目的 　　为加强应收款和负债的管理控制，规范应收款和负债的审计工作，特制定本细则。 **第2条**　适用范围 　　本细则适用于公司应收款和负债的审计工作。 **第3条**　职责分工 　　1．财务部负责本细则的制定、更新与定期修正工作。 　　2．审计部负责应收款和负债的具体审计工作。 　　3．有关部门应全力配合审计工作，并提供所需的资料文件。				
细则 第2章 应收款 审计内容	**第4条**　应收账款审计 　　1．审计部首先应检查应收账款的总账和明细账户的登记是否由不同人员负责，应收账款的管理是否建立明确的职责分工制度。 　　2．审计部检查应收账款的登记是否有专人负责，应收账款的记录是否以销售部门核准的销售发票和发运单等原始凭证为依据。				

制度名称	应收款和负债审计细则				
制度版本		受控状态	☐ 受控　☐ 非受控	制度编号	

第2章 应收款 审计内容	3. 审计部检查公司是否建立了应收账款的定期清理、催收制度。 4. 审计部检查公司坏账损失的冲销、销售折扣与礼品的给予，是否经过制度规定或专门指定的负责人员签字批准、审核。 **第5条　应收票据审计** 1. 审计部首先应检查应收票据的总账和明细账户的登记是否由不同人员负责，应收票据的管理是否建立明确的职责分工制度。 2. 审计部检查票据的接受、贴现和换新是否经过严格审批。 3. 审计部检查公司是否按规定设置"应收票据备查簿"，有无专人负责登记和注销，内容是否完整。 4. 审计部检查应收票据总账是否有定期盘点核对制度，制度是否得到切实执行。 **第6条　其他应收款审计** 1. 审计部首先应检查其他应收款的总账和明细账户的登记是否由不同人员负责，其他应收款的管理是否建立明确的职责分工制度。 2. 审计部检查备用金限额的确定是否合理，实际执行是否严格按照制度控制。 3. 审计部检查公司是否建立了包装物的收受、领发、回收、退回等制度，是否设专人保管，是否有单独的账簿记录。 4. 审计部检查公司是否建立了定期清理制度，其他应收款的催收工作是否及时。
第3章 负债审计 内容	**第7条　短期负债审计** 1. 审计部审计各项短期负债金额是否正确，是否在规定期限内偿还，有无隐瞒、截留收入问题；审查预提费用的项目、数额是否正确，预提期与受益期是否一致，有无任意多提、少提或不提的问题。 2. 应付职工薪酬审计。 （1）审计部审查职工福利费的提取比例是否真实准确，是否符合规定；审查工资的发放有无虚报冒领现象；审查奖金、工资性津贴的发放标准及福利费的用途是否符合规定。 （2）审计部审查施行工效挂钩的形式、提取工资总额的标准、比率是否符合规定；审查提取工资总额的基数、新增效益工资的计算和各种单项工资的增加是否符合规定，是否真实准确。 （3）审计部审查工资总额及人均工资收入增长是否符合两个低于的原则。 3. 应交税费审计。 审计部审查各项税费的计算依据、税目、税率是否符合国家税法规定；审查有关减免的税金，是否依法批准，年末与税务部门清缴的手续是否齐全；审查有关会计记录是否正确，有无错计、漏计、拖欠、截留税金等问题。 **第8条　长期负债审计** 1. 审计部审查长期借款资金来源、使用及归还是否符合规定。 2. 审计部审查上市股票及发行债券是否经过批准，股票和债券的价值计算是否正确，溢价和折价发行时是否按规定进行摊销，有无人为调节当期损益情况。
附则 第4章	**第9条**　本细则由财务部负责制定，并每年修改一次，经总经理签字后即立即生效颁行。 **第10条**　本细则的解释权归财务部所有，总经理对于该制度享有废止的权力。
编制部门		审批人员		审批日期	

10.3.3 技改扩建项目审计办法

制度名称	技改扩建项目审计规范				
制度版本		受控状态	□ 受控　□ 非受控	制度编号	

总则 **第1章**	**第1条　目的** 为了规范公司技改扩建项目的审计工作，保障技改扩建项目审计的质量与效率，特制定本办法。 **第2条　适用范围** 本办法适用于公司所有技改扩建项目的审计工作。 **第3条　职责分工** 1．财务部负责本规范的制定、更新与定期修正工作。 2．审计部应成立审计小组，全面负责技改扩建项目的审计工作。 3．施工单位、监理单位和技改项目团队应全力配合审计工作，并提供所需的资料文件。
细则 **第2章** **审计内容**	**第4条　立项审计** 技改扩建项目的立项审计内容如下所示。 1．立项申请资料的完备性和真实性。 2．立项程序的规范性，是否通过了应有的审核审批。 3．立项分析过程是否合理，包括可行性分析、效益分析等。 4．立项的手续办理是否遵照了国家法律和公司制度的要求。 5．其他应当审计的内容。 **第5条　资金筹集审计** 技改扩建项目的资金筹集审计内容如下所示。 1．资金筹集渠道是否合法。 2．资金筹集是否得到了相关领导的审批。 3．资金筹集金额的明细账目、总账和凭证等是否相符，会计处理是否正确。 4．资金筹集的比例结构和成本风险如何。 5．资金筹集的办理程序是否符合规定要求。 6．资金筹资的相关合同、协议是否规范合法，条款内容是否合理。 7．期间内负债利息等是否发生了变动。 8．其他应当审计的内容。 **第6条　项目实施审计** 技改扩建项目的实施审计内容如下所示。 1．项目的进度是否与计划相符，具体包括开始日期和进展阶段等。 2．施工单位和技改团队是否按要求实施项目。 3．项目的进程文件是否齐全，是否真实且制作规范。 4．项目实施过程有无发现异常问题，对于已发现的问题是否落实了有效的解决措施。 5．其他应当审计的内容。 **第7条　资金使用审计** 技改扩建项目的资金使用审计内容如下所示。 1．资金使用是否遵照计划的要求，超出计划范围的资金使用项目是否经过相关责任人员的审批。 2．资金使用的相关凭证和文件资料是否齐全，是否真实且制作规范。

制度名称	技改扩建项目审计规范				
制度版本		受控状态	□ 受控　□ 非受控	制度编号	

第2章 审计内容	3. 各项资金使用情况是否合理控制在预算之内，超出预算范围的资金使用项目是否经过相关责任人员的审批。 4. 资金使用有无发现不正当用途或贪污挪用等违法违纪情况。 5. 资金使用的明细账目、总账、表单等是否相符，数据是否真实，计算和会计处理是否正确。 6. 其他应当审计的内容。 **第8条**　阶段验收审计 技改扩建项目的阶段验收审计内容如下所示。 1. 阶段验收的程序是否符合规范要求。 2. 阶段验收的相关资料文件是否齐全真实。 3. 阶段验收结果是否经过了相关责任人员的审批，各验收项目有无发现异常问题。 4. 阶段验收过程中有无发现渎职、营私舞弊等违法违纪行为。 5. 其他应当审计的内容。
第3章 审计程序	**第9条**　编制审计方案 审计组长首先应就技改扩建项目的审计工作编制指导性方案，明确进度安排、职责分工、审计内容、审计要求等事项，并将审计方案提交给审计主管审核。 **第10条**　收集相关资料 审计方案经审计主管审核通过后，审计小组应遵照方案要求，在进行技改扩建项目的审计工作前，做好与审计内容相关的各类资料的收集工作，并充分掌握该项目的实际情况，为审计工作做好准备。 **第11条**　审计实施 审计小组按职责分工要求，实施各项审计内容，并将详细记录审计结果。 **第12条**　编制审计报告 审计组长汇总审计记录，并将其提交给审计主管。审计主管在核查审计记录的真实性后，汇总各项审计意见，总结发现的审计问题，提出相应的审计建议，并编制技改扩建项目审计报告。 **第13条**　报告审核审批 审计报告编制完成后，需提交给财务总监审核。财务总监审核完成后，还需提交给总经理审批。总经理针对审核意见与审核建议，给予相应的审批意见，以形成最终的审计结果处理决定。 **第14条**　审计结果处理 总经办将总经理审批通过的审计结果和最终确定的处理决定反馈给有关部门，相关部门负责处理决定的落实。
附则 第4章	**第15条**　本办法由财务部负责制定，并每年修改一次，经总经理签字后立即生效颁行。 **第16条**　本办法的解释权归财务部所有，总经理对于该制度享有废止的权力。

编制部门		审批人员		审批日期	

10.3.4 人员调动离任审计规范

制度名称	人员调动离任审计规范				
制度版本		受控状态	□ 受控　　□ 非受控	制度编号	

总　则 第1章	**第1条**　目的 为了规范人员调动离任的审计工作，避免调动、离任的审计疏失造成未可知的损失，结合公司实际情况，特制定本规范。 **第2条**　适用范围 本规范适用于公司中层及以上管理人员的调任和离任审计工作。 **第3条**　职责分工 1．财务部负责本细则的制定、更新与定期修正工作。 2．审计部应成立审计小组，全面负责调动离任的审计工作。 3．有关部门应全力配合审计工作，并提供所需的资料文件。
细　则 第2章 调动审计内容	**第4条**　原职位任职情况审计 原职位任职情况的审计内容如下所示。 1．经济责任的履行情况。 2．未完成的项目或正在进行的事宜。 3．最近一次的年度和季度考核结果。 4．原职位工作或业务的进展情况。 5．下属员工的满意度调查结果。 6．任职期间内的违法违纪记录。 7．其他应该审计的内容。 **第5条**　职位交接结果审计 职位交接结果的审计内容如下所示。 1．原职位的交接结果是否全部完成。 2．新职位的交接结果是否全部完成。 3．调动手续的办理情况是否规范完备。 4．是否存在文件缺失或交接不明等异常情况。 5．其他应当审查的内容。 **第6条**　新职位任职风险审计 新职位任职风险的审计内容如下所示。 1．识别新职位任职风险的情况类别。 2．分析新职位任职风险的产生原因。 3．评估新职位任职风险的影响程度。
第3章 离任审计内容	**第7条**　经济责任审计 审计小组首先应分析离任人员（尤其是经理及以上级别的高层管理人员）本年度的目标责任书，对其经济责任的完成情况进行审计。 **第8条**　工作业务审计 审计小组应查阅离任人员最近一次的年度、季度考核结果，并分析离任时该职位的业务状态，审查是否存在未完成的项目，正在执行的业务计划是否存在异常情况等。 **第9条**　客户关系审计 对于市场经理、销售经理等需要与客户联系的职位，审计小组还应审查其客户关系的维护状态，分析客户关系（尤其是重要客户）是否存在异常状况，是否有未解决的客户投诉事件等。

制度名称	人员调动离任审计规范				
制度版本		受控状态	□ 受控　□ 非受控	制度编号	

第3章 离任审计内容	**第10条　员工关系审计** 　　审计小组通过发放调查问卷，了解离任人员与下属员工的关系状态，并分析该小组或该部门的管理情况，审查是否存在未解决的矛盾冲突，是否存在管理缺陷，其下属员工是否存在不满情绪等。 **第11条　个人自律审计** 　　审计小组通过核查记录，了解离任人员任职期间内的违法违纪情况，审查相关的经济处罚决定是否完全落实。
第4章 审计流程	**第12条　组建审计小组** 　　审计部首先应选择相关审计人员成立临时审计小组，负责调动离任员工的审计工作。 **第13条　收集证据资料** 　　审计小组收集审计所需的各类证据资料，按规定对需要审计的内容进行核查分析。 **第14条　总结审计意见** 　　审计组长根据资料分析结果，总结调动离任人员的审计意见。 **第15条　拟定审计建议** 　　审计组长根据审计意见，按照公司的相关规定拟定相应的处理建议。 **第16条　编制审计报告** 　　审计组长汇总审计意见及审计建议，编制调动离任人员的审计报告。审计报告经审计主管核查无误后，应呈交总经理审批。 **第17条　审计结果处理** 　　总经理对审计报告中审计意见的准确性与处理意见的合理性进行分析，并给出相关的审批修改意见，各部门负责落实最终确立的审计处理措施。
附则 第5章	**第18条**　本规范由财务部负责制定，并每年修改一次，经总经理签字后立即生效颁行。 **第19条**　本规范的解释权归财务部所有，总经理对于该制度享有废止的权力。

编制部门		审批人员		审批日期	

10.4　财务审计工具表单

10.4.1　内部审计工作计划表

审计目的		审计性质	
审计范围		审计依据	
审计组长		审计成员	
审计日期	___年__月_日～___年__月_日		

审计工作具体安排

日期	时间	审核对象	审核文件	审计员

审批人：　　　　　　　　　　制表人：　　　　　　　　　　　　　　日期：___年__月__日

10.4.2　抽样审计实施计划表

审计类别			审计项目	审计范围	抽样数量	审计时间		主审单位	外协单位
						起	止		
□ 日常	□ 定期	□ 不定期							
□ 日常	□ 定期	□ 不定期							
□ 日常	□ 定期	□ 不定期							
□ 日常	□ 定期	□ 不定期							
□ 日常	□ 定期	□ 不定期							

审批人：　　　　　　　　制表人：　　　　　　　　　　　　日期：＿＿＿年＿月＿日

10.4.3　审计工作执行方案表

审计对象			审计方式	
编制依据			计划工作时间	
审计内容和范围				
审计组成员	组长（或负责人）			
	成员			
审批	财务总监意见： 　　　　　　　　　　　签名： 　　　　　　　　　　　日期：＿＿＿年＿月＿日			
	总经理意见： 　　　　　　　　　　　签名： 　　　　　　　　　　　日期：＿＿＿年＿月＿日			

审计组长（主审）：　　　　　　起草人：　　　　　　　　日期：＿＿＿年＿月＿日

10.4.4　审计工作底稿（样表）

审计对象		审计项目	
内容摘要			
发现的问题			
评价及建议			
审计对象意见			

审计部门：　　　　　　　　审计组长（主审）：　　　　　　日期：＿＿＿年＿月＿日

10.4.5　审计工作总结（样表）

填表时间：＿＿＿年＿月＿日

项目名称		被审计单位名称	
审计组长		组员	
现场工作时间	计划		
	实际		

被审计项目基本情况	
审计目的和范围	
审计计划执行情况	
预审情况	
符合性测试及发现的问题	
实质性测试及发现的问题	
与项目执行单位交换意见	
重大问题的处理	
对下年度审计工作的建议和意见	

第 11 章

财务分析决策实务

11.1　财务分析决策维度

11.1.1　产品成本分析重点

产品成本是指企业为生产产品而产生的成本，产品成本不仅反映企业对于设备、原材料等的节约使用情况，还反映企业的经营管理水平。产品成本分析决策便是通过对企业一段时期内的产品成本进行分析，从而为成本决策提供判断依据。

一般而言，产品成本分析重点主要包括直接材料成本分析决策、直接人工成本分析决策和制造费用成本分析决策，具体说明如表 11-1 所示。

表 11-1　产品成本分析重点说明表

项目	含义	目标	分析内容	决策方向
直接材料成本分析决策	直接材料成本是指用于产品生产的原材料、燃料、动力等所产生的成本	分析直接材料成本的节约或超值情况，寻求成本浪费的根源，从而为节约直接材料成本的措施决策提供依据	1. 直接材料成本分析主要依据直接材料成本差异指标，即直接材料实际成本与直接材料标准成本间的差异 2. 分析内容具体可围绕直接材料价格差异与直接材料用量差异两个维度进行	1. 明确直接材料成本浪费的责任部门或责任人员，拟定有效措施予以纠正 2. 对于直接材料成本获得有效节约的情况，要分析节约根源，并予以倡导和推行
直接人工成本分析决策	直接人工成本是指参加产品生产的相关员工的工资及福利费用所产生的成本	分析直接人工成本的合理性，通过采取有效措施，实现生产效率的提高与产品成本的降低	1. 直接人工成本分析主要依据直接人工成本差异指标，即直接人工实际成本与直接人工标准成本间的差异 2. 分析内容具体可围绕直接人工工资率差异与直接人工效率差异两个维度进行	1. 分析直接人工工资率设置与分配的合理性，确保不同职务的生产人员配置合适的工资率 2. 明确直接人工效率低下的原因，分析责任归属，并采取有效措施予以提升
制造费用成本分析决策	制造费用是指产品生产过程中所发生的各项间接成本	分析制造费用的合理性，有效降低该项成本，并确保制造费用的经济效益	1. 制造费用成本分析主要依据制造费用成本差异指标，即制造费用实际成本与制造费用标准成本间的差异 2. 分析内容具体可围绕制造费用开支差异与制造费用效率差异两个维度进行	1. 分析制造费用各项目开支用量是否合理，采取有效措施对开支明细进行控制 2. 明确生产过程中实际工时利用效率低下的原因，分析责任归属，并采取有效措施予以提升

11.1.2 销售费用分析重点

销售费用是指销售产品或劳务的过程中所发生的各项费用，包括运输费、装卸费、包装费、广告费、保险费、展览费、租赁费（不含融资租赁费）和销售服务费、销售部门人员工资及福利费、差旅费以及其他经费等。

一般而言，销售费用分析重点主要包括费用投入分析决策、费用控制分析决策和费用效益分析决策，具体说明如图 11-1 所示。

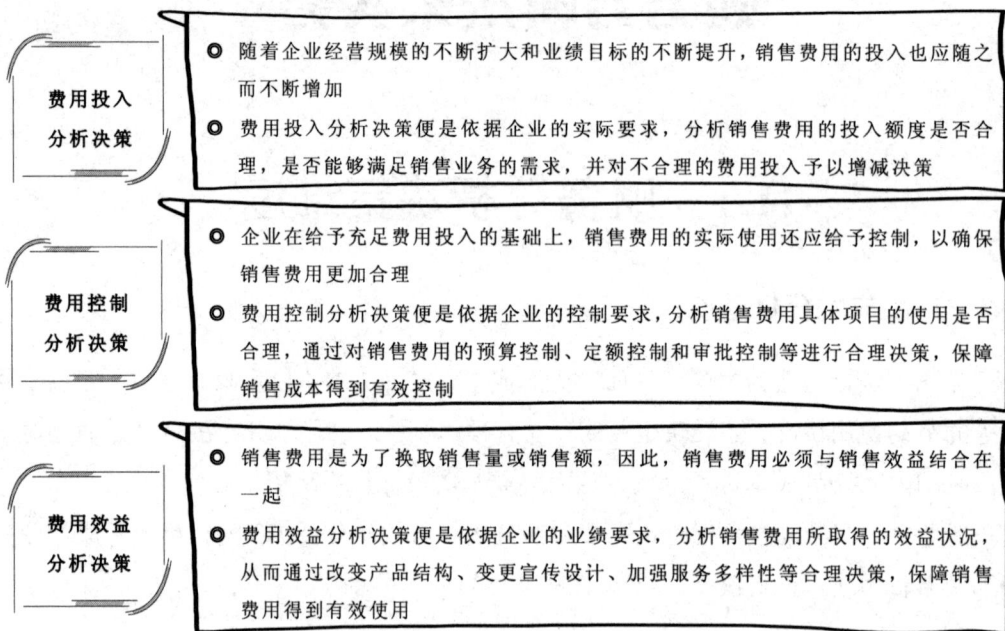

费用投入分析决策	○ 随着企业经营规模的不断扩大和业绩目标的不断提升，销售费用的投入也应随之而不断增加 ○ 费用投入分析决策便是依据企业的实际要求，分析销售费用的投入额度是否合理，是否能够满足销售业务的需求，并对不合理的费用投入予以增减决策
费用控制分析决策	○ 企业在给予充足费用投入的基础上，销售费用的实际使用还应给予控制，以确保销售费用更加合理 ○ 费用控制分析决策便是依据企业的控制要求，分析销售费用具体项目的使用是否合理，通过对销售费用的预算控制、定额控制和审批控制等进行合理决策，保障销售成本得到有效控制
费用效益分析决策	○ 销售费用是为了换取销售量或销售额，因此，销售费用必须与销售效益结合在一起 ○ 费用效益分析决策便是依据企业的业绩要求，分析销售费用所取得的效益状况，从而通过改变产品结构、变更宣传设计、加强服务多样性等合理决策，保障销售费用得到有效使用

图 11-1　销售费用分析重点

11.1.3 资产状况分析重点

资产状况分析是企业资产决策的基础依据。一般而言，资产状况分析重点，主要包括图 11-2 所示的三项内容。

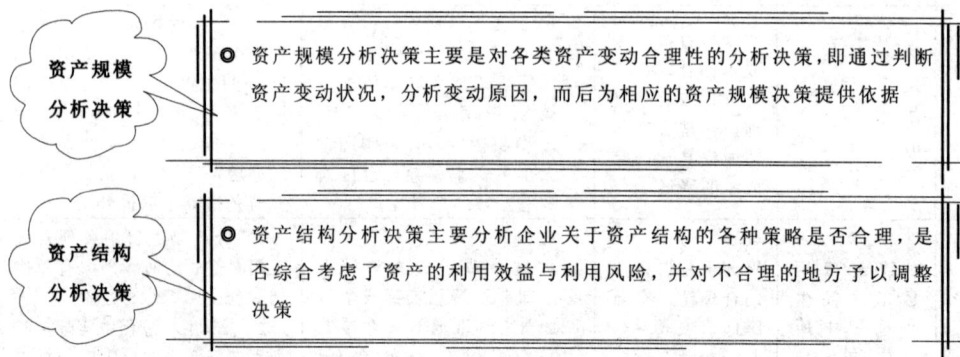

资产规模分析决策	○ 资产规模分析决策主要是对各类资产变动合理性的分析决策，即通过判断资产变动状况，分析变动原因，而后为相应的资产规模决策提供依据
资产结构分析决策	○ 资产结构分析决策主要分析企业关于资产结构的各种策略是否合理，是否综合考虑了资产的利用效益与利用风险，并对不合理的地方予以调整决策

图 11-2　资产状况分析重点

资产管理效率分析决策

○ 资产管理效率分析决策主要包括资产周转率与资产使用效果两个方面，通过分析资产管理效率的实际状况，结合企业的经营需求，为资产管理效率的提升提供正确决策

图 11-2　资产状况分析重点（续）

11.1.4　资产负债分析重点

资产负债分析决策即通过对企业负债现状、短期偿债能力和长期偿债能力的分析，判断企业的负债压力与偿债风险，从而对负债筹资、资产管理等相关活动进行合理决策。

一般而言，资产负债分析重点主要包括负债现状分析决策、短期偿债能力分析决策和长期偿债能力分析决策三项，具体说明如表 11-2 所示。

表 11-2　资产负债分析决策点说明表

项目	分析指标	计算公式	说明
负债现状分析决策	资产负债率	$\dfrac{负债总额}{资产总额}\times100\%$	1. 资产负债率反映了负债资本占全部资产的比例 2. 该指标值越大，表明企业的负债压力越重，偿债风险越高
	产权比率	$\dfrac{负债总额}{所有者权益}\times100\%$	1. 产权比率反映了负债总额占所有者权益总额的比例 2. 该指标值越大，表明了企业负债经营的程度越高，负债压力越重
短期偿债能力分析决策	流动比率	$\dfrac{流动资产}{流动负债}\times100\%$	1. 流动比率反映了企业运用流动资产偿还到期债务的能力 2. 该指标值越大，表明企业的短期偿债能力越高
	速动比率	$\dfrac{速动资产}{流动负债}\times100\%$	1. 速动比率反映了企业运用速动资产偿还到期债务的能力，相比流动比率而言更加可靠 2. 该指标值越大，表明企业的短期偿债能力越高
	现金比率	$\dfrac{现金+现金等价物}{流动负债}\times100\%$	1. 现金比率反映了企业凭借变现能力，使用现金快速偿还到期债务的能力 2. 该指标值越大，表明企业的短期偿债能力越高
	现金流量比率	$\dfrac{经营活动现金流量}{流动负债}\times100\%$	1. 现金流量比率反映了企业运用流动现金偿还到期债务的能力 2. 该指标值越大，表明企业的短期偿债能力越高
长期偿债能力分析决策	资本周转率	$\dfrac{可变现的流动资产}{长期负债}\times100\%$	1. 资本周转率反映了企业运用流动资产偿还长期债务的能力 2. 该指标值越大，表明企业的长期偿债能力越高
	清算价值比率	$\dfrac{有形资产总额}{负债总额}\times100\%$	1. 清算价值比率反映了企业运用有形资产偿还全部债务的能力 2. 该指标值越大，表明企业的综合偿债能力越高
	利息支付倍数	$\dfrac{息税前利润}{债务利息}$	1. 利息支付倍数反映了企业负债经营的风险程度及获利能力对债务偿还的保证程度 2. 该指标值越大，表明企业的长期偿债能力越高
	债务保障比率	$\dfrac{经营现金净流量}{负债总额}\times100\%$	1. 债务保障比率反映了企业运用经营活动提供的现金偿还全部债务的能力 2. 该指标值越大，表明企业的长期偿债能力越高

11.2 财务分析决策流程

11.2.1 财务分析管理流程

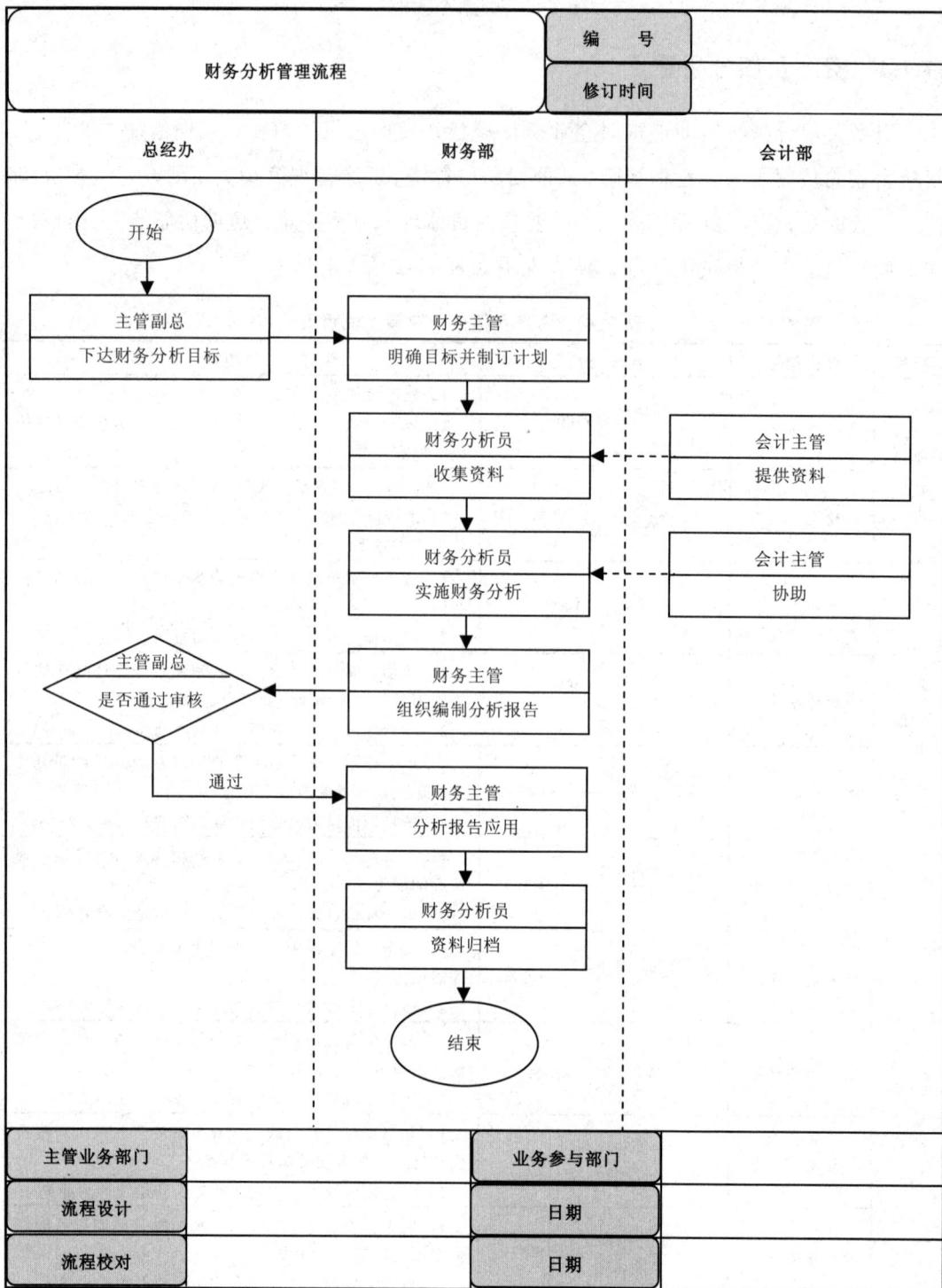

财务分析管理流程	编　号	
	修订时间	
总经办	财务部	会计部

```
          ┌─────────┐
          │   开始   │
          └────┬────┘
               ↓
    ┌──────────────┐      ┌──────────────┐
    │   主管副总     │─────→│   财务主管     │
    │  下达财务分析目标 │      │ 明确目标并制订计划 │
    └──────────────┘      └───────┬──────┘
                                  ↓
                          ┌──────────────┐      ┌──────────────┐
                          │   财务分析员    │←- - -│   会计主管     │
                          │    收集资料    │      │    提供资料    │
                          └───────┬──────┘      └──────────────┘
                                  ↓
                          ┌──────────────┐      ┌──────────────┐
                          │   财务分析员    │←- - -│   会计主管     │
                          │   实施财务分析   │      │     协助      │
                          └───────┬──────┘      └──────────────┘
                                  ↓
      ◇◇◇◇◇◇◇◇◇         ┌──────────────┐
     ◇  主管副总   ◇←──────│   财务主管     │
     ◇ 是否通过审核 ◇        │  组织编制分析报告  │
      ◇◇◇◇◇◇◇◇◇         └──────────────┘
           │ 通过
           └──────────────→┌──────────────┐
                          │   财务主管     │
                          │   分析报告应用   │
                          └───────┬──────┘
                                  ↓
                          ┌──────────────┐
                          │   财务分析员    │
                          │    资料归档    │
                          └───────┬──────┘
                                  ↓
                          ┌─────────┐
                          │   结束   │
                          └─────────┘
```

主管业务部门		业务参与部门	
流程设计		日期	
流程校对		日期	

11.2.2 财务风险分析流程

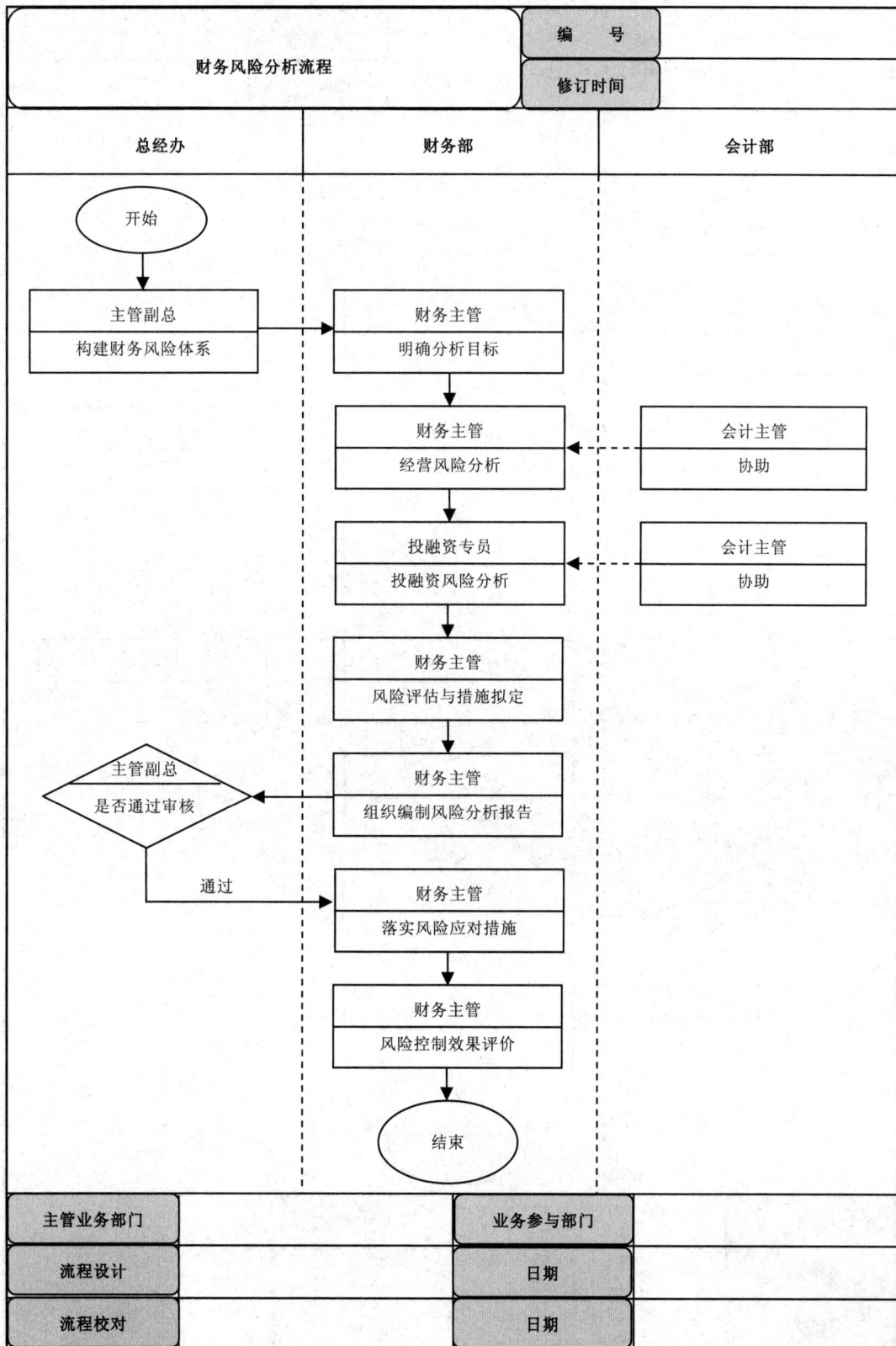

| 财务风险分析流程 | 编　　号 | |
| | 修订时间 | |

总经办	财务部	会计部

开始

主管副总		财务主管
构建财务风险体系	→	明确分析目标

财务主管		会计主管
经营风险分析	←	协助

投融资专员		会计主管
投融资风险分析	←	协助

财务主管
风险评估与措施拟定

主管副总	财务主管
是否通过审核	组织编制风险分析报告

通过

财务主管
落实风险应对措施

财务主管
风险控制效果评价

结束

主管业务部门		业务参与部门	
流程设计		日期	
流程校对		日期	

11.2.3 财务报表分析流程

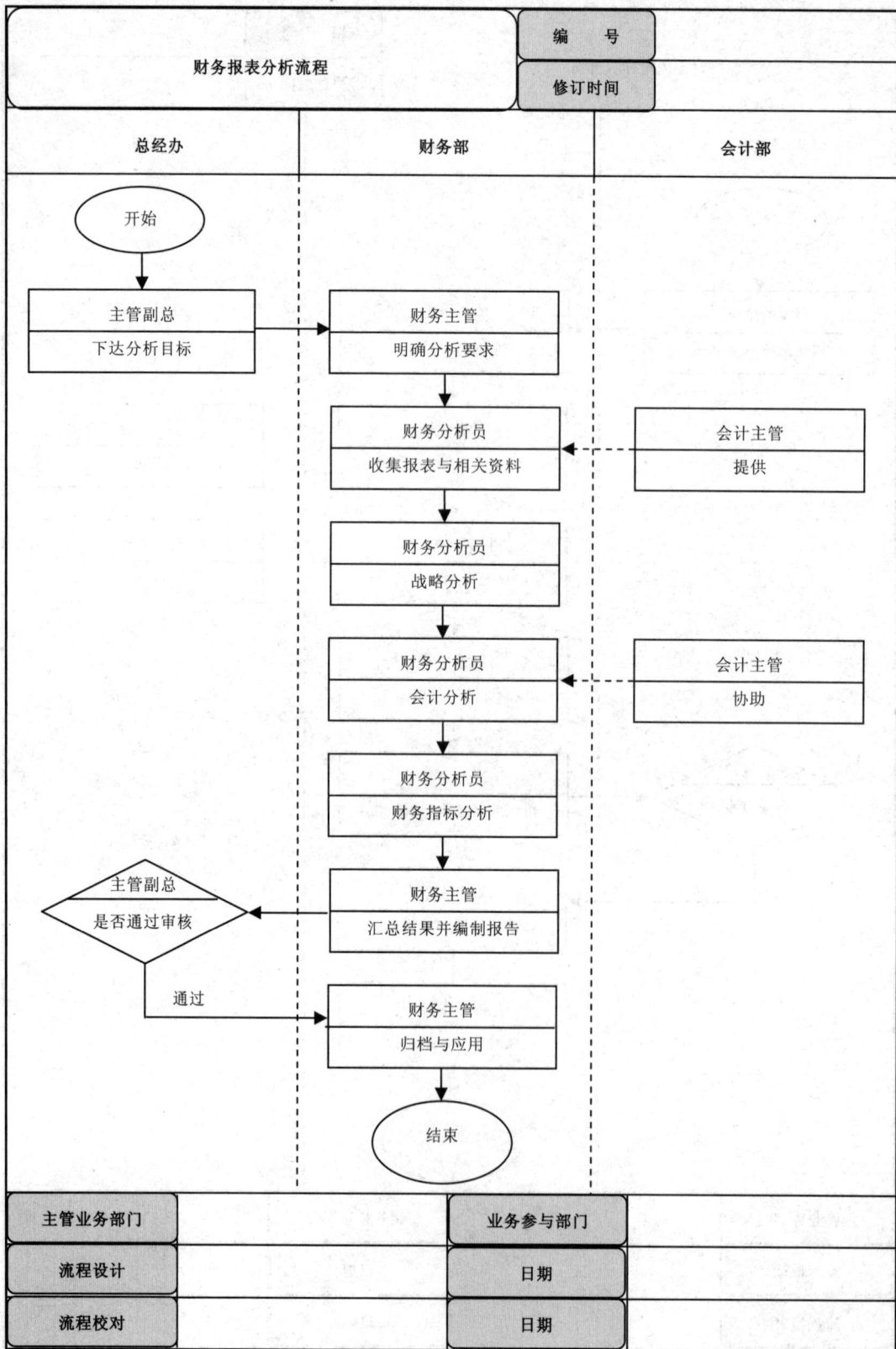

| 财务报表分析流程 | | 编　号 | |
| | | 修订时间 | |

总经办	财务部	会计部

开始

| 主管副总 |
| 下达分析目标 |

| 财务主管 |
| 明确分析要求 |

| 财务分析员 |
| 收集报表与相关资料 |

| 会计主管 |
| 提供 |

| 财务分析员 |
| 战略分析 |

| 财务分析员 |
| 会计分析 |

| 会计主管 |
| 协助 |

| 财务分析员 |
| 财务指标分析 |

| 财务主管 |
| 汇总结果并编制报告 |

主管副总
是否通过审核

通过

| 财务主管 |
| 归档与应用 |

结束

主管业务部门		业务参与部门	
流程设计		日期	
流程校对		日期	

11.3 分析决策控制措施

11.3.1 财务分析管理制度

制度名称	财务分析管理制度			
制度版本	受控状态	□ 受控　□ 非受控	制度编号	

总则 **第1章**	**第1条　目的** 为了加强公司的经营管理与控制，客观评价公司的经营业绩，规范公司的财务分析管理工作，保障财务分析目标的顺利达成，根据《企业会计准则》的相关规定，结合公司的实际情况，特制定本制度。 **第2条　适用范围** 本制度适用于企业财务分析的各项业务与管理工作。 **第3条　职责分工** 1．财务总监负责财务分析的规划与监督工作。 2．财务主管负责财务分析工作的组织、指导与控制，并负责组织编制财务分析报告。 3．财务分析员负责财务分析的具体执行工作，包括资料的收集、数据的分析等。 4．其他部门应积极配合财务分析工作，并提供财务分析所需的有关资料。
细则 **第2章** **财务分析** **规划**	**第4条　财务分析周期** 1．财务分析人员按照公司相关财务规定在每月及年末实施定期财务分析。 2．在公司经营发生转变或其他特殊情况下，财务分析人员需根据公司的实际情况实施不定期的财务分析。 **第5条　财务分析方法** 财务分析方法的选择应根据财务分析的目标、内容而定，常用的财务分析方法主要有比率分析法、趋势分析法、结构分析法三种，具体如下表所示。

财务分析方法说明表

方法	具体说明	适用情况
比率分析法	◎ 用财务报表中相互关联的项目之间的百分比或比例关系来揭示和评价公司的财务状况和经营成果	◎ 用于定量分析公司的财务状况、获利能力、偿债能力等
趋势分析法	◎ 通过对比两期或连续数期财务报告中的相同指标，确定指标增减变动的方向、数额和幅度	◎ 用于说明公司财务状况或经营成果的变动趋势，且可采用统计图表和比较报表相结合的方式
结构分析法	◎ 通过对公司资产结构、负债结构、所有者权益结构每一项目的对比，分析公司各项资产和收益的状况	◎ 用于从总体上了解和评价公司的财务结构是否合理，以及偿债能力大小和获利能力强弱等

第6条　财务分析内容
公司财务分析的具体内容如下表所示。

中·小·微企业财务会计管理实务

制度名称	财务分析管理制度			
制度版本		受控状态	□ 受控　□ 非受控	制度编号

财务分析内容一览表

内容项目	具体说明
生产经营状况分析	财务分析员从产量、产值、质量及销售等方面对公司本期的生产经营活动进行评价，并与上年同期水平进行对比，对评价结果加以说明
成本费用分析	1. 分析人员对原材料消耗情况进行分析，并与上期对比，对变化原因做出分析说明 2. 分析人员对管理费用与销售费用的增减变化情况进行分析，并剖析变化的原因，对业务费用、销售人员的薪酬须做单独分析 3. 分析人员以本期各产品产量大小为依据确定公司的主要产品，分析其销售毛利率，并根据具体情况分析降低产品单位成本的可行途径
利润分析	1. 分析人员对营业利润、利润总额和净利润进行分析 2. 分析人员对各项投资收益、汇总损益和净资产收益率做出说明 3. 分析人员对利润纵向对比情况及其原因做出说明
存货分析	1. 分析人员根据产品销售率分析公司的产销平衡状况 2. 分析人员分析存货积压的形成原因及库存产品的完好程度 3. 分析人员分析本期处理库存积压产品，包括处理数量、金额和损失 4. 分析人员分析存货的库存结构、变动趋势及不合理的资金占用原因
应收账款分析	1. 分析人员分析金额较大的应收账款形成原因及处理情况，包括催收的进度情况 2. 分析人员分析本期未取得货款的收入占总销售收入的比例，比例较大者应说明原因 3. 分析人员对应收账款中非应收货款部分的数量，包括预付货款、定金及借给外单位的款项等进行分析，对于用作其他途径而挂到应收账款科目的款项，分析人员应单独列出并作出说明 4. 分析人员进行季度、年度分析时，应对应收账款进行账龄分析，并予以分类说明 5. 分析人员对难以收回的呆账进行分析，并制定应对策略
负债分析	1. 分析人员根据负债比率、流动比率和速动比率分析公司的偿债能力及财务风险的大小 2. 分析人员分析本期增加的借款和往期所借款项的归还情况 3. 分析人员应根据各项借款的利息率与资金利润率，对比分析各项借款的经济性，以作为调整借款渠道和计划的依据
销售收入分析	1. 分析人员通过本期销售收入和去年同期销售收入的对比，分析影响本期销售收入增加或减少的因素 2. 分析人员分析销售数量、销售价格、销售结构分别对销售额的影响，揭示销售工作中存在的问题，提出增加销售收入的具体措施

第2章
财务分析
规划

制度名称	财务分析管理制度			
制度版本		受控状态	□ 受控　□ 非受控	制度编号	

	内容项目	具体说明
第2章 财务分析 规划	货币资金分析	1. 分析人员主要分析资金来源的构成及其合理性；分析资金分布情况及各类资金占用的比例结构；分析资金使用的效果及其合理性；分析本期货币资金收支计划的完成情况 2. 分析人员着重分析资金在筹集、使用、管理等方面存在的问题。通过对本期货币资金收支情况的综合评价，提出进一步改善资金管理的建议和措施 3. 分析人员对下期的资金形势做出预测，提高公司货款的回收率，压缩资金占用量，减少资金使用量，加速资金周转，确保资金收支平衡，保证生产经营与基建技改、归还借款及对外投资计划的资金需要
	期间费用分析	1. 分析人员通过对管理费用、销售费用、财务费用的对比分析，找出影响本期与去年同期相比的变动因素 2. 分析人员分析各项费用支出的合理性，揭示费用支出中存在的问题，提出压缩各项费用支出的具体措施
	其他事项分析	1. 分析人员对发生重大变化的资产、负债和所有者权益作出分析说明 2. 分析人员对数额较大的预付账款和超过限度的现金余额做出分析 3. 分析人员对其他影响企业效益及财务状况的项目和事件做出分析说明

第7条　收集信息资料

财务分析员首先应收集财务分析所需的各类信息资料，具体如下表所示。

财务分析所需信息资料明细表

	资料名称	具体说明
第3章 财务分析 实施	财务报表	◎ 公司在会计期间编制的对外报送的财务报表，主要包括负债表、利润表、现金流量表、所有者权益变动表、相关附表及财务状况说明书等
	审计报告	◎ 注册会计师依照国家有关法规及《企业会计准则》，采取必要的查账验证程序对企业财务状况及财务报表进行验证后，出具审计报告
	其他资料	◎ 与财务报表分析有关的其他资料，如企业经营计划资料、企业历史财务资料等

第8条　信息资料分析

财务主管指导财务分析员，按照上述的内容与方法，对收集的各类资料进行分析。

第9条　编制分析报告

财务主管汇总分析结构，并编制财务分析报告，提交给财务总监审核。

第10条　分析报告审批

财务总监通过审核财务分析报告，要求财务主管对不合理之处进行修正，直至报告获得审批通过。

制度名称	财务分析管理制度				
制度版本		受控状态	□ 受控　□ 非受控	制度编号	
第3章 财务分析 实施	**第11条**　报告应用归档 1．财务报告审批通过后，财务总监须定期组织财务分析会议，全面总结企业的财务状况进行分析决策，为各类问题制定正确的解决措施与途径。 2．财务分析报告使用完毕后，应归档妥善保管。				
附则 第4章	**第12条**　本制度由财务部负责制定，并每年修改一次，经总经理签字后立即生效颁行。 **第13条**　本制度的解释权归财务部所有，总经理对于该制度享有废止的权力。				
编制部门		审批人员		审批日期	

11.3.2 财务报告编制方案

财务报告编制方案

编　　号：　　　　编制部门：　　　　审批人员：　　　　审批日期：＿＿＿年＿＿月＿＿日

一、目的

为了规范财务报告的编制，根据《企业会计准则》的有关规定，结合公司的实际情况，特制定本方案。

二、适用范围

本方案适用于公司财务报告的编制工作。

三、术语解释

本方案中所称的财务报告，是指以公司日常核算资料为依据，总结并反映公司某一时期财务状况和经营成果的书面报告。

四、编制流程

财务报告的编制一般遵循如下所示的流程。

1．财务主管按要求组织财务部相关人员进行项目核算、资产及负债清查等相关工作。

2．财务主管将上述工作结果定期汇总，编制财务报告，并将报告成交财务总监审核。

3．财务总监审核通过后，将财务报告提交总经理审阅。

4．总经理负责财务报告的审批、披露和公布工作。

五、编制要求

财务报表的编制应满足如下所示的七项基本要求。

1．财务报表必须按规定金额单位填制。

2．财务报表内的文字和数字必须工整清晰，不得潦草

3．财务报表填写出现差错时，应按规定方法更正，并加盖制表人印章

4．财务报表中出现负数的项目，应以"—"号表示，"—"号应在数字之前占两个数字格。

5．财务报表中有"年初数"的项目，数字必须与上年度财务报表中同类项目的"期末数"相一致。

6．年度决算一经批准，需要调整的事项要在下年度按规定进行调整。

7．各种财务报表中规定的补充资料，都要填写齐全，不得遗漏。

六、编制内容

一般而言，财务报告的编制内容主要包括如下所示的六项。

1．资产负债表。

资产负债表的编制范例如下表所示。

资产负债表

编制单位：　　　　　　　　　　　　　　　　　　___年__月__日　　　　　　　　　　　　　　　　单位：元

资产	期末余额	期初余额	负债和所有者权益（或股东权益）	期末余额	期初余额
流动资产：			流动负债：		
货币资金			短期借款		
交易性金融资产			交易性金融负债		
应收票据			应付票据		
应收账款			应付账款		
预付账款			预收账款		
应收利息			应付职工薪酬		
应收股利			应交税费		
其他应收款			应付利息		
存货			应付股利		
一年内到期的非流动资产			其他应付款		
其他流动资产			一年内到期的非流动负债		
流动资产合计			其他流动负债		
非流动资产：			流动负债合计		
可供出售金融资产			非流动负债：		
持有至到期投资			长期借款		
长期应收款			应付债券		
长期股权投资			长期应付款		
投资性房地产			专项应付款		
固定资产			预计负债		
在建工程			递延所得税负债		
工程物资			其他非流动负债		
固定资产清理			非流动负债合计		
无形资产			负债合计		
开发支出			所有者权益（或股东权益）：		
商誉			实收资本（或股本）		
长期待摊费用			资本公积		
递延所得税资产			减：库存股		
其他非流动资产			盈余公积		
非流动资产合计			未分配利润		
			所有者权益（或股东权益）合计		
资产合计			负债和所有者权益（或股东权益）总计		

2．利润表。

利润表的编制范例如下表所示。

利润表

编制单位：　　　　　　　　　　　　　　　　年　月　　　　　　　　　　　　　　金额单位：元

项目	本期金额	上期金额
一、营业收入		
减：营业成本		
营业税金及附加		
销售费用		
管理费用		
财务费用		
资产减值损失		
加：公允价值变动收益（损失以"－"号填列）		
投资收益（损失以"－"号填列）		
其中：对联营企业和合营企业的投资收益		
二、营业利润（亏损以"－"号填列）		
加：营业外收入		
减：营业外支出		
其中：非流动资产处置损失		
三、利润总额（亏损以"－"号填列）		
减：所得税费用		
四、净利润（净亏损以"－"号填列）		
五、每股收益		
（一）基本每股收益		
（二）稀释每股收益		

3．现金流量表。

现金流量表的编制范例如下表所示。

现金流量表

编制单位：　　　　　　　　　　　　　　　　年　月　　　　　　　　　　　　　　单位：元

项目	本期金额	上期金额
一、经营活动产生的现金流量：		
销售商品、提供劳务收到的现金		
收到的税费返还		
收到的其他与经营活动有关的现金		
经营活动现金流入小计		
购买商品、接受劳务支付的现金		
支付给职工及为职工支付的现金		

项目	本期金额	上期金额
支付的各种税费		
支付其他与经营活动有关的现金		
经营活动现金流出小计		
经营活动产生的现金流量净额		
二、投资活动产生的现金流量：		
收回投资所收到的现金		
取得投资收益所收到的现金		
处置固定资产、无形资产和其他长期资产收回的现金净额		
处置子公司及其他营业单位收到的现金净额		
收到的其他与投资活动有关的现金		
投资活动现金流入小计		
购建固定资产、无形资产和其他长期资产支付的现金		
投资所支付的现金		
取得子公司及其他营业单位支付的现金净额		
支付的其他与投资活动有关的现金		
投资活动现金流出小计		
投资活动产生的现金流量净额		
三、筹资活动产生的现金流量：		
吸收投资收到的现金		
取得借款收到的现金		
收到的其他与筹资活动有关的现金		
筹资活动现金流入小计		
偿还债务支付的现金		
分配股利、利润或偿付利息所支付的现金		
支付的其他与筹资活动有关的现金		
筹资活动现金流出小计		
筹资活动产生的现金流量净额		
四、汇率变动对现金及现金等价物的影响		
五、现金及现金等价物净增加额		
加：期初现金及现金等价物余额		
六、期末现金及现金等价物余额		

4. 所有者权益变动表。

企业会计准则要求所有者权益变动表在年度财务报告中披露，具体范例如下表所示。

所有者权益变动表

编制单位：　　　　　　　　　　　　　　　____年　　　　　　　　　　　　　　　单位：元

项目	本年金额						上年金额
	实收资本（或股本）	资本公积	减：库存股	盈余公积	未分配利润	所有者权益合计	（略）
一、上年年末余额							
加：会计政策变更							
前期差错更正							
二、本年年初余额							
三、本年增减变动金额							
（减少以"－"号填列）							
（一）净利润							
（二）直接计入所有者权益的利得和损失							
1．可供出售金融资产公允价值变动净额							
2．权益法下被投资单位其他所有者权益变动的影响							
3．与计入所有者权益项目相关的所得税影响							
4．其他							
上述（一）与（二）小计							
（三）所有者投入和减少资本							
1．所有者投入资本							
2．股份支付计入所有者权益的金额							
3．其他							
（四）利润分配							
1．提取盈余公积							
2．对所有者（或股东）的分配							
3．其他							
（五）所有者权益内部结转							
1．资本公积转增资本（或股本）							
2．盈余公积转增资本（或股本）							
3．盈余公积弥补亏损							
4．其他							
四、本年年末余额							

5．会计报表附注。

会计报表附注是对上述会计报表的补充说明，具体主要包括如下所示的十项内容。

（1）不符合会计假设的说明。

（2）重要会计政策和会计估计与其变更情况、变更原因以及其对财务状况和经营成果的影响。

（3）或有事项和资产负债表日后事项的说明。

（4）关联方关系及其交易的说明。

（5）重要资产转让及其出售说明。

（6）企业合并、分立的说明。

（7）重大投资、融资活动的说明。

（8）会计报表中重要项目的明细资料。

（9）会计报表中重要项目的说明

（10）有助于理解和分析会计报表需要说明的其他事项。

6．财务情况说明书。

财务情况说明书是对该段时期内企业财务状况的总结性书面报告，具体主要包括如下所示六项内容。

（1）企业的生产经营状况。

（2）利润实现与分配情况。

（3）资金增减与周转情况。

（4）税金缴纳情况。

（5）各种财产物资变动情况。

（6）其他需要说明的事项。

实施对象：	实施日期：＿＿＿年＿＿月＿＿日

11.3.3 偿债能力分析方案

偿债能力分析方案

编　号：	编制部门：	审批人员：	审批日期：＿＿＿年＿＿月＿＿日

一、目的

为了有效分析公司的偿债能力，确保分析结果的科学性与正确性，特制定本方案。

二、适用范围

本方案适用于公司的偿债能力分析工作。

三、短期偿债能力分析

短期偿债能力分析主要依据以下三项指标。

1．流动比率。

流动比率是公司流动资产与流动负债的比率，反映公司运用流动资产偿还流动负债的能力，其计算公式如下。

$$流动比率 = \frac{流动资产}{流动负债} \times 100\%$$

一般而言，流动比率越高，表明公司短期偿债能力越强，但在具体分析时，还应注意以下五项内容。

（1）指标值的判断标准必须结合所在行业的实际情况。

（2）不能忽视人为因素对流动比率的影响作用。

（3）公司的生产经营性质以及流动资产的结构状况对公司的短期偿债能力同样存在影响。

（4）该比率通常需要与速动比率结合分析。

（5）流动资产的数据不具备动态性，因而无法准确反映当下的偿债能力。

2．速动比率。

速动比率是公司速动资产与流动负债的比率，反映公司运用速动资产偿还流动债务的能力，其计算公式如下。

$$速动比率 = \frac{速动资产}{流动负债} \times 100\%$$

一般而言，速动比率越高，表明公司短期偿债能力越强，但在具体分析时，还应注意以下两项内容。

（1）计算该指标首先需要明确速动资产的划定标准。

（2）该指标通常与流动资产结合分析。

3．现金比率。

现金比率是公司现金类资产与流动负债的比率，反映公司运用现金类资产偿还流动债务的能力，其计算公式如下。

$$现金比率 = \frac{现金及现金等价物}{流动负债} \times 100\%$$

一般而言，现金比率越高，表明公司短期偿债能力越强，但在具体分析时，还应注意以下两项内容。

（1）该指标通常与支付能力系数结合分析。

（2）现金类资产的影响因素较多，可能无法准确反映公司的偿债能力。

四、长期偿债能力分析

长期偿债能力分析主要依据以下两项指标。

1．资本周转率。

资本周转率是指公司可变现的流动资产与长期负债的比率，反映公司运用流动资产偿还长期债务的能力，其计算公式如下。

$$资本周转率 = \frac{可变现的流动资产}{长期负债} \times 100\%$$

一般而言，资本周转率越高，表明公司长期偿债能力越强，但在具体分析时，还应注意以下两项内容。

（1）运用该指标进行分析时，应充分考虑未来经营所存在的影响。

（2）该指标还反映公司的资本运用效率。

2．利息支付倍数。

利息支付倍数是公司息税前利润与负债利息的比率，反映公司负债经营的风险程度，其计算公式如下。

$$利息支付倍数 = \frac{息税前利润}{负债利息}$$

一般而言，利息支付倍数越高，表明公司长期偿债能力越强，但在具体分析时，还应注意以下两项内容。

（1）该指标的值一般至少要大于1。

（2）该指标还反映了企业的经营状况。

五、综合偿债能力分析

综合偿债能力分析主要依据以下两项指标。

1．资产负债率。

资产负债率是负债总额与公司资产总额的比率，反映资产规模对公司偿债能力的影响，其计算公式如下。

$$资产负债率 = \frac{负债总额}{资产总额} \times 100\%$$

一般而言，资产负债率越低，表明公司综合偿债能力越强，但在具体分析时，还应注意以下两项内容。

（1）该指标不宜过低，一般在50%左右较为合适。

（2）一定数值的资产负债率对于公司筹资扩展和利用财务杠杆提升获利能力而言，具有正面意义。

2．清算价值比率。

清算价值比率是公司有形资产与负债的比率，反映公司有形资产规模对于偿还债务的保障，其计算公式如下。

$$清算价值比率 = \frac{有形资产总额}{负债总额} \times 100\%$$

一般而言，清算价值比率越高，表明公司的综合偿债能力越强，但在具体分析时，还应注意如下两项内容。

（1）该指标相比资产负债率而言，更加稳健，但在具体分析时，还应与资产负债率相结合。

（2）无形资产在偿还债务上的贡献虽然较小，但也不能随意忽视。

实施对象： 　　　　　　　　　　　　　　　　　　　　实施日期：＿＿＿年＿月＿日

11.3.4 盈利状况分析报告

盈利状况分析报告框架

××领导：

我部遵照上级领导要求，于＿＿＿年＿月＿日至＿＿＿年＿月＿日，展开了公司2014年度盈利状况的分析工作，并编制盈利状况分析报告，具体内容如下所示。

一、工作总结

1．职责分工。（具体内容略）

2．工作进度。（具体内容略）

3．资料依据。（具体内容略）

二、盈利背景分析

1．市场状况。（具体内容略）

2．该年度公司的战略目标。（具体内容略）

3．该年度内对公司经营有重大影响的特殊事件。（具体内容略）

三、盈利状况总体分析

主要是指各类盈利指标的完成情况。（具体内容略）

四、盈利质量分析

1．应收账款。（具体内容略）

2．应收票据。（具体内容略）

3．其他。（具体内容略）

五、盈利来源分析

1．各类经营业务的利润占比。（具体内容略）

2．各类经营产品的利润占比。（具体内容略）

3．分析主要利润来源的毛利情况。（具体内容略）

续表

六、盈利预测分析

1. 汇总近几年的利润变动趋势。

2. 为下一年度的利润目标确立提供建议。

財务部

____年　月　日

11.4　分析决策工具表单

11.4.1　营业收入成本分析表

项目	本期收入	本期成本	毛利率	上年同期	本年计划	完成计划比	备注
1. 主营业务							
其中：							
2. 其他业务							
其中：							
合计							

11.4.2　主要财务比率分析表

项目	20__年	20__年	20__年	20__年同业平均比率
1. 偿债能力分析				
（1）流动比率	____%	____%	____%	____%
（2）速动比率	____%	____%	____%	____%
（3）应收款项周转率	__次（__天）	__次（__天）	__次（__天）	__次（__天）
（4）应付款项周转率	__次（__天）	__次（__天）	__次（__天）	__次（__天）
2. 资本结构分析				
（1）负债占净值比率	____%	____%	____%	____%
（2）净值对固定资产比率	____%	____%	____%	____%
（3）长期资金对固定资产比率	____%	____%	____%	____%
3. 获利能力分析				
（1）销货增加率	____%	____%	____%	____%
（2）销货获利率	____%	____%	____%	____%
（3）净值获利率	____%	____%	____%	____%
（4）资产获利率	____%	____%	____%	____%
（5）财务费用率	____%	____%	____%	____%

项目	20__年	20__年	20__年	20__年同业平均比率
4．经营管理分析				
（1）存货周期率	__次（__天）	__次（__天）	__次（__天）	__次（__天）
（2）总资产周转率	__次（__天）	__次（__天）	__次（__天）	__次（__天）
（3）固定资产周转率	__次（__天）	__次（__天）	__次（__天）	__次（__天）

11.4.3　资产负债表纵向趋势表

会计报表项目	上年金额	本年金额	本年比上年增长	
			金额	百分比
	①	②	③=②－①	④=③/①
流动资产				
长期投资				
固定资产净额				
在建工程				
长期待摊费用				
无形资产及其他资产				
待处理财产损溢				
资产合计				
流动负债				
长期负债				
负债合计				
实收资本（或股本）				
资本公积				
盈余公积				
未分配利润				
所有者权益合计				

11.4.4　现金流量表纵向趋势表

会计报表项目	上年金额	本年金额	本年比上年增长	
			金额	百分比
	①	②	③=②－①	④=③/①
1．经营活动产生的现金流量				
销售商品、提供劳务收到的现金				
收到的税费返还				
收到其他与经营活动有关的现金				
经营活动现金流入小计				

会计报表项目	上年金额	本年金额	本年比上年增长	
			金额	百分比
	①	②	③=②-①	④=③/①
购买商品、接受劳务支出的现金				
支付给职工及为职工支付的现金				
支付的各项税费				
支付的其他与经营活动有关的现金				
经营活动现金流出小计				
经营活动产生的现金流量净额				
2．投资活动产生的现金流量				
收回投资所收到的现金				
取得投资收益收到的现金				
处置固定资产、无形资产和其他长期投资收回的现金净额				
收到其他与投资活动有关的现金				
投资活动现金流入小计				
购建固定资产、无形资产和其他长期资产所支付的现金				
投资所支付的现金				
支付的其他与投资活动有关的现金				
投资活动现金流出小计				
投资活动产生的现金流量净额				
3．筹资活动产生的现金流量				
吸收投资所收到的现金				
取得借款所收到的现金				
收到的其他与筹资活动有关的现金				
筹资活动现金流入小计				
偿还债务所支付的现金				
分配股利、利润和偿付利息所支付的现金				
支付的其他与筹资活动有关的现金				
筹资活动现金流出小计				
筹资活动产生的现金流量净额				
4．汇率变动对现金及现金等价物的影响				
5．现金及现金等价物净增加额				
补充资料				
1．将净利润调节为经营活动现金流量				
净利润				
加：计提的资产减值准备				

会计报表项目	上年金额	本年金额	本年比上年增长	
			金额	百分比
	①	②	③=②－①	④=③/①
固定资产折旧				
无形资产摊销				
长期待摊费用摊销				
待摊费用减少（减：增加）				
预提费用增加（减：减少）				
处置固定资产、无形资产和其他长期资产的损失（减：收益）				
固定资产报废损失				
财务费用				
投资损失（减：收益）				
递延税款贷项（减：借项）				
存货的减少（减：增加）				
经营性应收项目的减少（减：增加）				
经营性应付项目的增加（减：减少）				
其他				
经营活动产生的现金流量净额				
2．不涉及现金收支的投资和筹资活动				
债务转为资本				
一年内到期的可转换公司债券				
融资租入固定资产				
3．现金及现金等价物净增加情况				
现金的期末余额				
减：现金的期初余额				
加：现金等价物的期末余额				
减：现金等价物的期初余额				
现金及现金等价物净增加额				

读 者 意 见 反 馈 表

亲爱的读者：

感谢您对中国铁道出版社的支持，您的建议是我们不断改进工作的信息来源，您的需求是我们不断开拓创新的基础。为了更好地服务读者，出版更多的精品图书，希望您能在百忙之中抽出时间填写这份意见反馈表发给我们。随书纸制表格请在填好后剪下寄到 北京市西城区右安门西街8号中国铁道出版社综合编辑部 王佩 收（邮编：100054）。或者采用 传真（010-63549458）方式发送。此外，读者也可以直接通过电子邮件把意见反馈给我们，E-mail地址是：1958793918@qq.com。我们将选出意见中肯的热心读者，赠送本社的其他图书作为奖励。同时，我们将充分考虑您的意见和建议，并尽可能地给您满意的答复。谢谢！

- -

所购书名：_____

个人资料：

姓名：_____ 性别：_____ 年龄：_____ 文化程度：_____

职业：_____ 电话：_____ E-mail：_____

通信地址：_____ 邮编：_____

- -

您是如何得知本书的：

□书店宣传 □网络宣传 □展会促销 □出版社图书目录 □老师指定 □杂志、报纸等的介绍 □别人推荐
□其他（请指明）_____

您从何处得到本书的：

□书店 □邮购 □商场、超市等卖场 □图书销售的网站 □培训学校 □其他

影响您购买本书的因素（可多选）：

□内容实用 □价格合理 □装帧设计精美 □带多媒体教学光盘 □优惠促销 □书评广告 □出版社知名度
□作者名气 □工作、生活和学习的需要 □其他

您对本书封面设计的满意程度：

□很满意 □比较满意 □一般 □不满意 □改进建议

您对本书的总体满意程度：

从文字的角度 □很满意 □比较满意 □一般 □不满意
从技术的角度 □很满意 □比较满意 □一般 □不满意

您希望书中图的比例是多少：

□少量的图片辅以大量的文字 □图文比例相当 □大量的图片辅以少量的文字

您希望本书的定价是多少：

本书最令您满意的是：

1.
2.

您在使用本书时遇到哪些困难：

1.
2.

您希望本书在哪些方面进行改进：

1.
2.

您需要购买哪些方面的图书？对我社现有图书有什么好的建议？

您更喜欢阅读哪些类型和层次的理财类书籍（可多选）？

□入门类 □精通类 □综合类 □问答类 □图解类 □查询手册类

您在学习计算机的过程中有什么困难？

您的其他要求：